和平研究 第3辑

主 编 刘 成

副主编 胡传胜 姜守明

Peace Studies

南京师范大学出版社

图书在版编目（CIP）数据

和平研究．第3辑 / 刘成主编；胡传胜，姜守明副主编
．-- 南京：南京师范大学出版社，2023.9
ISBN 978-7-5651-5889-6

Ⅰ．①和… Ⅱ．①刘… ②胡… ③姜… Ⅲ．①和平学
—研究 Ⅳ．①D068

中国国家版本馆CIP数据核字（2023）第183783号

书　　名　和平研究（第3辑）
主　　编　刘　成
副 主 编　胡传胜　姜守明
责任编辑　郑海燕　刘双双　徐文娟　李艳玲　彭　茜　庞　昊　王　瑾
装帧设计　有品堂_刘俊
出版发行　南京师范大学出版社
地　　址　江苏省南京市玄武区后宰门西村9号（邮编：210016）
电　　话　（025）83598712（编辑部）　83598919（总编办）
　　　　　83598412（营销部）
网　　址　http://press.njnu.edu.cn
电子信箱　4188423@qq.com（编辑部）　nspzbb@njnu.edu.cn（总编办）
排　　版　南京私书坊文化传播有限公司
印　　刷　南京新世纪联盟印务有限公司
开　　本　787 mm × 1092 mm　1/16
印　　张　17
字　　数　256千
版　　次　2023年9月第1版
印　　次　2023年9月第1次印刷
书　　号　ISBN 978-7-5651-5889-6
定　　价　99.00元

出 版 人　张　鹏

编者的话

《和平研究》（*Peace Studies*）是由南京大学联合国教科文组织和平学教席和南京师范大学出版社联合主办的和平学研究系列。和平学（Peace Studies）探究预防、消减和化解冲突的非暴力方案，分析冲突的结构机制，创建实现和平的知识和实践体系。和平学是人类社会的“医生”，它关注各类暴力（直接暴力、结构暴力、文化暴力、生态暴力）造成的痛苦，“诊断”暴力的状态，“预测”暴力的变化，通过“治疗”减少暴力（消极和平）并改善环境（积极和平）。

和平学是二战后诞生的一门新学科，具有跨学科性质，包括和平研究（Peace Research）、和平教育（Peace Education）与和平活动（Peace Activities）三大部分。近20年来，和平学在中国的发展令人瞩目，高校和平研究、中学和平教育、城市和平活动等方面成绩斐然，特别是联合国教科文组织和平学教席落户南京大学、南京与联合国教科文组织合作举办南京和平论坛。以此为基础，在汉语学术界出版和平学专业读物，发表国内外同行的最新研究成果，是现实需要，也水到渠成。

《和平研究》主旨是创建中国和平学的国际学术平台，丰富与发展具有中国特色的和平学理论，拓展和平研究内涵，构建和平教育课程体系，践行人类命运共同体的倡议。本辑继续遴选和平学界代表性学者的原创论文，并收录最新和平学著作的评论文章，以飨广大读者。

目　录

和平研究

真诚的对话与和平的可能　［德］马丁·布伯　003

撒哈拉以南非洲的可持续和平、和平生态与生态和平政策　［德］汉斯·贡特·布劳克　010

从天人合一到天人感应：秦汉儒家和平观念的发展　胡传胜　030

非暴力作为非殖民化原则：非洲和平研究主流的局限性和可能性　［坦桑尼亚］乔治·穆塔勒姆瓦、萨拉·特罗克莫维茨　072

利益的兼容与平衡：麦克唐纳的殖民地政策　韩　璐　089

和平教育

舞蹈与和平建设
——在跨学科课程中发展非暴力实践　［美］玛丽亚·斯蒂尔　119

学校非暴力教学的挑战　［肯尼亚］蒂莫西·加钱加　131

学校开设“积极和平”教育的探索　肖　鹃、陆天洋　141

教育与治理的艺术：人与国家的和平　［多米尼加］弗雷德里克·伊夫安尼·奥巴尼亚　167

和平活动

从联塞特派团到联塞观察团

——联合国在塞拉利昂维和行动的评估　庆学先　181

武装到绵羊：关于以色列定居者在南希伯伦山区殖民活动的田野笔记

［英］安德鲁·瑞格比　218

书评

艾哈迈德·阿布哈特：《水：和平的促成者——跨境水资源管理与冲突化解》

陈紫竹　225

约翰·保罗·莱德拉赫：《建设和平：分裂社会中的可持续和解》　黄牧宇　229

郭延军、苗吉:《亚太地区的预防性外交、和平建设和安全：不断发展的规范、议程和实践》　敬璇琳　233

查尔斯·T. 考尔、塞德里克·德·科宁:《新兴大国与和平建设：打破常规？》

申向洋　237

伊恩·M. 哈里斯：《和平教育》　求一聪　241

贝蒂·A. 里尔登：《全面和平教育：致力于全球责任的教育》　吕行果　244

通讯

来自德国的诚挚祝贺　［德］埃贡·施皮格尔　251

Contents

Peace Research

Genuine Dialogue and the Possibilities of Peace, **Martin Buber**

Sustainable Peace, Peace Ecology and Ecological Peace Policy for Sub-Saharan Africa, **Hans Günter Brauch**

From the Unity of Heaven and Man to the Interaction Between Heaven and Man: The Development of the Confucian Concept of Peace in the Qin and Han Dynasties, **Hu Chuansheng**

Nonviolence as a Decolonial Principle: Limits and Possibilities of Mainstreaming Peace Studies in Africa, **George Mutalemwa and Sarah Trochemowitz**

The Compatibility and Balance of Interests: MacDonald' s Colonial Policy, **Han Lu**

Peace Education

Dance & Peacebuilding: Developing Nonviolence Practices in an Interdisciplinary Course, **Mariah Steele**

Challenges in Teaching Nonviolence in Schools, **Timothy Gachanga**

Exploration of "Positive Peace" Education in Schools, **Xiao Juan and Lu Tianyang**

The Arts of Education and Governance: Peace in the Person and in the State, **Frederick Ifeanyi Obananya**

Peace Activities

From UNAMSIL to UNOMSIL: United Nations Peacekeeping Operations in Sierra Leone, **Qing Xuexian**

Weaponising Sheep: Field Notes on Israeli Settler Colonialism in the South Hebron Hills, **Andrew Rigby**

Book Reviews

Ahmed Abukhater: *Water as a Catalyst for Peace: Transboundary Water Management and Conflict Resolution,* **Chen Zizhu**

John Paul Lederach: *Building Peace: Sustainable Reconciliation in Divided Societies,* **Huang Muyu**

Guo Yanjun and Miao Ji: *Preventive Diplomacy, Peacebuilding and Security in the Asia-Pacific: Evolving Norms, Agenda and Practices,* **Jing Xuanlin**

Charles T. Call and Cedric de Coning: *Rising Powers and Peacebuilding: Breaking the Mold?* **Shen Xiangyang**

Ian M. Harris: *Peace Education,* **Qiu Yicong**

Betty A. Reardon: *Comprehensive Peace Education Educating For Global Responsibility,* **Lü Xingguo**

Newsletter

Sincere Congratulations from Germany, **Egon Spiegel**

真诚的对话与和平的可能[1]

[德] 马丁·布伯

摘　要　布伯的这篇演讲发表于二战后的1953年，它处在犹太人大屠杀创伤的“疗伤期”，也处在如何实现德国人与犹太人“和解”的敏感时期，更处于二战后东西方两大集团的冷战时期。布伯认为，仅仅是没有战争并非真正的、伟大的和平，冷战之下人们仍处在敌对状态。互相理解、真诚对话是解决敌对状态的正确之途。信任是实现真诚对话的前提。而缺乏对人类的信任，不能与他人毫无保留地交谈，这是人在存在论意义上的最深层的疾病。因此，是人本身的危机带来了全面战争以及随之而来的虚假的和平。

关键词　和平　对话　信任　战争

对于“德国书业”授予我的荣誉，如果我不说明接受它的意义，那我就难以表达我的感谢之情，就像我早些时候曾接受汉堡大学授予我的“汉萨歌德奖”（Hanseatic Goethe Prize）一样。[2]

大约十年前，有相当数量的德国人——想必有成千上万——在德

1 本文是作者于1953年9月27日获得德国书业和平奖后发表的演讲词。

2 作者之所以在此处及下文特别解释接受和平奖的意义，是因为他在1951年因接受此奖而引发争议。他将该奖寓意为每个民族都有伦理责任去“清洗”掉那种有害的非人性的冲动。但许多以色列人认为，将该奖授予布伯这样一个犹太文化代言人就象征着免除德国屠杀600万犹太人罪行的吁求。

国政府的间接命令及其代表的直接命令之下，通过有系统的准备和完善的执行程序杀害了数百万犹太人，这种有组织的暴行是以往任何历史事件都无法与之相比的。我，是那些幸存者中的一员，与那些参与过暴行的人只是在严肃意义上的人性上有共同之处。因为他们如此彻底地改变了自己，忽地将自己从人性的领域置换进一个我无法理解的骇人听闻的非人性领域，以至于我很难产生一般意义上的憎恨，更不用说克服这种憎恨了。我又怎能在这儿设想“宽恕”呢？！

对德国民族而言却非如此。从年轻时起，我就非常严肃地思考过民族的真正的存在样态。但是，在审视任何历史时刻时，我从来没有让存在于一个民族内的，并于某个时刻具体体现出来的多样性——会上升为矛盾的具体的内在对立——被某一种要求整齐划一的理念所遮蔽，这种整齐划一是由单一的方式构成的，并要求其成员只能以某种规定的方式采取行动。

当我想到奥斯维辛集中营和特雷布林卡集中营时代的德国人时，我首先想到的是许多知道可怕的事件正在发生却没有反对它的人。但我熟悉人性的软弱，因而拒绝谴责我的那些没有说服自己成为殉道者的邻居。其次，我想到的是这样一群人，他们由于德国政府对公众的隐瞒而对正在发生的事情一无所知，当然他们也没有试图去发现四处传播的谣言背后的真相。当一想到这些畏惧且无法直面真理的人时，我整个人被一种熟悉的焦虑所攫住。最后，根据可靠的新闻报道，我通过看和听得知了另一些人的正义行为，渐渐熟悉了这一类像朋友一般的德国人：他们有的因拒绝执行命令而遭受死亡或被迫自杀，有的知道正在发生的暴行后公开反对它却因此被处死，还有的因知道正在发生的事情但无法阻止它而自杀身亡。我看到这些人，他们离我很近，有一种特殊的亲切感。这种亲切感，有时把我和他们与死者紧紧联系在一起。今天，我内心充满了对这些德国人的尊敬与爱戴。

但我必须走出记忆，进入当下。在这里，我周围的年轻人都是在这些事件发生后长大的，他们没有参与过这场重大的罪行。这些年轻人可能是今天德国民族的生命之根柢，他们以一种强大的内在辩证法向我展示了自己。他们的核心包含在一场内在冲突的核心中，这场冲突大多隐秘地进行，只是偶尔会浮出水面。[1]今天，各个民族或多或少有意识地、颇具激情地进行着伟大的内心斗争，尽管德国年轻人的内心斗争只是其中的一部分，但却是最为突出的。

具有人道的人对抗非人道的人的最后一战的准备工作，始于这种最深处。但是，有多少民族就会有多少条不同的战线，处于各自战线上的人对其他战线所知甚少或一无所知。黑暗仍然笼罩着这场斗争。尽管如此，这场斗争的进程和结果却取决于人类能否产生真正的人性。两大国家集团之间的所谓“冷战”及其伴随的一切，仍然遮蔽了战斗的真正责任及其团结性质，战线贯穿所有国家和人民，无论他们的政权性质是什么。人们越来越认识到更深层次的现实，认识到真正的需要和真正的危险。我发现在德国，尤其是德国的年轻人，尽管被柏林墙分割开来，但他们比其他地方的人更能意识到以上这一点。十二年“非人”统治的记忆，使他们的精神更坚强，在此精神之下他们更明白自己的任务是什么。

我们必须从这方面来理解“汉萨歌德奖”和德国书业和平奖授予一个幸存的老年犹太人的意义。这寄寓着人类精神与非人类/反人类的恶魔作斗争的时刻。获得这些荣誉的幸存者负有团结所有战线的众人的高尚责任：将那些为真正的人性回归而各自为战的群体团结起来。此刻，这种责任是世界上最为高尚的。作为代表的、具有象征意义的犹太人必须服从这种责任的召唤。事实上，正是在那里，那些曾经有过的与之相对立的记忆永远不会被抹去。当他最近对歌德精神表示感激时，这种精神已被成功传播到全世界；他现在由衷地感恩这种通过德语著作向世界言说的和平精神。他的感恩意味着他承认共同战线——包括德国人和犹太人——团结一致与反人类进行作战，这也是他听到战士们许下的誓言后所给出的回应。[2]

1 这指的是二战后德国青年的内心冲突。他们一方面要正视德国的历史，另一方面又要对德国的未来充满期待，其中夹杂着迷茫。

2 布伯曾致力于二战后犹太人与德国人之间的和解以及恢复德国的人文主义精神，他尤其希望德国青年能够担负起恢复人文主义精神的责任。

当今最为重要的是，聆听那些正确的声音并做出回答。让充满人性的声音不再淹没在时光的喧嚣中吧！我们不仅要聆听它，而且要做出回答，要让孤独的独白成为唤醒人性的各民族的对话。各民族之间的对话必须在真正的人之间展开，这样伟大的和平才能显现，这星球上被损害的生命才能复苏。

真正的、伟大的和平并不等于只是没有战争。

在西恩那（Sienna）市政大厅里陈列着一幅早期的壁画，它充分体现了市民的道德观。画中的女子都是高贵的，而且她们也意识到自己的高贵。女子们端坐在那儿，其中一位格外显眼。她不仅显得尊贵还相当平静端庄。她的名字是：派克斯（Pax）。她体现了我心中的那种伟大的和平。它并非今天人们所普遍认为的不发生战争就是和平——这意味着人们对和平知之甚少。现在一些新的事物确实出现了，它们远比战争更有力量、更伟大。过去，人类的激情就像河水流向大海一样涌向了战争，战争就以它一贯喜欢的方式将激情消耗殆尽。但是，这样的激情应该为伟大的和平而涌动，就像矿石进入熔炉被大火所熔化、所铸造那样。那时，各个民族以更强大的激情协同建设一个美好的世界，而不是互相摧毁。

这种伟大的和平只在西恩那画家脑海中一闪而过。他不是从历史现实中获得这种愿景，因为它压根儿就没有在历史上出现过。事实上，历史上所谓的“和平”只不过是战争间隙之间的潜伏着焦虑、美梦易碎的短暂欢娱而已。但这位画家梦想中的女性天生不是短暂厮守的情妇，而是新的、伟大事迹的王后。

那么，我们是否可以珍藏这样的希望：过去那不为人知的容光，将会照亮我们这已然在灾难中无可挽回地沉沦的一代？自二战结束以来，我们已经不习惯将我们所生活的世界描述为一片和平，而是永久性地宣称其为一个“冷战” 世界，难道不是这样吗？在一个甚至不再寻求表面和平的环境中，侈谈一种从未存在过的、近在咫尺的伟大和平，这难道不是一种虚幻的热情吗？

正是危机如此深重，我们才产生了这样的热望。我们所患的并非历史上习见的、存在于各民族中的最终可以在舒适的康复中结束的疾病。是灭绝还是重生？现在需要召唤本真力量来积极参与做出这一果断的决定。不是战争造成了这场危机，而是人类自身的危机招致了全面战争以及随之而来的虚假的和平。

也有抗衡战争的对手，但他几乎从不正面出击，而是在幕后静静地战斗。这对手就是言语——能够实现目标的真正交流的语言，在交谈中大家彼此理解、相互谅解。可是，粗野的战争一旦开启，语言就无法发挥作用；这就是说，人们再不能就其所争之事进行彼此商议，甚至无法调解，他们彼此逃避言语。他们通过死寂的杀戮来寻求解决——神意的裁决。很快战争就征服了语言，并使其为战争口号所役使。但是，当语言从一个阵营转移到另一个阵营时，无论它多么害羞，战争都已然成为问题。大炮很容易淹没和平的语言。可是，当这个世界变得完全无声无息时，双方便渐渐明白了这一点：人类不可能通过杀戮，更不可能通过大规模屠杀来真正解决冲突，此时，人的语言才会使得隆隆炮声沉寂下来。

但是，正是人的语言和对话才能彻底粉碎我们这个时代的危机。处于危机中的人不再把自己的事业托付给对话，是因为它预设彼此已经毫无信任可言。这就是今天人类被冠以和平之名的冷战所控制的原因。在每一个和平早期，鲜活的语词在人与人之间传递，一次又一次地将利益和信念对抗中的毒药抽取并化解掉，如此一来，这些对抗就不会进一步演变为“和平不再”的荒谬，更不会演变为“必须发动战争”的癫狂。人类对话的鲜活语词在不停飞扬，但疯狂最终窒息了它，在如今的冷战状态中它似乎变得了无生气。那些电视广播中政治家之间的辩论与人类真正的交谈毫无共同之处：外交官们不是在推心交谈，而是在向不露面的公众宣讲。甚至以相互谅解的名义召开的代表大会也缺乏实质内容。但是只有实质性内容才能把审慎的交谈提升为真正的推心置腹的对话，即坦率又直接地发表言论和倾心交谈。现在，一个引人关注的普遍现象是：人们不愿意或不能够直接与同伴交谈。因为人们不再相互信任，而且每个人都知道对方也不再信任他。如果有人在吵吵闹闹的相互矛盾的谈话中，偶尔停下来审视一下，他就会发现：在与他人的关系中，几乎没有什么值得被称为信任的东西能够长久存在。

然而，我们必须一遍又一遍地说，正是危机的深度赋予了我们希望，让我们敢于用伟大的现实主义来把握形势，这种现实主义审视了公共生活中所有可定义的现实，实际上，公共生活似乎是由这些现实组成的，但也意识到最真实的东西，尽管在面对即将到来的毁灭时，在深处秘密地寻找潜在的治愈和拯救之道。[1]从根本上改变形势的力量，从来不会在危机之外显露出来。当一个人被绝望所攫住却没有随波逐流时，这种力量就发挥了作用。它唤起了人的原始力量，完成了存在之转变。它以此在个人和种族的生活中发挥作用。在危机的深处，需要做出明确的决定：不仅仅是在变坏和变好之间运动取舍，而是在组织的分解和更新之间做出决定。

在我们这个时代，人类的危机已经变得很明显，这是一种信任危机。如果我们可以采用经济学概念来阐释，那么它就更明晰了。你会问：我还能信任谁？但此问题已经包含了一个不可接受的阈限。诚然，在这个时代，人们越来越失去了对彼此的信任。语言的危机与这种信任的丧失密切相关，因为只有我希望他人相信并接受我的语词，那么我才能真诚地对他人说话。因此，我们看到了两种现实情况：一是如今人们连祈祷都很难（注意：不是坚信上帝的存在是真实的，而是直接向他说话），二是他很难和他的同伴进行真正的对话。缺乏对存在的信任，没有能力与他人进行毫无保留的交流，这是人之存在最深处的疾病。这种病的一个症状，也是所有症状中最严重的一个，就是我刚开始提到的：两个阵营之间无法进行真正的对话。

这种病能被治愈吗？我相信能够。正是出于这一信念，我才进行今天的演讲。尽管我不能证明这一点，因为信念无法证明；否则，它就不再是信念，而是伟大的冒险。我不是提供

1 作为一个存在主义哲学家，布伯在这里从存在论意义上来分析人与人之间的信任危机产生的根本原因，以及如何在生活中通过心与心的、面对面的、真诚的交流来走出危机。

证据，而是通过呼吁让听众相信这一点。

如果有了救治之法，那么救治又从何开始？如果治愈的力量、于危机中拯救的力量正等待存在的转变，那么这种转变又从何开始？

人们彼此不再能够展开真诚的对话，这不仅是我们这个时代最严重的病症，而且它也对我们提出了最迫切的要求。尽管如此，我相信此刻人类能够进入对话——彼此之间真诚的对话。在这样的对话中，即便是彼此对立的双方，也能够留意、确认和肯定对手的存在。只有这样，即便冲突不能从这世上彻底消除，它也能够获得人性化的仲裁，并导向冲突的最终解决。

一些人必定被召唤去承担发起对话的任务，这也是他们今天在每一个民族中开展的一场反对反人类行为的斗争。一些人在构筑不为人知的伟大的跨越不同种族不同民族的阵线，他们将通过开诚布公的对话令世人知晓，对话不是要对割裂彼此的分歧视而不见，而是要有决心勇于共同承担这种分歧。

与这些人相反的是另外一些力量，他们从人们的分歧中获利，这是人类中的非人类异族，是次人类，他们决意成为真正的人类共同体的敌人。

在希伯来语中，撒旦这个名字意味着“阻碍者”。他是反人类、反种族的代名词。我们不要让人类中的这种恶魔因子妨碍我们成为真正的人！让我们冲破一切阻碍发出自己的声音！让我们勇于信任彼此吧！

（李俊宇　译）

作者简介

马丁·布伯（Martin Buber），德国著名的犹太哲学家，代表作《我与你》体现了“我—你”关系哲学。他是一位坚定的和平爱好者，主张在巴勒斯坦地区建立一个“双民族国家”，以便当地的阿拉伯人与犹太人能够和平友好相处。

撒哈拉以南非洲的可持续和平、和平生态与生态和平政策

［德］汉斯·贡特·布劳克

摘　要　本文涵盖了以下内容：区分了 1945—2020 年以及未来 80 年人类世的两个阶段，预计人口结构将发生重大转变，并将因人为气候变化而发生重大变化；将 1946—2019 年撒哈拉以南非洲暴力冲突的长期趋势与 2020 年的暴力冲突情况进行对比；回顾了全球气候变化和人类在非洲引发的灾难的影响；提及 5 位撒哈拉以南非洲的和平缔造者，他们致力于遏制暴力和应对环境危机；简要概述“可持续和平概念”后，介绍了撒哈拉以南非洲和平研究方案的概念支柱、和平生态学方法，并为非洲提出生态和平政策；强调这些概念在人类世第二阶段对撒哈拉以南非洲很重要的原因。本文也为欧盟和非盟国家之间更紧密的科学合作提供建言，认为不仅应该解决技术创新问题，还应该关注和平与生态的争端。

关键词　非洲和平缔造者　人类世　气候变化冲突　生态和平政策　和平生态　可持续和平　撒哈拉以南非洲

一　引　言

根据诺贝尔化学奖获得者保罗（Paul J. Crutzen）的观点（Crutzen, 2002；Benner et al.，2021），1945 年以来，人类已成为一股直接干

扰地球系统的地质力量，从而引发了从地球全新世到人类世的变化（Brauch，2021，2022）。这一转折点与政治历史和国际秩序的多重变化不谋而合。由此，我区分了人类世的两个阶段（Brauch，2002）。

（1）1945—2020 年：人类世始于 1945 年 7 月 16 日的核弹试验和 1950 年的大加速（the Great Acceleration）（McNeill and Engelke，2014）。这一阶段恰逢第二次世界大战、冷战和冷战后混乱的结束。

（2）2021—2100 年：这一阶包括 2021 年前至 2100 年的近 80 年，预测撒哈拉以南非洲的人口高增长和气候变化的危险影响，因为气候系统中可能存在混沌式的相互作用（Lenton et al.，2008）。

对于撒哈拉以南非洲的 47 个国家来说，第一阶段恰逢非殖民化、民族独立、国家建设和许多内部暴力冲突。“从 1950 年到 2010 年，撒哈拉以南非洲的人口从 1.86 亿增长到 8.56 亿。”（Bakilana，2015） 在第二阶段，人口的过渡进程预计将使撒哈拉以南非洲的人口从 2019 年的 10.66 亿增长到 2100 年的 37.75 亿（UNPD，2019：6）。由于这种人口变化和全球气候变化的预计物理影响，对水、粮食、就业和住房的需求可能会在 80 年内翻四番以上。此外，全球气候变化的社会影响可能会给撒哈拉以南非洲（特别是萨赫勒、南部、中部、西部和东部非洲）的生态敏感地区带来威胁生命的挑战，由此会危及数百万人的生计和生存。

本文的主题是，和平研究、生态学与和平生态学教育应该解决撒哈拉以南非洲暴力的多重原因、人口的预计增长以及对自然资源和粮食的需求，并应对人类世第二阶段全球环境变化的物理和社会影响。

这也需要更加重视教育，改善获得最新科学信息、资源和国际合作的机会。在撒哈拉以南非洲，在负担不起高昂访问费的国家，需要对其数字基础设施进行重大改善，以更好地获得电力和互联网，并增加大学、其他学校及学生数量，促进学生对科学书刊的开放访问。

撒哈拉以南非洲和平生态学主要研究的问题为以下两点：①自 1945 年以来，撒哈拉以南非洲主要面临哪些暴力挑战？② 2021—2100 年，撒哈拉以南非洲可能主要面临哪些挑战？

研究目标是在概念上为人类世第二阶段构建“可持续和平”“和平生态学”与“生态和平政策”三个概念，并将其作为和平教育的关键主题。这就需要在人类世建立一个广泛的整体和平生态框架，旨在提高人们的认识和制定长期议程。本文简要概述了以下两种当代威胁：①多种形式的内部暴力冲突；②可能导致人类引发的环境危害和冲突的全球环境挑战的影响。本文也探讨了这些威胁将如何影响和平研究对非暴力的有限努力。

二 撒哈拉以南非洲的暴力冲突

20 世纪 50 年代以来，撒哈拉以南非洲的泛非运动和领导人在争取非殖民化、国家独立和国家建设的斗争中表现强劲。20 世纪 60 年代以来，种族分裂经常引发暴力冲突，在超级大国及其阵营的支持下有时以代理人战争的形式进行。冷战结束后，当他们的支持率下降时，几个失败的国家仍然存在，那里的军阀得到了外部武器的支持，激进的伊斯兰暴力恐怖组织传播宗教暴力。

根据乌普萨拉大学和平与冲突研究系乌普萨拉冲突数据项目（The Uppsala Conflict Data Program，UCDP）的数据，非洲的暴力冲突数量仍然很高（图 1）[1]。从海德堡国际冲突研究所（Heidelberg Institute of International Conflict Research，HIIK）[2] 编制的“2020 年冲突晴雨表”中可见 2020 年的情况。

撒哈拉以南非洲发生了 86 起仍在活跃的冲突，比前一年增加了 3 起。总的来说，有 66 起冲突属于暴力冲突，比前一年增加了 6 起。总体而言，6 场持续的战争仍在继续，另有 4 场暴力冲突升级为战争。此外，1 场冲突直接升级为战争，使战争数量达到 11 场，从而使撒哈拉以南非洲成为战

1 https://ucdp.uu.se/downloads/charts/ (15 April 2021).

2 https://hiik.de/wp-content/uploads/2021/03/ConflictBarometer_2020_1.pdf (26 June 2021).

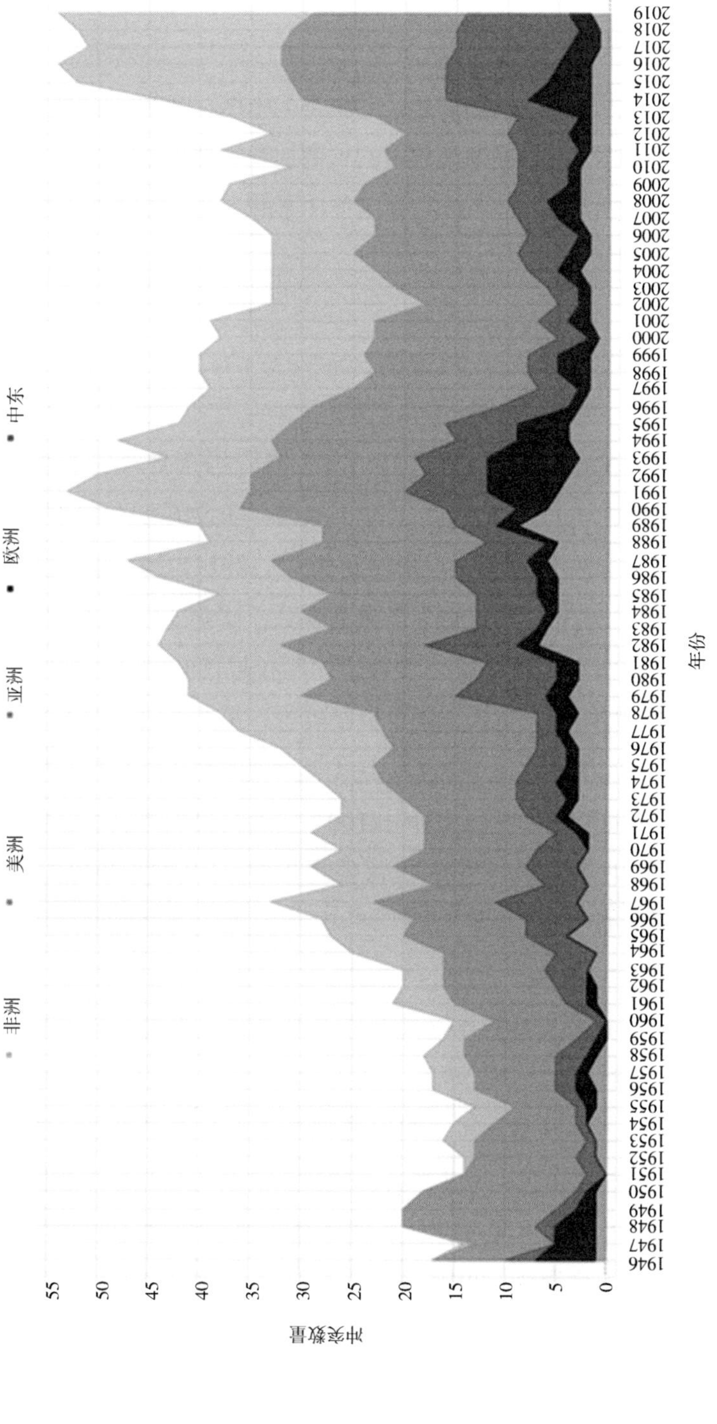

图 1　地区军事冲突（1946—2019）

资料来源：根据 UCDP2020 年 1 月数据绘制

争级别冲突最多的地区。此外，2020 年观察到了 9 场有限战争，与前一年相比减少了 1 场。4 场有限战争的水平与 2019 年持平，5 场暴力危机升级为有限战争，2 场有限战争降级为暴力危机。2020 年，HIIK 总共观察到该地区发生了 20 起高度暴力冲突（HIIK，2020：69）。从 2020 年撒哈拉以南非洲暴力冲突和战争的长期性和局部性加剧的现实来看，我们迫切需要在该地区寻求解决和避免冲突的办法，并在非洲大陆开展和平教育与和平行动。

三　全球变化与非洲人为灾害

自然科学家（Serdeczny et al.，2015）、联合国粮食及农业组织（FAO，2017）和卫生专家（DFG，2020）以及与联合国有关的国际组织［政府间气候变化专门委员会（IPCC，2007，2014，2022），世界气象组织（WMO，2020），联合国儿童基金会（UNICEF）（Godfrey and Tunhuma，2020）］，发表了许多关于撒哈拉以南非洲观测到的和预测的气候变化影响的研究报告，可以概括地说，虽然撒哈拉以南非洲国家的温室气体排放量仅为 3%—4%，但其观察到的脆弱性和影响却很大，预计在人类世的第二阶段（2021—2100）将变得更加严重，这被记录在 2022 年春季 IPCC 发布的第六次评估报告中。WMO（2020：3）总结了 2019 年非洲的气候：

> 2019 年，非洲受到极端天气和气候事件的严重打击……热带气旋“伊代”和“肯尼斯”造成了严重的人道主义影响，包括数百人伤亡和数十万人流离失所。2019 年受干旱影响最严重的地区是南部非洲……相比之下，大非洲之角的情况发生了戏剧性的变化，从 2018 年和 2019 年大部分时间非常干燥，到 2019 年末与强降雨相关的洪水和山体滑坡。2019 年 5 月至 10 月，洪水还影响了萨赫勒及其周边地区……除了冲突、不稳定和经济危机之外，气候的多变性和变化也是非洲大陆最近饥饿加剧的主要驱动因素。根据

1 https://www.preventionweb.net/english (20 April 2021).

2 https://www.preventionweb.net/english/countries/statistics/index_region.php?rid=1 (28 June 2021).

FAO的数据，自2012年以来，在易受干旱影响的撒哈拉以南非洲国家，营养不良的人数增加了45.6%。

在人类世第一阶段结束时（2020），撒哈拉以南非洲国家经历了高度暴力、地球物理与人类引发的自然灾害，也经历了传染病（流行病）和蝗虫的传播，这些传播往往会破坏收成并引发饥饿危机。2019年，非洲在全球自然灾害死亡人数中的所占比例为23%，仅次于亚洲（45%）和欧洲（23.4%），高于美洲（8%）和大洋洲（0.6%）。根据预防网（Preventions Web）提供的非洲（1980—2008）灾害统计数据[1]，非洲大多数人受到干旱的影响，大多数人死于干旱和流行病，主要发生在萨赫勒地区（表1）。

表1　1980—2008年非洲区域自然灾害概况[2]

受影响人数				死亡人数			
国家	灾害	年份	受灾人数/万人	国家	灾害	年份	死亡人数/万人
肯尼亚	干旱	1999	2300	埃塞俄比亚	干旱	1983	30
南非	干旱	2004	1500	苏丹	干旱	1983	15
埃塞俄比亚	干旱	2003	1260	莫桑比克	干旱	1981	10
加纳	干旱	1983	1250	埃塞俄比亚	流行病	1988	0.7385
苏丹	干旱	1991	860	尼日利亚	流行病	1991	0.7289
苏丹	干旱	1983	840	尼日利亚	流行病	1996	0.4346
埃塞俄比亚	干旱	1983	775	布吉纳法索	流行病	1996	0.4071
埃塞俄比亚	干旱	1987	700	尼日尔	流行病	1995	0.3022
马拉维	干旱	1992	700	苏丹	流行病	1988	0.2770
埃塞俄比亚	干旱	1989	650	尼日利亚	地震	1980	0.2633

四　撒哈拉以南非洲的和平缔造者

在撒哈拉以南非洲，有许多和平缔造者在人类世的第一阶段以非暴力方式帮助解决了暴力冲突。截至 2020 年，8 项诺贝尔和平奖被授予撒哈拉以南的非洲人，其中有 3 项被授予了 4 位南非人（1960 年，非国大主席阿尔伯特·卢图利；1984 年，德斯蒙德·图图；1993 年，纳尔逊·曼德拉和 F. W. 德克勒克；2021 年，前联合国秘书长科菲·安南），2 项被授予了 3 位女性（2004 年，肯尼亚环保主义者旺加里·马塔伊；2011 年，利比里亚的埃伦·约翰逊 – 瑟利夫和莱玛·格博韦）。丹尼斯·穆克维格（刚果民主共和国的妇科医生）因治疗被武装叛乱分子强奸的妇女而获得 2018 年诺贝尔和平奖。埃塞俄比亚总理阿比伊·艾哈迈德于 2019 年获得该奖项，自 2020 年 11 月以来，他本人也卷入了与提格雷人民解放阵线的内战。

大多数诺贝尔和平奖获得者都参与了反对种族隔离以及争取南非和平过渡等传统的和平与安全议题。科菲·安南作为联合国秘书长也参与过这些议题。2011 年获奖的利比里亚第一位女总统（2006—2018 年在任）埃伦·约翰逊 – 瑟利夫和妇女非暴力和平运动领导人莱玛·格博韦都帮助结束了 2003 年的第二次利比里亚内战。

旺加里·马塔伊（1940—2011）是肯尼亚的社会、环境和政治活动家，也是第一位获得诺贝尔和平奖的非洲女性（2004）。1977 年，她创立了绿带运动（Green Belt Movement），这是一个致力于植树、环境保护和妇女权利的非政府环保组织。作为诺贝尔和平奖获得者，来自利比里亚的莱玛·格博韦和来自肯尼亚的旺加里·马塔伊是非洲女性主义先驱，她们在各自国家领导着妇女非暴力和平运动，并通过绿带运动这一组织致力于植树、环境保护和妇女权利。两者都是非暴力的模范和榜样，旨在实现更广泛的和平与生态理念。她们体现了激进的“和平生态”与来自下层的“生态和平政策”是如何为政治、人权和性别平等而斗争的。

五　撒哈拉以南非洲和平研究方案的支柱

后殖民时代，撒哈拉以南非洲的和平研究方案应根据各自的经验、价值观和目标，解决非洲国家及其社会和当地社区所面临的重大挑战，并可考虑其诺贝尔和平奖获得者的范例和道路模式。和平研究方案不仅应解决多种形式的暴力问题，还应解决由极端天气事件（风暴、洪水、山体滑坡、干旱、森林火灾）以及由人类引发的全球环境变化的后果，后者可以从区域流行病和全球流行病的结果中观察到。

这些双重挑战来源于不同的威胁，其他国家、分裂主义或恐怖组织的政治和军事行动要么造成了这些威胁，要么使其合法化。环境威胁不同于暴力事件，它们越来越不是自然变化的结果，而是人类行为的结果，而人类行为在历史上主要是由全球北方发达工业国家的经济活动通过其积累的温室气体造成的。因此，和平研究的重点应该被扩大，将和平与环境问题和威胁纳入所谓的“环境缔造和平”（Conca，2015）或“和平生态学”方法（Kyrou，2007；Amster，2014；Oswald，Brauch and Tidball，2014；Brauch，2016a，2016b，2019，2021）。这需要重新思考狭隘的和平概念，并将其重新定义为“可持续和平”或“与自然的和平”。

六　迈向可持续和平的概念

“可持续和平”是一个以价值观为导向的理想主义概念，已被非政府组织和政府间组织以及社会科学与和平研究，特别是和平心理学的研究者广泛使用（Deutsch and Coleman，2016；Coleman，2016）。派克（Peck，1998：22—23）在预防性外交和冲突预防框架内使用了这一概念，将其作为预防冲突的“愿景”和“政策方案”，认为“寻求可持续和平将……需要建立在法治（基于权利的方法）和解决问题制度化（基于利益的方法）的基础上，以取代暴力冲突（基于权力的方法）”。她将“可持续和平”和“可持续发展”与“人类安全”联系起来，指出：

> 可持续和平取决于通过制定一个能够促进和维护人类安全的公平进程来满足人类安全需求。因此，在创造可持续和平方面的援助必须首先建立在对地方一级人类安全需求透彻了解的基础上，其次建立在关于通过适当的体制和结构机制最好地解决这些需求的知识基础上（Peck，1998: 225）。

从环境角度来看，可持续和平旨在实现“与自然的和平”（Meyer-Abich，1979，1984）。从宗教视角来看，世界教会理事会将其视为与创世相一致的和平，教皇方济各在其环境通谕《赞美你》（*Laudato Si*）中对此进行了讨论。科尔曼（Coleman and Deutsch，2012; Coleman，2016）对可持续和平的定义是“存在于这样一种状态，即利用破坏性冲突、压迫和暴力解决问题的可能性非常低，以至于不被纳入任何一方的战略中；而利用合作、对话和协作来促进社会正义和福祉的可能性非常高，以至于它支配着社会组织和生活”，这个定义是他在阐述和平教育时提出来的。[1] 莱德拉赫（Lederach，1998）提出建立“超越暴力”的可持续和平。

联合国秘书长在 2001 年关于预防冲突的报告中指出，“有效预防冲突是实现和维护可持续和平的先决条件，而可持续和平又是可持续发展的前提”[2]。在类似的方向上，维持和平行动部（DPKO）的活动“旨在支持和平过渡，在后冲突环境中建设可持续和平”（Pampell and Sen，2005）。

2015 年，联合国大会在其关于“和平、正义和稳定机构”的可持续发展目标（SDGs）第 16 条中通过了“建设和平与包容性社会，促进可持续发展，为所有人提供诉诸司法的机

1 Peter Coleman, “The Missing Piece in Sustainable Peace”, http://blogs.ei.columbia.edu/2012/11/06/the-missing-piece-in-sustainable-peace (15 Nov. 2015).

2 Prevention of Armed Conflict—Report of the Secretary-General (A/55/985-S/2001/574). Para.10.

会，并在各个层级建立有效、负责和包容的机构”[1]的目标。这一政策目标与撒哈拉以南非洲具有高度相关性。[2]

1 https://www.un.org/sustainabledevelopment/peace-justice; https://sdgs.un. org/goals/goal16；https://www.sdgfund.org/es/node/251 (29 June 2021).

2 https://www.uneca.org/sites/default/files/TCND/ARFSD2021/Documents/Background%20paper%20on%20SDG%2016%20EN.pdf; https://www.unescap.org/sites/default/d8files/event-documents/SDG%2016%20Goal%20Profile_Final%20Web_EDIT%20v3.pdf (29 June 2021).

七　在撒哈拉以南非洲建立和平生态学方法

奥斯瓦德等人（Oswald，Brauch and Tidball，2014b：18—19）在和平、安全、公平、可持续性、文化与性别这六大概念支柱的框架内，对人类世的“和平生态学”进行了概念化，其中消极和平（非战争）由和平与安全之间的联系来定义，而就和平与公平之间的关系而言，积极和平的概念是指具有社会正义和全球公平的和平；对于和平、性别和环境之间的互动，提出了文化和平的概念；对和平、公平和性别之间的关系，提出了促成和平的概念；最后，可持续和平代表了和平、安全和可持续性之间的关系（图 2）。

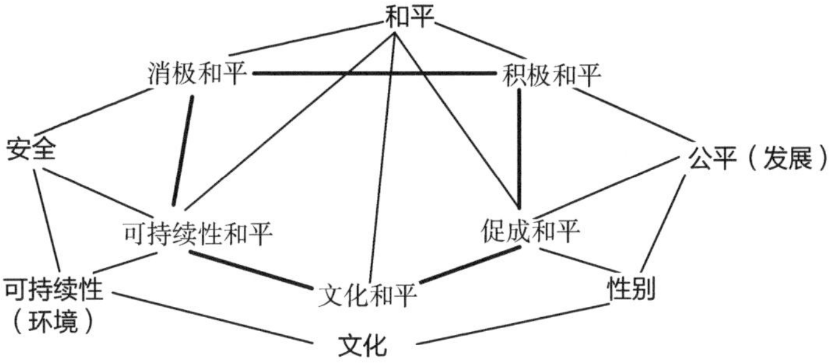

图 2　和平、安全、公平、可持续性、文化与性别的六大概念支柱，和平生态学的五大支柱及其关联概念消极、积极、可持续性、文化与性别和平（Oswald, Brauch and Tidball，2014:19）

和平生态学的这五大支柱指出了和平的不同概念特征。《联合国宪章》中“国际和平与安全”之间的经典关系仅指没有战争和暴力冲突的狭义消极和平，它旨在预防、遏制与解决冲突和暴力，避免在战争和镇压中使用“直接暴力”。要实现公平的和平或积极的和平，就需要没有“结构性暴力”（Galtung，1969）。要实现这一目标，就必须克服社会不平等、歧视、边缘化和贫困，因为在这些情况下，人们无法获得足够的食物、水、健康或教育的机会。

“和平生态”被定义为一个整体的、多学科和跨学科的科学视角和方法，既涉及《联合国宪章》（1945）中的和平与安全重点，也涉及20世纪50年代以来在非殖民化进程中逐渐发展起来的新发展与环境研究，还涉及20世纪60年代以来在国家层面、20世纪70年代以来在联合国背景下自斯德哥尔摩会议（1972）以来，随着联合国环境规划署（UNEP）的成立和里约地球峰会（1992）的召开，环境政策不断涌现。那些在1945年春天起草和撰写《联合国宪章》的决策者并“没有表现出对自然界的思考。该宪章没有提及地球、生态系统、污染、自然资源或可持续性……而且在关于新组织的宗旨、结构和规则的辩论中，这个主题也没有出现”（Conca，2015：33）。1945年7月16日在阿拉莫戈多进行的第一次秘密核试验是核时代的起点，而70年后，人类世工作组（the Anthropocene Working Group，AWG）将这次试验的放射性同位素解释为人类世作为一个新地质时代开始的证据，拥核国家可以在大气试验区的沉积物中识别出这种同位素。

和平生态学结合了独特的科学、技术、和平、安全等维度与环境学的视角和方法，既要考虑这些不同的特征，也要考虑人类引发的气候系统中人为过程的复杂互动和反馈，这些过程可能会因大规模使用核武器（核战争）或人类在生产、消费过程和生活中燃烧碳氢化合物能源，而导致其燃烧量的指数级增长，造成人为气候变化，从而危及人类生存。核战争和气候变化对人类生存的这两种人为威胁，需要在全球层面综合不同的因素、战略和政策来应对。

八　走向非洲的生态和平政策

旺加里·马塔伊是第一位来自撒哈拉以南非洲的女性诺贝尔和平奖获得者，并通过绿带运动提出了与自然和平相处的理念，即植树造林和自然保护，她自下而上提出了一项“非洲生态和平政策”。“生态和平政策”的概念尚不存在，不过文献中使用了几个相关概念，如：①“环境和平建构”（中东生态和平[1]和生物科学[2]）；②“建设可持续和平”（Krampe，2016）[3]；③“与自然和平相处”（联合国环境规划署的报告）[4]。

“生态和平政策”旨在解决全球环境变化的物理影响可能造成的生态后果；呼吁尽早采取预防行动，避免环境危机、冲突或战争；以及在不爆发任何暴力与冲突的情况下和平解决这些环境问题。布伦特兰委员会关于“我们共同的未来”的报告（1987）已经谈到了生态和平政策的主题，该报告通过讨论“和平、安全、发展和环境”之间的联系，从政策角度将这两个主题联系起来。

“生态和平政策”的概念是一个规范性概念，应涉及人为的全球变化的原因和后果，以及地方、国家和国际各层级的对策。这项拟议中的“生态和平政策”，在国际层面上并不仅限于全球和区域外交、发展和环境政策。它从个人层面开始，涉及公民个人的价值观、态度和行为，例如他们的饮食和消费行为、他们喜欢的交通系统，以及他们个人和家庭的生态足迹。因此，它成为家长和学校（从幼儿园、小学到高级专业培训

1 See for an overview with many sources, https://en.wikipedia.org/ wiki/Environmental_peacebuilding (11 April 2021). See also the websites on environmental peacebuilding, https://www.epmooc.org;https://www.environmentalpeacebuilding. org/education/mooc (11 April 2021).

2 Lesley Evans Ogden, “Environmental Peacebuilding”, in BioScience, 68, 3 (March 2018):157–163.

3 See Florian Krampe, summary of PhD thesis at Uppsala University, http://uu.diva–portal.org/smash/ record.jsf?pid=diva2%3A945418&dswid=–1351 (11 April 2021).

4 https://www.dw.com/en/making–peace–with–nature/a–56615328.（April 2021.）

学校）的教育议题，以及高等教育机构的教学和研究问题。

许多生态决策是由家庭、地方村（镇）或市议会、州政府以及国家或联邦政府做出的。在“生态和平政策”中，通常用于为政治决策辩护的威胁已经从根本上由一方转移到另一方（邻国、其他种族或宗教团体、国家或军事联盟）。对于“生态和平政策”，我们自己的行为和消费决策已成为主要原因或威胁。因此，一个主要的议题领域是从教育开始，在从幼儿园到高中的课程中教授实现当地可持续发展目标的做法。

在州和国家政治层面，生态和平政策不仅影响土壤、水和空气污染等传统的环境政策领域问题的解决，也直接影响到我们的食品安全和健康。分析、辩论、创新和行动的主要领域是经济、能源、交通、农业和卫生政策。可持续发展目标和可持续转型战略的实施影响到各级政策制定，与所有社会、经济、政治和科学行为者都息息相关。

在国际层面，生态和平政策需要联合国环境规划署在2019年第六次《全球环境报告》中提出的整体方法，该方法需要在外交、安全和国防政策以及环境和发展问题之间采取综合方法。欧盟委员会到2050年实现欧洲绿色协议和气候中立的目标影响到欧盟及其27个成员国层面的多个政策领域。

生态和平政策应旨在提供一项预防性战略，以便：①通过多边外交与合作，能够遏制、解决和从结构上预防人为气候变化的预期物理影响；②能够避免国内和国际暴力危机、冲突和战争。联合和积极应对资源短缺、资源污染和（水、土壤、空气）压力问题，将有可能加强受影响人群的健康和安全。

九 为什么这三个概念对撒哈拉以南非洲很重要?

“可持续和平”“和平生态”“生态和平政策”这三个整体概念可以成为大学和其他学校和平研究计划的支柱，也可以成为宗教团体寻找亚伯拉罕教义（犹太教、基督教、伊斯兰教）和其他宗教共同点的支柱，以满足“世界伦理”和主要宗教团体间协商进程的需要（Küng，1991）。在和平与生态教育中，重要的是制定地方行动项目，大学、其他学校和教区可以在地方一级发起这些项目，反映当地的需求和关切，在这里个人参与可以发挥作用。

十　撒哈拉以南非洲与自然和平相处的结论和展望

在撒哈拉以南非洲，客观上需要加强和平研究和环境研究的社会科学研究能力，以支持国家、区域和地方的“和平与生态教育”或“和平生态教育”。撒哈拉以南非洲国家面临着多重困境，因为它们受到多种类型的后殖民冲突，以及全球环境变化与气候变化的严重影响。水文气象危害和灾害、人为气候变化的物理和社会影响，以及包括新型冠状病毒在内的流行病和全球流行病，造成了大量死亡和经济损失。他们缺乏：①建立基础设施所需的资源，以及在气候变化和冲突风险方面进行适应、缓解和复原力建设所需的能力；②在同行评审的和平研究、环境研究与和平生态学期刊上贡献、被接受和发表研究成果的科研能力。

经合组织（OECD）成员方关于“开放获取”出版物的科学基金的资助对象与国家相关方达成协议，使来自这些国家的学者享有更多特权，能轻松获得补贴和免费开放获取出版物的机会。这是对来自全球南方，特别是撒哈拉以南非洲的研究人员和学者的歧视。

欧洲联盟（EU）和非洲联盟（AU）在欧盟—非盟科学高级别政策对话框架内就科学、技术与创新问题进行了区域间合作，投资超过18亿欧元。它将支持非洲科学家及其在尖端研究方面做出贡献的能力，增强他们从欧盟研究和创新工具中受益的潜力，并加强与欧洲大陆的平等合作。2020年12月8日，欧盟宣布启动“非洲卓越科学研究倡议”（ARISE）试点计划，提供2500万欧元的资助，用于支持40名年轻和新兴的非洲研究人才、早期职业科学家及其想法，并通过资助获得进一步发展的机会。受益者将在全非洲大陆范围内的公开竞赛中根据科学卓越程度进行选拔。在为获得博士学位后有2—7年经验的研究人员制定严格的资助和奖励程序后，ARISE 受资助者将在长达五年的时间内获得高达 50 万欧元的资助，以启动自己的独立研究团队和项目。ARISE 受资助者及其研究团队将被安置在 40 个非洲国家的高等教育或研究机构中。

这些合作研发行动的重点将放在公共卫生、绿色转型、创新与技术以及科学能力这四个优先领域。合作活动的共同主线是加快将科学进步转化为实际影响力。在《2030 年可持续发展议程》框架内，科学、技术和创新的作用是可持续发展的重要驱动力。欧盟和非盟同样认识到，向知识型经济的可持续转型需要依靠科学、研究和创新。对研究和创新的投资确保了可持续和包容性的未来。

欧盟为非洲青年学者提供的关于绿色和可持续转型的少量初始资金，仅限于自然科学和工程学，不包括社会科学和人文科学。然而，它可以为随后的资助提供一个框架，其中包括和平研究中的和平生态学和生态学的联合研究方案。2015 年，德国联邦教育和研究部宣布了一项与撒哈拉以南非洲建立可持续解决方案的伙伴关系计划，以促进生物经济学、可持续城市化和资源管理方面的研究与综合研究生教育。[1] 位于阿克拉的加纳大学的玛丽亚·西比拉·梅里安非洲高等研究所（MIASA）于 2020 年 9 月成立，在之后六年（2020—2025）将获得近 1200 万欧元的资助。其目标是支持人文、文化和社会科学的国际化，定期邀请非洲机构的研究员参与项目。[2] 欧盟和一些国家的这些新的资助方案支持可持续性转型的研究。其他资助机构，如美国国际开发署，加拿大、荷兰、瑞典、挪威和芬兰的发展机构或部门，也资助了其他的具体合作研究计划。

非洲人类世和平生态的发展需要克服全球和洲际知识共享、讨论和辩论研究趋势的制约和障碍，特别是存在于全球北方和南方的和平

1 “Neuer Ansatz für Ausbau der Wissenschaftskooperation mit Afrika”, https://www.kooperation-international.de/aktuelles/nachrichten/detail/info/neuer-ansatz-fuer-ausbau-der-wissenschaftskooperation-mit-afrika (19 April 2020).

2 “The Funding Concept of the DSF”, https://bundesstiftung-friedensforschung.de/wp-content/uploads/2021/01/Funding_Concept_EN.pdf (19 April 2021).

研究人员、环境专家和生态学家之间的障碍。全球南方和经合组织成员方的学者及研究人员之间加强科学合作和辩论，特别是在撒哈拉以南非洲的案例研究方面，是可取的。

全球北方的大学和国家应该为全球北方高质量机构的博士生和随后的博士后研究提供更多的津贴、补助和研究经费，这些北方机构致力于和平研究、环境研究和生态关怀（和平生态学的两个组成部分），为来自全球南方国家，特别是撒哈拉以南非洲国家的客座学者使用。欧洲和北美的研究和培训机构很少与全球南部和撒哈拉以南非洲的初级和高级研究人员开展联合研究项目。

到目前为止，现有的开放获取方案将社会科学和人文科学的出版物排除在外。应该扩大这一范围，并通过支付开放获取费用的特别基金，为全球南方的学者在全球北方的开放获取期刊上发表文章提供便利。他们在研究项目期间合作的机构应支付开放获取费，以避免对来自全球南方的学者的歧视，因为这些学者的所在机构无法支付高昂的开放获取费。

参考文献

Amster, R. 2014. Peace Ecology. Boulder, CO: Paradigm.

Benner, S., G. Lax, P. J. Crutzen, U. Pöschl, J. Lelieveld, and H. G. Brauch (eds.). 2021. Paul J. Crutzen and the Anthropocene: A New Epoch in Earth's History. Cham: Springer.

Bakilana, Anne Margreth. 2015. 7 Facts about Population in Sub-Saharan Africa, https://blogs.worldbank.org/africacan/7-facts-about-population-in-sub-saharan-africa.

Brauch, H. G. 2002. Climate Change, Environmental Stress and Conflict: AFES-PRESS Report for the Federal Ministry for the Environment, Nature Conservation and Nuclear Safety. In: Federal Ministry for the Environment, Nature Conservation and Nuclear Safety (ed.). Climate Change and Conflict: Can Climate Change Impacts Increase Conflict Potentials? What is the Relevance of this Issue for the International Process on Climate Change? Berlin: Federal Ministry for the Environment, Nature Conservation and Nuclear Safety.

Brauch, H. G. 2016. Historical Times and Turning Points in a Turbulent Century: 1914, 1945, 1989 and 2014? In: Hans Günter Brauch, Úrsula Oswald-Spring, Juliet Bennett, Serrano Oswald, Serena Eréndira (eds.). Addressing Global Environmental Challenges from a Peace Ecology Perspective. Cham: Springer.

Brauch, H. G. 2016a. Building Sustainable Peace by Moving Toward Sustainability Transition. In: Hans Günter Brauch, Úrsula Oswald-Spring, Juliet Bennett, Serrano Oswald, Serena Eréndira (eds.). Addressing Global Environmental Challenges from a Peace Ecology Perspective. Cham: Springer.

Brauch, H. G. 2016b. Conceptualizing Sustainable Peace in the Anthropocene: A Challenge and Task for an Emerging Political Geoecology and Peace Ecology. In: Hans Günter Brauch, Úrsula Oswald-Spring, John Grin, Jürgen Scheffran (eds.). Handbook on Sustainability Transition and Sustainable Peace. Cham: Springer.

Brauch, H. G. 2019. Sustainable Peace Through Sustainability Transition as Transformative Science: A Peace Ecology Perspective in the Anthropocene. In: Hans Günter Brauch, Úrsula Oswald-Spring, Andrew E. Collins, Serrano Oswald, Serena Eréndira (eds.). Climate Change, Disasters, Sustainability Transition and Peace in the Anthropocene. Cham: Springer.

Brauch, H. G. 2021. Peace Ecology in the Anthropocene. In: Úrsula Oswald-Spring, Hans Günter Brauch (eds.). Decolonising Conflicts, Security, Peace, Gender, Environment and Development in the Anthropocene. Cham: Springer.

Brauch, H. G. 2022. The Anthropocene Concept in the Natural and Social Sciences, the Humanities and Law: A Bibliometric Analysis and a Qualitative Interpretation (2000–2020). In: Susanne Benner, Gregor Lax, Paul J. Crutzen, Ulrich Pöschl, Jos Lelieveld, Hans Günter Brauch (eds.). Paul J. Crutzen and the Anthropocene: A New Epoch in Earth's History. Cham: Springer.

Brundtland Commission (World Commission on Environment and Development). 1987, 1988. Our Common Future. The World Commission on Environment and Development. Oxford : Oxford University Press.

Canning, D., S. Raja, and A. S. Yazbeck (eds.). 2015. Africa's Demographic Transition: Dividend or Disaster? Africa Development Forum series. Washington, DC: World Bank.

Coleman, P. T. 2016. The Essence of Peace? Toward a Comprehensive and Parsimonious Model of Sustainable Peace. In: Hans Günter Brauch, Úrsula Oswald-Spring, John Grin, Jürgen and Scheffran (eds.). Handbook on Sustainability Transition and Sustainable Peace. Cham : Springer.

Coleman, P. T. and M. Deutsch (eds.). 2012. Psychological Components of Sustainable Peace. New York: Springer.

Conca, K. 2015. An Unfinished Foundation: The United Nations and Global Environmental Governance. Oxford: Oxford University Press.

Crutzen, P. J. 2002. Geology of Mankind. Nature, 415: 23.

Deutsch, M. and P. T. Coleman. 2016. The Psychological Components of a Sustainable Peace: An Introduction. In: Hans Günter Brauch, Úrsula Oswald-Spring, John Grin, Jürgen Scheffran (eds.). Handbook on Sustainability Transition and Sustainable Peace. Cham: Springer.

DFG. 2020. Climate Change and Health in Sub-Saharan Africa. https://gepris.dfg.de/gepris/projekt/409670289?language=en (27 June 2021).

FAO. 2017. ClimAfrica, Climate Change Predictions in Sub-Saharan Africa: Impacts and Adaptations Scenarios of the Major Production Systems in Africa. Rome: FAO. http://www.fao.org/3/i7040e/i7040e.pdf (27 June 2021).

Galtung, J. 1969. Violence, Peace and Peace Research. Journal of Peace Research, 3: 167–191.

Godfrey, S.and F. A. Tunhuma. 2020. The Climate Crisis: Climate Change Impacts, Trends and Vulnerabilities of Children in Sub–Saharan Africa. Nairobi, UNICEF, September.

HIIK (Heidelberg Institute of International Conflict Research). 2020. Conflict Barometer 2020 Disputes, Non–Violent Crises, Violent Crises, Limited Wars and Wars. Heidelberg: HIIK.

IPPC (Intergovernmental Panel on Climate Change). 2007. Climate Change 2007: Impacts, Adaptation, and Vulnerability. Working Group II: Contribution to the Fourth Assessment Report of the IPCC. Cambridge: Cambridge University Press.

IPCC (Intergovernmental Panel on Climate Change). 2014. Climate Change 2014: Impacts, Adaptation, and Vulnerability. Part A: Global and Sectoral Aspects. Working Group II: Contribution to the Fifth Assessment Report of the Intergovernmental Panel on Climate Change. Cambridge: Cambridge University Press.

IPCC (Intergovernmental Panel on Climate Change). 2022. Climate Change 2021: Impacts, Adaptation and Vulnerability. Working Group II: Contribution to the Sixth Assessment Report. Cambridge: Cambridge University Press.

Küng, H. 1991. Global Responsibility: In Search of a New World Ethic. Eugene, OR: Wipf & Stock Publishers.

Kyrou, C. 2007. Peace Ecology: An Emerging Paradigm in Peace Studies. The International Journal of Peace Studies, 12 (2).

Lederach, J. P. 1998. Beyond Violence: Building Sustainable Peace. In: Weiner, Eugene (ed.). The Handbook of Interethnic Coexistence. New York: Continuum Publishing.

Lenton, T., H. Held, E. Kriegler, J. W. Hall, W. Lucht, S. Ramstorf, and H.J. Schellnhuber. 2008. Tipping Elements in the Earth's Climate System. In: Proceedings of the National Academy of Science (PNAS). 105(6).

McNeill, J. R. and P. Engelke. 2014. The Great Acceleration: An Environmental History of the Anthropocene since 1945. Cambridge, MA: The Belknap Press.

Meyer-Abich, K. M. (ed.). 1979. Frieden mit der Natur.Freiburg—Basel—Wien: Herder.

Meyer-Abich, K. M. (ed.). 1984. Wege zum Frieden mit der Natur: Praktische Naturphilosophie für die Umweltpolitik. München: Hanser.

Meyer-Abich, K. M. 2003. Frieden mit der Natur. In: Udo E. Simonis (ed.). Ökolexikon. München: Beck.

Ogden, L. E. 2018.Environmental Peacebuilding. BioScience, 68 (3).

Oswald, S. Ú., H. G. Brauch, and K. G. Tidball (eds.). 2014a. Expanding Peace Ecology: Peace, Security, Sustainability, Equity and Gender: Perspectives of IPRA's Ecology and Peace Commission. Heidelberg: Springer-Verlag.

Oswald, S. Ú., H. G. Brauch, and K. G. Tidball (eds.). 2014b. Expanding Peace Ecology: Peace, Security, Sustainability, Equity and Gender. In: Úrsula Oswald-Spring, Hans Günter Brauch, Keith G. Tidball (eds.). Expanding Peace Ecology: Peace, Security, Sustainability, Equity and Gender: Perspectives of IPRA's Ecology and Peace Commission. Heidelberg: Springer-Verlag.

Pampell, C. and A. Sen. 2005. Beyond Conflict Prevention: How Women Prevent Violence and Build Sustainable Peace. New York: Global Action to Prevent War—Women's International League for Peace and Freedom.

Peck, C. 1998. Sustainable Peace: The Role of the UN and Regional Organizations in Preventing Conflicts. Lanham: Carnegie Commission on Preventing Deadly Conflict.

Pope, Francis. 2015. Laudato Si (Rome, Vatican).

Serdeczny, O., S. Adams, F. Baarsch, D. Coumou, A. Robinson, W. Hare, M. Schaeffer, M. Perrette, and J. Reinhardt. 2015. Climate Change Impacts in Sub-Saharan Africa: From Physical Changes to Their Social Repercussions. Regional Environmental Change, 15.

UNEP. 2019. Global Environmental Outlook 2019—Healthy Planet—Healthy People. Cambridge: Cambridge University Press.

UNPD (United Nations, Department of Economic and Social Affairs, Populations Division) . 2019. World Populations Prospects 2019. New York: United Nations.

UNSG. 2001. Prevention of Armed Conflict—Report of the Secretary-General. A/55/985-S/2001/574. New York: United Nations.

World Council of Churches. 1990. Justice, Peace and the Integrity of Creation: Resource Materials. Geneva: World Council of Churches, JPIC Office.

WMO (World Meteorological Organisation). 2020. State of the Climate in Africa 2019. Geneva: WMO.

（胡传胜　译）

作者简介

汉斯·贡特·布劳克（Hans Günter Brauch），德国柏林大学荣休教授，德国海得堡大学国际关系学博士，在欧洲、亚洲、美洲的多国大学及联合国从事德国对外政策、欧美外资、国际环境政策、国际安全与军备控制研究，为联合国和平与冲突研究顾问委员会成员，国际和平研究协会、国际安全研究协会理事。

从天人合一到天人感应：秦汉儒家和平观念的发展

胡传胜

摘　要　秦汉时期是中国第一个大一统帝国时期，这个时期的和平观念是此后整个中国和平观念的基础。延续先秦时期的主要思想潮流，服务于大一统帝国的统治需要，认识并保持人与自然、人与社会、人与其内心的和谐状态，并把这种状态发展成为天人合一、天人感应的境界，是中国和平观的根本特性。本文讨论了从《大学》到董仲舒的秦汉儒家和平观念的发展历程。《大学》与《中庸》从人的道德自觉（“学”）和道德能动性（“诚”）出发，从内心到宇宙建立了形而上学的自然—人性—道德和谐理论。陆贾和贾谊在汉帝国的初创时期向皇帝建言，证明秦代迅速败亡的原因是统治者过度使用暴力，没有根据形势的变化把国家从战争状态变成和平状态。他们发展了消极的和平观念。董仲舒在其知名的“天人三策”中把这两条线索结合起来，把实践问题、教化问题放到更大的宇宙论体系中进行考察，从而建立了形而上学—道德—历史—政治的和谐体系。董仲舒把《中庸》中从道德经验发展角度提出的“天人合一”观念，变成了“天人感应”观念，从而奠定了两汉思想的底色。

关键词　天人合一　天人感应　《大学》　《中庸》　陆贾　贾谊　董仲舒

一　汉代和平观念的一般特征及其与当代的关联

两汉的和平观念，就像中国思想史上的一般情况，在两条线索上展开。一条是哲学—形而上学—宇宙论的，回答的问题是：一个和谐且好的包括人在其中居于何种位置的宇宙图景是什么样子的，与这种和谐的宇宙秩序相一致的政治安排、人的行动规则应该是如何的。这两个问题多半是受儒家与道家影响的学者提出的，他们把整个人类作为自己的读者。第二个线索是和治理实践密切相关的。这个线索中的学者大多关注现实社会问题的解决，也多半是在回答皇帝提问的“策论”中提出自己的见解。西汉前期，在后面这些学者眼中，无疑有两个问题非常重要：秦朝为什么会迅速失败？要避免秦亡的命运，当代的统治者应该做些什么？前一类学者关注所谓的原则或原理问题，后一类学者则更多关注实践问题。到了东汉，复杂性与怀疑意识出现了。一方面，从西汉后期开始，前面那种和谐一致的宇宙论变成了一种机构的、程式化的、用于解释与预测的技艺，这就是思想根源可以追溯到战国中期的谶纬神学（说它是“技艺”可能更准确）；另一方面，由于怀疑主义与经验主义的兴起，这种天、地、人和谐一致的宇宙观一定程度上发生了动摇。本文讨论了从《大学》到董仲舒的秦汉儒家和平观念的发展历程。先秦的儒家两篇经典文献——《大学》与《中庸》是前帝国时期的思想观念，是第一条线索的代表。实际上，这两篇文献很可能代表了整个中国古代思辨形而上学的顶峰，纵然宋儒也不能出其右。陆贾和贾谊是第二个线索的代表。他们在汉帝国建立时向其皇帝建言，证明秦代迅速败亡的原因是统治者过度使用暴力，没能根据形势的变化把国家从战争状态变成和平状态。董仲舒在其知名的“天人三策”中把这两种倾向结合起来，把实践问题、教化问题放到更大的宇宙论体系中考察，建立了形而上学—道德—政治体系。董仲舒把《中庸》中从道德经验发展角度提出的“天人合一”观念变成“天人感应”观念，奠定了两汉思想的底色。

作为中国思想史的组成部分，两汉时期的和平思想与先秦时代的和平思想有着不同的特征。先秦的思想家处在思想竞争的环境中，和平思想体现为思想家个人的思想，体现为不同年代的思想家对社会问题的回应，也体现为思想家出自个体经验的（而不是现代人所说的“政治责任”）不同的社会想象。春秋战国时代政治秩序崩溃的现实刺激，和周代及之前时代理想化的历史记忆，影响了不同思想家对社会理想状态的构想。纵然在秦国，法家思想虽然影响这整个政策制定过程达两个世纪甚至更长，但是法家仍然是“百家争鸣”中的“百家”之一。秦孝公接受商鞅的建议，并不意味着商鞅的学说比同时代的孟子的学说更高级、更代表着现代人所理解的“真理”，它可能仅仅是“有用”而已。思想与政治表现为这种关系：某个思想家的想法碰巧被某个国家有最高决策权的人看中，并用以解决实际问题。思想与统治的关系如此而已。实际上，正是商鞅，称自己的策略只是权宜之计，只适用于目前“大争”的形势。冯友兰称孔子至董仲舒时代的思想为“子学时代”，此后的时代则为“经学的时代”（冯友兰，2011），这是一个准确的命名。子学时代的思想体现为思想家个人的思想，没有一种思想处于国家的保护之中。在帝国时代，思想的环境发生了变化。帝国需要一个绝对正确的、为帝国秩序辩护的意识形态。于是在争鸣的百家中，出现了一个被认为高出所有思想、受国家保护的思想。这就是儒学。被国家保护、被视为真理就意味着，这种思想是不能反驳的；政策与这种思想的关联，表现为思想家的想法是无条件正确的；政策在某种意义上只有与之保持一致，才是正确的、可以接受的，甚至才是成功的。（韩星、单长城，2019）

自公元前 221 年秦统一六国以后，中国历史进入了 400 年左右的统一帝国时期，思想环境发生了巨大的变化。百家争鸣时代被有的统治者（如魏惠王）视为迂阔（不切实际）的儒家思想，获得了“一尊”即统治地位，作为帝国的意识形态，变成国家机器的一部分。这是一个巨大的变化。在公元前 213 年秦代“焚书坑儒”活动中，儒家与书籍还是特殊的清除对象；但仅在半个多世纪以后，儒学就获得了独尊的统治地位。现在来看，这种现象既显得特别怪异乃至难以理解，又显得意义重大。现在的学者很容易在《论语》与诸如《礼记》诸篇中读到“子曰”的段落。人们自然认为前者可能是弟子根据记忆记录下来的，因此代表了孔氏的思想，而后者则可能属于汉代人的杜撰，但究竟是谁杜撰的可能已经永远无法考证。但是，这两个“子曰”的最大差异并不在于此。在前者，人们的理解是，这些段落是一个叫作孔丘的人话语的记录。在后一个场合，这些段落是那个处于思想最高处（理应也处于权力最高处）的人对于我们日常遇到的重要或不重要的事情的唯一正确或最恰当的规定。在这个场合，它与现代意义上的法律或法典，处于同一地位。它甚至高于一般的法典，更属于法律的“指导思想”。这就是巨大的差异。也就是说，人们对待汉代思想与先秦思想的巨大差异，在于人们对待这些思想的态度。先秦时期，无论是孟子、子思的思想，韩非甚至李斯的思想，还是阴阳家、兵家的预测术，都只是“一家之言”，是某个思想家独特的思想表达。但是，在汉代特别是武帝时期以后，这些思想被吸收进一个多少被官方核准的体系之中。这就形成了汉代乃至以后几乎所有时代（朝代）的思想特征：儒家思想成为意识形态，成为标准的思想体系或对人类遇到的所有重大问题的答案；其他思想中的概念虽然仍然作为传统存在着，但是它需要服从于儒家的思想指导；而这个全包的、提供所有生活问题答案的思想体系，被认为吸收了诸家思想的成果。这个关键的变化或儒家思想的意识形态化，自然是由官方考试制度确立的。这种制度在隋唐时期走向了成熟，但是其根源无疑可以追溯到五经博士的设立。（李宗桂，2007）

从孔子出生到董仲舒出生，只有约350年。从董仲舒出生到黄巾起义，大约也是350年。对于第一个350年，我们觉得很漫长。对于第二个350年，我们则没有这种印象。这两个时代好像非常不对等。时代的纷乱变化和思想的异常丰富与复杂，拉伸了我们的时间感，所以我们觉得第一个350年特别漫长。第一个时代的思想，虽然离我们更加遥远，但是表达这些思想的著作，却成为公众阅读的对象；而第二个时代的思想，虽然离我们更近些，但这些思想家的著作，却更多的只是专业人员的阅读领域，这是很奇怪的。因为这种阅读，我们往往认为先秦的思想与我们更加接近，而离汉代思想更远。与他们几乎处于一个历史单元，加上我们对其思想的陌生乃至排斥，挤压了我们的时间感。汉代思想表现出的教条主义，那种似乎使人们得不到呼吸的经院传统与体系，那种重复烦琐的文风，似乎拒我们于千里之外。其实这是严重的错觉。汉代的思想提供了以后中国人的基本的思维方式。相比之下，先秦的思想至多只是提供了思想的材料。我们的思想方式或精神，是两汉的甚至是西汉的。（徐复观，2001）

一方面，汉代离我们很远，汉代人的行动方式，尤其是其对礼仪的细微规定、他们的世界观，似乎离我们很远。另一方面，汉代人的行动乃至思考方式，又与我们有一致性。实际上，我们生活在由汉代建立的传统之中。我们对权威的态度、我们对秩序的想象，虽然可以追溯到先秦时期，却更多地继承汉代。在先秦，敬畏权威只是某些思想家对于确立正常的政治秩序的建议，而普通人甚至思想家自己对权威的敬畏要小得多，甚至法家也不例外。因此，也可以说，先秦思想保留着更多的思想自由的成分。只是汉代以后，对权威与秩序的服从才逐渐成为我们的习惯并演化成传统。先秦给我们自由思想的记忆，秦汉把服从权威变成我们的行动习惯。在某种意义上，我们与秦汉仍然处于一个历史单元或大传统之中。（梁宗华，1994）

和平或秩序的建立方式，也是汉代人流传给我们的。西汉从表面上看，似乎回到了西周的开始时代。这是一个政治秩序重新建立的时期。在中国文化中，所谓“和平”，与政治—社会秩序几乎是同一个意思。但西汉的开国时间与西周的开国时间，相距约八百年。八百年，那可是比从西汉开始到我们这个时代的整个历史时间的三分之一还要长的长度。这个时间太漫长了。因此，对于西周早期的政治状况与统治方法，汉初也许只有模糊的回忆；更重要的是，和平或政治秩序，出现了周朝与秦汉两个版本。只是从汉代开始，一种不同于分封制的基本上建立在非血缘关系基础上的宏观秩序，才得以确立。这就是所谓的“郡县制”。另外，从汉代开始，朝代循环、治乱交替的历史现实与历史观才得以建立。这形成了中国历史的模式。每一个朝代都是在前一个朝代的废墟上建立的，也就是说，每一个朝代都是从混乱、战争、暴力、秩序的根本破坏状态开始其发家故事的。这是一个不幸的，多少有点乏味，却又一再引起不同时代学者思考的现象。既然一个新的时代意味着一个新的家族统治和一个新的政治单元的开始，而这个政治单元又始于混乱与战争中，那么，新王朝的建立过程就同时是一个征服的过程。这与商汤代夏、武王伐纣的故事略有不同。在儒家的叙事中，商汤周武属于典型的“替天行道”故事。也就是说，天命叙事压倒了暴力征服叙事。然而，替天行道不过是王朝建立以后被创造出来的神话，而周朝统治者以及它的最热心的阐发者孔子及其学派，则将其视为历史现实。从汉代开始，因为司马迁等历史学家（更值得注意的是早司马迁约一个半世纪的《竹书纪年》作者）的功绩，以及一些政论家的功劳，这种对历史的替天行道解释却不再被重视，或至少不再被认真对待。相反，人们更多地将新王朝的建立视为一个征服的过程，一个最后的胜利者压服了所有的竞争对手、荡平了所有分裂力量、建立起只有一个人和一个家族的统治的过程。武王以仁者代不仁者的传说至少受到了怀疑，或者，只有典型的意识形态专家才会认真看待。（干春松、陈壁生，2013）因为显然，刘邦并不比他的竞争者项羽更加仁义或者高尚。在司马迁给我们的生动的历史记述中，情况完全相反。与项羽相比，刘邦更是一个背信弃义的“真小人”。刘邦与儒家关于舜的传说正好相反。舜是一个在“天下”与“孝道”之间宁可选择孝道、宁可逃离王位也要背负犯上杀人罪行的父亲逃到深山的人物，而刘邦在项羽威胁要将其父烹杀时却要讨一杯羹。因此，新王朝的建立，更多的是一个征服的过程，是一个以暴制暴的过程。如果新王朝做了什么让步，统治者体现出某种仁义或德性，那可能并不是统治者的内在德性的发挥所致，而更多的是他的大臣们劝诫的结果。但是另一方面，朝代更替、新旧秩序更替的仁者得天下的说教，在西汉甚至更远一点的秦代，却又得到了类似于数学一样的证明。王朝的更替就像四季更替一样，是不以人的意志为转移的。就像换季时节，再贤明的统治者也无法扭转乾坤一样，当王朝的“换季”来临时，流氓、恶棍一样的人物，也会因为他们碰巧与宇宙运行相一致，而获得天下。（侯旭东，2015）至少，在汉代及以后，这两种历史观或秩序观，并存于中国人的思想中。它们至少处于争论之中。开国一代人很难接受这样一种秩序观：秩序是伟大的君王内心的仁慈外化或发挥的结果（按照《孟子》《中庸》的推理），他们宁可接受征服者暴力获得天下的秩序观。有些人被消灭或变成失败者（如韩信），并不是因为他们在道德上有缺陷，相反，他们往往是小心谨慎的；他们被消灭，只不过因为无法在内心建立起对居于最高位的那个人的敬畏感而已。这就是我们与汉代的相似之处。我们继承了两种相反的和平或秩序观念。（李开元，2000）我们一方面接受了暴力征服的秩序观，另一方面又佯装接受内圣外王的历史解释。

我们和汉代乃至先秦思想家的第二个相同之处在于，都把和谐作为和平的基本特征与理想状态。总体而言，建议从整体上、全局上考察问题，追求全面、整体的知识，这样一种整体论的思维方式，以及维持与保持人与环境的和谐共生、人与人的和平共处，出现意见分歧时强调求同存异、大局为重这种根深蒂固的追求和谐的行事方式，既构成中国思想的总体特征，也构成中国和平观念的根本特征。和谐既是宇宙的整体特征，也是理想的社会秩序，还是人类个体存在的理想状态。这种总体观与和谐论，在汉代思想中得到详尽的论证，并得到国家的核准，成为大一统帝国意识形态的组成部分。（曾德雄，2008）不过纵然如此，在和平理想的理解方式上，我们与汉代思想的差异也是非常明显的。汉代人特别是董仲舒以后，常常建立灾异与劣政的关联。这种关联甚至持续到清代结束，但这却是现代人无法从道理上接受的。天意表现为灾异是汉代人诚心接受的，甚至构成他们总体观念不可断裂的一个环节。现代人已经无从理解这种看法，或者已经退居为民族无意识。但是，汉代人坚信的天人合一的观念被我们继承下来了。今天，“天人感应”已经不被强调，但“天人合一”几乎被人们挂在嘴上。对于现代人来说，汉代人对于天人合一与天人感应的论证，却是极端深奥乃至令人费解的。我们的思考方式是汉代的，而与孔子时代不一致；但是我们对世界的具体图景的认识、我们用于描述世界的基本概念，又与汉代有巨大的差异。

二 《大学》与《中庸》：以道德为基础的和平秩序

秦汉儒家和平观念的第一个线索，是收录于《礼记》的《大学》与《中庸》中表达的思想。这两篇作品沿着孟子、子思的心性论的思想路径，从另一个同样具有形而上学特征的角度或高度，建立人与宇宙的和谐，建立人与宇宙的“合一”状态。这是一个从人到宇宙，发挥人的道德创造性参与宇宙创造与产生过程的讨论。根据这两篇文献，具有道德自觉的人，通过神秘的内心体验，通过“下学上达”，通过“中”与“诚”，通过人的创造性，使宇宙与自己成为一体。同样收录在《礼记》中的《礼运》（“礼”的运行或源流），虽然没有受到后来宋儒的夸张与强调，没有达到与这两篇短论同等经典的地位，但是可能是在西汉受到更多重视的文本，它的社会想象在西汉末年的王莽改制中起到了相当大的作用。这就是儒家的“大同”思想。大同思想中的“大同”是“和”（永久的和平与和谐）的终极状态，是社会贫富差别被彻底消除的状态。或者说，“大同”是通过社会的救济政策与其他政策（如官吏的选拔），使人与人之间自然产生的差别得到克服，人由偶然境遇产生的不幸得到极大的弥补的理想状态。虽然“大同”只是整体的“礼运”的开篇，在整个《礼运》中只占很少的篇幅，但是它也许可被视为中国积极和平观的完美表达。文本中的孔子（汉代人为了增强文本的权威性，常常伪造孔子、子思、曾子等人的讲话。这种对待经典的态度在现代是令人吃惊的）在充满激情地对大同进行勾画后，立即进入“小康”时代的特征以及与这个时代相关联的各种“礼”（礼仪、礼制）的详细描述。（丁原明，1999）

《大学》在宋代以后被列为“四书”之首。但这个文本至少可以追溯到公元前3世纪中叶或更早（周予同，1983）。也就是说，它是孟子后一代人的作品，是体系化时期的儒家作品。而一个世纪以后，它到达了意识形态化，即变成国家机器的阶段。这是个体从自身建立与完善道德人格，然后把这种道德逐步扩展到生活的各个领域，最终使整个人的世界获得和平的体系。按照这种道德发生学或道德成长的叙事，个体先建立自身和谐，然后通过发挥道德感化作用，使个体与整个人类处于和谐一体状态。个体通过道德的自我完善，极大地发挥道德感化潜能，使世界或人类获得永久和平。这是一个从个体到天下的讨论。（陈来，2020a）

“大学”这个词是有趣的。阅读先秦诸家的文本，人们很容易得出这样的看法：思想家们讨论的都是如何治理天下、安定自己、寻求生活意义的大问题，而且，每一个思想家，不管是儒家还是道家、法家，几乎都从最抽象的原则、最原本的概念开始推进自己的思想。《大学》在两方面带有强烈的儒家色彩，从而成为儒家的基本典籍。与汉代确立的其他所谓“五经”（《诗经》《尚书》《仪礼》《周易》《春秋》，它们显然更复杂、学术含量极高）相比，它的确应该处于更高一级或更基本一级的位置。（蒋重跃，2017）首先，《大学》突出了“学”，这直接指向《论语》首篇。无论这个“大学问”的最终指向、最高目标是什么，但是它的起点是“学”，而不是别的什么东西。这就与孔子的教诲建立了关联，“学”的概念也随之获得极大的扩展。在《论语》中，“学”基本上是对现存知识（包括历史的、仪式的、诗歌的）的获取或实践。在《大学》中，“学”的概念在更高的和更抽象的水平上获得一种体系化、阶梯化的认识。特别是，《大学》把“治国”和“平天下”作为“学”的最终实现或最高阶段，因此，政治或治理的关怀居于其完成的位置。这是它的典型的儒家特性。个体的道德体验（发现与光大诸如同情与仁爱等“善之端”）与天下的完美治理形成道德发展的序列，道德自觉与完美的治理秩序形成从起点到终点的时间与逻辑秩序，而起点的东西是更加本质和基础性的，这乃是根深蒂固的儒家观念或理想。只有关注并解决了治理问题，使其成为统治或指导统治的技术，或为统治确立基本原则，“大的学问”才算最终完成，从而形成与“小学”相平行的且意义更加重大的“大学”。“小学”是与“大学”相平行的、作为大学的辅助之学，它关注章句、音韵、语法等具体知识，即读懂作为“大学”之根源的古典文献的工具、准备或阶梯。其次，令人惊奇的是，这种最重要也是最伟大的学问，却并不是从背诵章句、获得具体知识开始，也不是从观察自然现象、经历感觉到知觉再到推理的知识获得过程开始，而是从人的道德体验开始。它是人的道德成长过程。这就与我们今天的“学”（获得专门知识）的概念有所不同。“大学”是根源于人的本性、体现并实现于社会生活的人的“仁爱之心”的扩展过程。大的学问，《大学》，强调一切学的过程是实践仁爱原则的过程，也是从本源、人内在的道德体验出发的过程。这就是它的根深蒂固的内在性。（陈来，2020a）

“大学之道，在明明德，在亲民，在止于至善。”（《礼记·大学》）人的最大的学问是什么？是自己意识到自己的道德根源并使这种道德根源发扬开来并彰显于整个天下，是用道德去感化、改变所有的人，从而使自己与他人都达到至善境界。大学乃是“成人”（完成人性、成就人格、成就自己与成就他人）之学。《大学》的这句话是人们熟悉的儒家教条最经典的、公式化的表达。《大学》把个体走向至善的过程归纳为三个阶梯。第一阶梯是个体的道德实验，这也是一个通过去除私欲与杂念，达到与道德规则相一致从而达到内心和谐的过程。这就是“知止”（知道什么东西不能做，停止某个动作或行为）、“定”（注意力开始内收）、“安”（不再受到纷扰）、“静”（内心获得平静）、“虑”（重新思考为什么某些行动是应该停止的而某些行动则是应该鼓励的）和“得”（获得道德的知识，也使自己达到与道德规范的完全认同）。令人惊讶的是，这整个过程，除了“止”的阶段（自我制止、强制的停止）带有某种强制性、动作特征外，其他阶段都带有异乎寻常的和平、平安的特征。第一阶梯是一个“正推”的思想过程，也是一个坚定地回到内心世界体现内心之美好与平和的过程。第二阶梯是从平天下到格物的“反推”过程。第三阶梯是再从格物到平天下的第二次“正推”过程。第一个过程是回到内心、回到光明的自我；第二和第三个过程是建立人与人、人与社会的和谐。“平天下”是什么意思？是“明明德于天下”，即让所有人、整个人类都获得道德知识，并且实践、彰显这种知识；而要达到这种状态，就必须先治理好自己所在的国家，治理好自己所在的国家则需先管理好自己的家庭，然后一直追溯到“正心”“诚意”与“格物”。当“格物”与“正心”“诚意”直到“平天下”相关联，作为所有后续工作的准备时，我们就发现，这种思考把思维牢牢限定在道德知识的领域内。儒家的知识，是完整的道德—精神发生学。从这个角度，大学之“道”（精神与过程），即在个体生命体验中充分认识并发挥人的道德潜质或使命，将这种在个体生活体验或实验中得到的道德认知或真理，应用于社会的层面，使所有人有所启发，使所有人的道德潜能都得到发挥，最后使所有人达到至善的境界。（孟琢，2019）

和平作为潜在的精神，贯穿于“大学”，即“伟大的学问”的始终。不管是把治理天下作为最终目的，还是把道德的发挥作为整个“学”与“习”的动力，这个过程都绝不是使人内心发生冲突、使群体中的人发生冲突，从而使一些人压迫另一些人的过程。相反，这是一个积极的、进取的、体现着和平甚至喜悦、让自发性发生作用的过程。因此，这个复杂的、进程极端漫长的过程，却并不是强制、强迫、奴役的过程。大学的第一个阶段，即“修身”阶段，也是一个“修心养性”的过程，是“正心诚意”的过程，因此体现和平的特性。那种道德理想主义的压抑性，被净化掉了。[1] 大学的后一个阶段，“平天下”阶段，则把和平显性化了。“平天下”，不是简单地把和平、没有冲突带给天下，而是把“太平”、永久的、建立在平和的内心体验基础上的和平带给所有人——当然，并不是“苍天”之下的所有人，而是“天子治下”的所有人。

遮蔽或根本无视内心冲突，乃是《大学》独特的论证方式。如前所述，《大学》从内心的平和体验开始，并将这种平和的体验渗透于

1 在宋儒特别是明代王阳明的心学中，《大学》第一阶段的那种被故意“屏蔽”的走向和谐内心的艰苦特性，得到了极大发挥。那是一个与自己内心的各种欲望进行搏斗甚至九死一生的过程。

个体—群体道德历程的所有阶段。“大的学问”起源于带有和平特质的道德实验。这种实验从意识到自己的使命或生活目标开始（“知止”），认识到人的普遍的生活目的（而不是具体的个人的目的），才能使内心平静、安静下来，不受各种引诱的干扰，也就是人们所说的有定力。有了稳定的生活理想才能排除干扰，处于内心平静的、宁静的状态。处于内心宁静的状态，才能对所有事物深思熟虑，才能有所成就。正是大学的这种作为思想与实践之开端的、坚定地去除干扰的、回到内心寻求心灵之平静与平安的道德心理学，竟然被认为既是和平的政治秩序的基础，也是和平的政治秩序的条件。人的内心的和谐与社会的和谐就这样处于相互促进的关系中。在《大学》的思维结构中，引起纷争的所有因素，不管是物质利益的冲突，还是不同生活理想的冲突，都处于不被言说的状态。《大学》根本没有提及它们，它们就好像不存在一样。事实上，正如我们所看到的，所有通过制止、消灭冲突而到达和平状态的理论，与其说是和平理论，不如说是冲突理论。一个彻底的和平理论，就是根本无视或遮蔽了冲突的理论。这里似乎暗含着一种独特的论证方式：对于“德”，那些在人性中发现、在人的个体体验中被唤起、在群体生活中被实践的，注定要在整个人类的道德进化中感化所有人的“德”（道德规则），不管是单数还是复数（它们往往是无法列举完全的），它们的至上性或人们对它们的皈依与接受，是无条件的；它们各自的特性是否发生冲突，人们是否有能力达到它们，等等，都是不需要受到理性检查的。总之，德行的至上性是没有条件的、绝对的；我们无法想象一个人——如果他还能被称为人的话——竟然会对这点提出异议。正因为如此，它们的特性以及与它们相反的被称作“恶”的特性，在《大学》中都不需要专门讨论；唯一需要讨论的，是人无限地接近与接受它们的过程。

《中庸》的基本文本可能同样出现在公元前 3 世纪中叶（战国末期），它的问答部分则使其更像是汉代的著作。这是比《大学》更辉煌的文本。其高度形而上学的特质也许只有《易传》可以与之相比，虽然这种高度的形而上学或思辨，可能并不符合汉代人讲究实际的思想特质。（当然，如果把《易传》《中庸》与《大学》联系起来看，三个文本的确能够形成一个气势恢宏的儒学哲学体系）因此，在汉代，它与《大学》一样，作为一个普通的篇章，被包含在《礼记》（关于“礼”或所有制度的分类、详尽说明与意义阐释）这部包罗万象的选集之中。2000年来，就国人而言，人们只能先背诵它，然后再根据自己的个体体验以及对历史与宇宙的理解，来解释它的文本意义以及对于自己与社会的含义。这些辉煌的段落之间的推理过程，并不是清楚的。它们只能被直觉地理解——换句话说，我们必须先接受它，然后再试图理解它。这被认为是所有文化对待经典的态度：经典是用来“学习”与“体会”的，而不是用来反驳从而为新理论的提出做准备的。“天命谓之性，率性谓之道，修道谓之教。”（《礼记·中庸》）天命怎么就会是性呢？率性怎么就是道呢？修道怎么就是教呢？但是，这三句话把天、性、道德体验，三种相距甚远的现象，贯通起来了。这是一个自我指涉的、自我闭合的思想圆圈。（任蜜林，2019）

被大自然植入生命的东西，就是性。但是并不是所有被植入生命的东西都是性，而只有那些“命中注定”要实现的东西，亦即人性中美好的，可以归结为关怀、关心别人的那些特质，才可以称作性。《中庸》坚定地站在孟子的性善论一边，而不是荀子的性恶论一边。顺着人性中那些美好的东西行事，按照人性中的必然要实现的、那些产生人与人之间和谐、产生美好生活的要求行事，才是道，即“正道”。按照这种“道”来修养，即时时刻刻意识到“道”、时刻保持与它的一致性，就叫“教”。《大学》说的是“学”（学习、实践），这里换一个概念，即“教”，阐释同一种内容。这种性、道、教的层层限定，保证了思考向着一个确定的方向运动。这是对思想与生活的强有力的“规约”或“规制”。教或修道，不是一个自然自发的过程，而是一个自我强加、自我克服的过程。“道也者，不可须臾离也，可离非道也。”这句话表面上看是一个奇怪的表述。它必须从某个确定的意义或层次上去理解。被充分意识与实践的“道”，成了必须遵守的“道德规则”，或人类的一般的道德规范。只有这种与天命、人的善良本性相关的道理、规则，才是不能被须臾背离的。“不可须臾离”，一个立志成为君子的人，应该时刻对照着规则，来严格检查自己的行为，时刻警醒、提防、监视自己（所谓“修道”），“是故君子戒慎乎其所不睹，恐惧乎其所不闻。莫见乎隐，莫显乎微。故君子慎其独也”（《礼记·中庸》）。品德高尚的人在没有人看见的地方也是谨慎的，在没有人听见的地方也是有所戒惧的。“慎独”准确地刻画了一个艰苦的修道者即自我教育（修养）者的艰难历程。按照现代人的说法，修道、修养、自我教化，意味着防微杜渐，把与先验的、绝对真理性的道德规则不相容的想法，扼杀在萌芽状态。（陈来，2020b）

《大学》把修养提高到“平天下”的高度，《中庸》则把修养形成的道德人格，提高到使宇宙和谐或至少是参与到和谐的宇宙运行过程的高度。“平天下”的特征虽然没有被详细阐述，但那必然是一个所有的纷争、冲突都被化解，所有导致冲突的差别被消除、“铲平”，所有人都不再感觉到“不平”（既是一种存在状态，也是一种心理状态）的状态。（陈来，2018）

> 喜怒哀乐之未发，谓之中；发而皆中节，谓之和。中也者，天下之大本也；和也者，天下之达道也。致中和，天地位焉，万物育焉。

喜怒哀乐没有表现出来的状态，叫作“中”；表现出来却能得到很好的节制，叫作“和”。“中”，是人人都有的本性；“和”，是人人都遵循的原则；达到“中和”的境界，天地便各在其位了，万物便能生长繁衍了。这样，《中庸》的作者就在极端抽象的层次上，建立了人与天的统一性或合一性。“中”首先是人的道德发展的起初、初始状态，在这个类似于“一”与“元”的状态中，一个人的喜怒哀乐等日常情绪都还没有发展。[1] 这也可以说是无善无恶的状态。但是，道德人格的发展，既意味

1 处于原点、中间状态；这是战国末年思想界的一条回到原点、回到时间与空间初始状态的线索。对“一”“大一”“元”的讨论，是一种“基础思维”，或是对人类基本问题的讨论。这个线索与《老子》有很大关联，在董仲舒那里达到新的高度。

着这些日常情绪得到表达（“发”，生长、变大），更意味着它们受到节制；它们不是被消灭或彻底压制了，而是受到了节制。这是一种既保持又克服的状态。没有情绪与情感，人似乎不再为人，生命也失去动力；体验情感且将其导入至善的历程，生命的丰富性与终极的目的性才得以体现。这种受到节制的、使它们处于和谐状态的过程，即“和”，即和谐。道德的本性就在于通过节制使日常情绪处于和谐状态。因此，“中”与“和”都首先表现为人的道德实践。正是因为这种从“中”到“和”的道德成长经历，使人意识到，“中”与“和”不仅是道德现象，而且是宇宙运行的规律。一方面，人通过道德实践（“节”而和）感受到“中”与“和”同时是宇宙运行法则，人因为分享或同时具有这同一种本质上是宇宙的特性而成为整体宇宙或大自然运行的一部分。另一方面，一个能够完整地体验道德生命的成长过程，特别是体悟“中”与“和”是宇宙的根本原则的人，同时就参与到宇宙的运行过程中了。（方朝晖，2021）在《大学》中，儒家思想把和平、和谐的境界推进至人与自己内心（清明、明澈、平和、安定）的和谐状态；在《中庸》中，儒家思想把和平、和谐的境界推进至宇宙，即所谓的世间万物。不是简单的“与天同在”，而是参与到“天”的运行之中。

> “中”是宇宙的建构本基，同时又是宇宙运行的方式。没有“中”，道将没有能力孕育生命，更不能保证自身的恒久与和谐变化……实存的所有潜能和可变性都保存在“中”内。人的领域内，“中”尊重个体的变化和境况，但每一次它都必然代表最好、最不可少的部分，一致向上，向“至善”提升。儒家对人的命运，对公正、恒久、可行（即“庸”）之“中”的均衡力，有无限信任。（程艾蓝，2018：198）

中和还不是最高的道德—生命境界。（末永高康、佐藤将之，2021）处于至高的道德—生命境界的，是“诚”，一个除了《中庸》

以外几乎不再被哲学家充分阐释的概念。在《中庸》中，“诚”不是一个表示心理特征的词汇，甚至也不是一个表示道德特征的词汇，而首先是一个表示自然的构成或现代人所理解的宇宙精神的词汇；人表现出道德上的“诚”，不过是人体会到了这个宇宙精神并与之相同一，或者说，因为人分享了宇宙的“诚”，而具有道德上的“诚”。“诚”是宇宙的运行法则或构成原则；就是人的命运或使命，或生命的内在目的，就是诚恳、诚挚、诚心或毫无保留地接受这种与人心本质上同一的宇宙法则；能够真正诚心地接受这个法则，自觉与自然地与之相同一，一个人就处于生命的最高点，成为圣人、完人；这样的人便会不可更改地选择善良，自然自发地选择善良。

> 诚者，天之道也；诚之者，人之道也。诚者不勉而中，不思而得，从容中道，圣人也。诚之者，择善而固执之者也。（《中庸》20章）
>
> 唯天下之至诚，为能尽其性；能尽其性，则能尽人之性；能尽人之性，则能尽物之性；能尽物之性，则可以赞天地之化育；可以赞天地之化育，则可以与天地参矣。（《中庸》22章）
>
> 诚者自成也，而道自道也。诚者物之终始，不诚无物。是故君子诚之为贵。诚者非自成己而已也，所以成物也。成己，仁也；成物，知也。性之德也，合外内之道也，故时措之宜也。（《中庸》25章）
>
> 故至诚无息，不息则久，久则征，征则悠远，悠远则博厚，博厚则高明。博厚，所以载物也；高明，所以覆物也；悠久，所以成物也。博厚配地，高明配天，悠久无疆。如此者，不见而章，不动而变，无为而成。（《中庸》26章）

诚，具有使万物和谐的无限能力。圣人作为至诚者，自成而成物，参与了天地的进化创造历程。人对宇宙进程的参与，这种意识在别的文本中是没有的。“它无尽赞美了自然万物的无尽繁殖与完美和谐。”（程艾蓝，2018：201）

三　建立和平的政治秩序：陆贾的马上马下论与贾谊的过秦论

秦汉儒家和平观念的第二个线索，是发生在汉初宫廷的现实—历史讨论，其讨论的主题或面临的主要问题是：一个如此强大的、吞并六国、统一中国的秦朝，为什么在如此短暂的时间内便遭灭亡；如何结束秦汉之交的战时状态，建立和平的秩序和实现社会安定；要实现社会的长治久安（持久和平），乃至恢复儒家所向往的三代文武周公的理想治理，应该采用何种治理之道、采取何种治理措施。不同思想倾向的人对这些问题都有所思考，特别是对于第一和第二个问题，道家倾向的士大夫与儒家倾向的士大夫差别并不大。汉初居于主流地位的统治观念是黄老思想，主张与民休息，轻徭薄赋，行《老子》的无为而治。这对于汉代生产与社会的恢复，起到了重要作用。他们的差异在第三个问题。道家主张"虚""静""无为"等消极观念，不建议过分干预百姓生活，认为只要处于互不侵犯的状态，无知无识、相互冷淡并没有什么不好。他们对儒家的那些倡导过分亲密与等级体制并常常陷入繁文缛节的观念多少持怀疑态度。

在这些问题的讨论中第一个产生重要作用的儒家学者是楚国人陆贾（约前 240—前 168）。《史记》称陆贾有"文武之辩"，是刘邦身边的谋士和说客（没有委任重要职务的士人）。秦统一中国时他已成年，因此目睹了秦国从极盛到灭亡的全过程。（李存山，1992）《史记》记载了陆贾的两件事：一是他成功说服征服了南越的尉他归顺汉室；二是他与刘邦的"马上马下"之论，劝刘邦得到天下后应该以儒家的礼义说教来治理天下。因此，这两次劝说具有一致性：都是从实用或实际的角度，劝说南越王和朝廷实行和平政策。对于尉他（刘邦组装拼凑的武装力量中的一支，受刘邦派遣征服南越，结果征服了南越后自己想当南越王），他的论证是，足下是"中国人"，理应采用中原的礼仪；以区区的南越小国，对抗汉朝是不可能的；当今的天子爱惜百姓，不欲继续多年的战乱，所以不是派兵来镇压，而是派他来劝说。他对尉他说，考虑到中原人的礼仪，考虑实力对比，再考虑当今皇上的仁德，归顺朝廷是最佳选择。他对皇帝的称赞颇带司马迁的口气："皇帝起丰沛，讨暴秦，诛强楚，为天下兴利除害，继五帝三王之业，统理中国。"（《史记·郦生陆贾列传》）他的"伐无道，诛暴秦"（《陈涉世家》，虽然这句话说的是项羽而非刘邦）便成了汉代前期的口头禅。（陈苏镇，1993；杨易辰，2023）

司马迁记载，陆贾因为这次成功出使而获任太中大夫（中央政府中专门从事"议论"的中级职位）。相比出使南越，陆贾的"马上得天下，马下治天下"的议论显得更加重要。据司马迁记载，陆贾时常在刘邦面前说及《诗经》和《尚书》，惹得半文盲状态的刘邦非常恼怒：老子在马背上得天下，与诗书有何关系（"乃公居马上而得之，安事诗书"）。于是就有了陆贾的知名议论：

> 居马上得之，宁可以马上治之乎？且汤武逆取而以顺守之，文武并用，长久之术也。昔者吴王夫差、智伯，极武而亡；秦任刑法不变，卒灭赵氏。乡使秦已并天下，行仁义，法先圣，陛下安得而有之？（《史记·郦生陆贾列传》）

陆贾的"马上马下"之论，是中国历史上思想家反复提出的王朝更替之问、如何建立秩序以及建立何种秩序之问。（林甘泉，1997）这种在武力征服获得天下后必须建立和平秩序的讨论，在周朝以天命论、仁德论为论证主轴。如前所述，这种强调征服者的崇高的仁义的说辞，多半是后世的产物。在汉初，统治者有仁义而获得天下的论证，转变为统治者应该有仁德的讨论，因为现在的统治者与争夺天下的失败者相比，并没有太多的仁义。这个论题很容易转变成"马上马下"的讨论。马背上得天下就是用武力征服天下；但是诉诸武力并不能治理天下。征服结束冲突，但不能带来长久的和平秩序，这个道理似乎是不需要证明的。但是在陆贾等人眼中，秦朝显然没有意识到这个浅显的道理。

当然，陆贾并没有说在和平时期的社会治理中应该彻底放弃武力，而是说要文武兼用。因此他是一个现实主义者，而不像《道德经》作者那样，是一个理想主义者。不过汉初《道德经》被政治与文化精英热切地阅读与保存，与陆贾的和平倡议是相关的。陆贾在“逆取”与“顺守”之间做了区分。逆取是用武力获取天下，顺守（顺着天下人的和平要求，也顺着仁者使人心服的要求）就是发挥“文”即文教、文明、道德的作用。陆贾告诉刘邦，过分依靠武力与刑罚，导致了许多强大国家的灭亡。那么，和平时期统治者应该怎么办？应该建立怎样的秩序？他的建议是“行仁义，法先圣”。他认为这既是和平实现的条件，也是保持和平的手段。陆贾的论证，把武力、军事征服、暴力与秦朝那种酷刑，即强调惩罚的法而不是实现正义的法，作为一方，强调这种做法只会招致灭亡；而把发挥“文”，“以文化人”，文明，通过发挥统治者内心的、所有人都有的仁爱、怜悯的本性，而让普通人服从，作为另一方，强调这种做法能够实现长久和平。这是一种文与武的对立，文化、文明与暴力、征服的对立，也是重礼与重法的对立。可见陆贾提供了两种和平观，也提供了两种秩序观。前一种是征服者的、不讲究同意与心悦诚服的秩序观，后一种是和平的、让统治者克服自己的欲望而让百姓做自己的事情的秩序观。前一种秩序也有和平，它让人在重压下服从，但这种和平是短暂的。这种讨论或思考方式，在西汉开国以后，得到了广泛的接受。陆贾的问题是建立长久和平，或和平的秩序问题。它与治理方式是有关的。

> 打天下，是以智勇去打倒敌人，征服人民。这是人与人以智勇互搏的非常时期的变态生活，是决不能持久的。敌人打倒了，人民被征服了，统治者与被统治者之间，应由压制的关系，改变为在合理基础上彼此可以相互承认，可以相互信赖的关系；即是说，要有五伦中的君臣（加上民）之义，政权才能安定下来。（徐复观，2001：59—60）

陆贾的言论似乎说服了汉高祖。特别是他的如果秦代广行仁义，怎么会有刘氏得天下的反问，似乎触动了刘邦。因此刘邦让其分析秦何以失天下，特别是讨论古代国家成败的原因。陆贾于是简单地陈述历史上兴亡的例证，写成12篇徐复观称作西汉“启蒙”文本的《新语》（徐复观，2001：57）。“启蒙”不是阐释某种理想政治的原则及其人性与天道根源，而是讲述适合于刘邦或那个时代打天下的统治者理解水平的简单道理。

和平具有极端重要的价值。和平乃是免于战争与暴力，免于恐惧的秩序。无为而治、与民休息，只是这种消极和平理想的另一种表达。“君子之为治也，块然若无事，寂然若无声，官府若无吏，亭落若无民。闾里不讼于巷，老幼不愁于庭。近者无所议，远者无所听。邮驿无夜行之卒，乡闾无夜召之征。……在朝者忠于君，在家者孝于亲。于是赏善罚恶而润色之，兴辟雍庠序而教诲之，然后贤愚异议，廉鄙异科，长幼异节，上下有差，强弱相扶，小大相怀，尊卑相承，雁行相随，不言而信，不怒而威。岂恃坚甲利兵，深牢刻令，朝夕切切而后行哉。”（《至德》）

《新语》的核心观念是行仁义即可长治久安。陆贾对历史兴亡的讨论，首先是对军事征伐的否定，认为不知节制的征伐必然导致灭亡。历史而不是抽象的人性讨论，是陆贾立论的基础。在《新语·至德》篇中，他列举晋厉公、楚庄王、楚灵王、宋襄公等人的暴烈行为，他们倚仗大国的地位和民众人数的优势，对外肆意发动战争，欺侮诸侯，蔑视邻国，对内压制、训斥百姓，结果外部与邻国结仇，内部臣下相互争斗。陆贾认为像这样的国家要长久维持下去是不可能的，所以宋襄公死于泓水之战，其他三位都被臣子所杀。这都是他们轻率地运用军队、崇尚武力所致。相反，陆贾坚持，不仅所谓的三代圣王通过德治使统治长久，而且像齐桓公这样的人，也是以崇尚德性而获得霸主地位的。与此相反，他认为秦国因为崇尚刑罚，结果第二代就亡国。为什么呢？武断与肆虐的暴力必然积怨，怨恨导致不和，不和导致战争。陆贾在汉初的形势下，重提了老子的武器与军事是不祥之物的观点。这种消极和平的理想，即战争与暴力的不存在，维持基本的生存、生活秩序，不遭杀戮的理想，形成当时的普遍共识。（祁志祥，2023）

《新语》开启了当代及后世的“过秦”讨论。秦朝的过错集中体现在哪？体现在他在劝说尉他时的“暴秦”措辞中。什么是“暴”，“暴”即战争秩序。陆贾认为秦国就是典型。按照陆贾的看法，我们也许可以认为，整个秦国的历史（而不仅仅是始皇二世朝），就是暴力横行的历史，因此都属于战争状态。陆贾认为“暴”具有三个特征。第一是崇尚刑罚，依赖酷刑治理国家，把普通人当作罪犯来防范。在《辅政》中，他说治理国家类似于在树上筑巢，是一个应该小心谨慎的事情，但是秦国把整个国家之“巢”建立在刑罚、惩罚的基础上（“以刑罚为巢”），这样就不免产生“覆巢破卵”的后果；秦国治理国家倚仗赵高这样奸佞之臣和李斯这样的酷吏，而这样的人物因为没有信义，是依赖不了的，所以国家总有一天会摔倒、跌伤(《辅政》)。在《无为》中，陆贾承认秦始皇设立车裂等酷刑（“治法”）、修筑长城防范北方民族南下（“讨乱”）的必要性，但是他同时强调，国家事情越多，日常秩序就越容易遭到破坏；刑罚的种类越多，犯法的人也就越多。这不是说秦朝不愿意治理好天下，而是说秦朝要做的事情太多，用刑又太过极端，所以产生事与愿违的结果（《无为》）。“暴”的第二个特征是国家无节制地搜刮百姓财物，这些财物不是用于必需，而是用于朝廷的奢侈生活，从而产生淫乱的风气。搜刮百姓体现着暴力，奢侈、淫乱体现对良好风俗的破坏。这导致暴力的第三个特征，即统治者不律己、不节制自己的行为。统治者的欲望如果得不到控制，自然产生暴力、暴虐的后果。总之，无休止的对外战争、用严刑对待人民并激起广泛的不满、放纵自己的欲望，是陆贾“过秦论”的主要内容。他的论证为同时代和以后时代多数学者所重复。

与先秦法家强调最高统治者的权势、威严、震慑不同，陆贾秉持他的儒家诗书礼义传统，强调行仁义的必要性。行仁义首先是对“居高处上”的统治者的要求。也就是说，仁义道德的说辞不是光说给下层人听的，更是说给统治者听的。受语言环境的影响，陆贾把居于高位的人称作“圣人”，认为圣人应该以仁义作为一切行动的出发点。（唐雄山，2005；祁志祥，2023）按照儒家的“心悦诚服”说法，有仁德的人会吸引同样有仁德的人（“仁人”），把道德义务的执行与推行作为生活目的的人会吸引同样的“义士”。因此，文王多行仁义，他的宫廷就汇集许多贤良人物，而秦始皇多行暴虐，他的朝上便充满了给他带来灾难与毁灭的人物。（《思务》）唯有贤明、贤良的人能够带来和平与和睦；要成为贤良之人，就应该理解并遵守圣人所实行与规定、体现于五经六艺之中的道理。这种看法与《大学》中天子以至庶人都以修身为要务的看法具有一致性。行仁义与文化、教化、经典学习、修养有关（“经艺”）。行仁义，被认为是“道基”（治理天下或天下获得的基础或准备或条件）：

> 德布则功兴。百姓以德附，骨肉以仁亲。夫妇以义合，朋友以义信。君臣以义序，百官以义承。曾闵以仁成大孝，伯姬以义建至贞。守国者以仁坚固，佐君者以义不倾。君以仁治，臣以义平。乡党以仁恂恂，朝廷以义便便。……乾坤以仁和合，八卦以义相承。《书》以仁叙九族，君臣以义制忠。《礼》以仁尽节，《乐》以礼升降。仁者道之纪，义者圣之学。学之者明，失之者昏，背之者亡……（《道基》）

陆贾把建立与维持长久和平的途径，称作“经艺”。和平的秩序与教育相关，也与道德观念的灌输与礼仪的强化相关。（韩星、单长城，2019）“民知畏法，而无礼义，于是中圣乃设辟雍庠序之教，以正上下之仪，明父子之礼，君臣之义，使强不凌弱，众不暴寡；弃贪鄙之心，兴清洁之行。”“定五经，明六艺，承天统地，穷事察微，原情立本，以绪人伦，……以匡衰乱。”经艺作为名词，是“经”与“艺”的统称，“经”即儒家的经典，“艺”则是后世称为的琴棋书画射等。经艺作为动词，是经营、筹划、从事与技艺相关的事情。战争的技艺被排除在“艺”的范围。陆贾称经艺的目标是“治情性，显仁义”，经艺乃是从事和平的技艺。正如徐复观的解释，“治情性”使每个人从“好利恶难，避劳就逸”，人与人相食相搏（战争、争斗）的状态中解脱出来，显示人性的善；同时，人必须在群体（人伦）中生存并取得进步。政治必须基于人伦、伦理之上，经艺既是和平之学，也是人伦或伦理之学。（徐复观，2001）

贾谊（前200—前168）是第二位站在历史与治理现实的立场讨论和平秩序的建立的学者。《史记》称他年方十八就因“诵《诗》属《书》”（可见他接受的也是儒家教育）而闻名郡中，被郡守收为门客。把有才能的人收为门客，是此前通行了几百年的做法，亦称养仕。这个郡守被文帝召入宫中任职，向文帝推荐了贾谊，贾谊于是被任命为博士。那时候贾谊刚20出头，是朝廷中最年轻的。据司马迁记载，每当皇帝下令商议政令而别人答不上时，贾谊都能给出让皇帝满意的回答。他在一年之内便被提拔为太中大夫，这个官职也是高祖奖赏给出使有功的陆贾的。两件事情的间隔可能不出十年。虽然两位贤良博士都以“策对”而知名，不过陆贾的对策并不具体，属于对原则问题的泛泛之论。相比之下，贾氏的讨论却在重要的事情上有针对性。陆贾希望改变秦代暴力取向的政策与严刑峻法的执政风格，从而为社会带来安定。这是一个“息事宁人”的对策。但贾谊发现的却是王朝的另一个危险。这就是封国的强大与分裂甚至觊觎中央政权而产生的动乱风险。我们知道，在刘邦时代，异姓诸侯已经被以谋反之名消灭，但贾谊发现同姓诸侯的危险更大。他建议“削藩”。无论对于朝廷还是其手足封国，这显然都是一个危险的建议。贾氏的建议与讨论，就像陆贾的“马上马下”讨论一样，也是中国历史上被周期性地提出讨论的话题。前者论证的是和平的极端重要性，后者论证的是豪强对社会稳定或“江山”的威胁。但是文帝并没有接受贾氏的建议。贾氏的建议要等到40多年以后被贾氏的同龄人晁错再次提出并被景帝付诸实践。这个危险的、挑动事端的建议，自然会使晁错付出生命代价。（潘铭基，2017）

贾谊的讨论仍然是建立一般秩序的讨论，他关心更多的甚至只是礼仪或典礼方面的问题。可见他与陆贾一样，考虑的是一般秩序。他向文帝建议说，汉代已经经历20多年，现在天下已经安定，朝野处于和睦状态。这时候应该修订历法，改变作为朝代标志的颜色，订正法令制度，统一官名，大兴礼乐。修订历法，因为历法不仅仅是纪年，更是开端的标志。改变颜色的建议与邹衍以来阴阳家的理论有关，颜色不单是衣服、旗帜等的颜色，而与“上天”根据自然的运行法则更换了委托对象这件事情有关。不同的颜色代表着不同朝代的道德标识（如黑色代表水德，黄色代表土德），这种道德标识是与上天的委托行动、自然的运行法则，以及接受委托的新统治者的德性密切相关的。仍然活跃在现代汉语中的“江山变了颜色”之说，便可以追溯至汉初或更早。贾谊根据推算，认为汉代应该崇尚黄色。他还建议皇帝根据五行说重新确定官名，更新秦代的法律制度，特别是删除那些过于严苛的条文。这些建议除了最后一项外，都是一个社会的装饰、修饰部分，不免因为太过注重仪式感、宏大的场面、等级与皇帝的至高尊严等，而与汉初注重简单、节俭的风尚不相合。但是这些建议仍然可以视为制造“祥和”“和谐”气象或外表上的努力。“承先秦诸子的学术遗风，以最大的热情，与广博的学识，欲为此大一统的皇权专制政治，提出长治久安之策的，当首推贾谊。”（徐复观，2001：69）

贾谊的这些太过注重仪式感或形式的部分，显然会遭到那些只关注具体问题解决的大臣们的反感。结果，文帝建议提拔贾谊到公卿地位（太中大夫只是“大夫”，是中级官吏）时，便受到权臣周勃、灌婴等人的反对。他们说贾谊缺少从政经验，却想独揽权力（更定官名、健全各项制度显然不是一个中级官员可以做的事情），因此打乱了朝廷的日常事务，扰乱了社会日常管理。这些指控是有道理的。如果就此而言，贾谊的建议不过是制造麻烦，在日常生活中增加繁文缛节而已，并没有多大危害。但是他禁止诸侯王常住京城（这成为此后“之国”制度的起源），特别是指出诸侯势力过大，有的封地数郡之说，可能会引起诸侯的愤怒。不过根据司马迁记载，生性温和的文帝没有

接受他的削藩建议。（余建平，2018）

司马迁在《秦始皇本纪》中节录了《过秦论》，《汉书》收录了贾谊的《治安策》。在思想史上，贾谊以“过秦论”（讨论秦朝的过失）而闻名。贾谊把陆贾以及同时代人关于秦亡教训的议论，用一个准确的命题进行概括，这就是“过秦”：秦的过错究竟是什么，如何才能避免秦朝迅速灭亡的命运。汉初学者也许没有注意到这样一个矛盾：按照他们阴阳五行相生相克的宇宙论推算，不同的时代应该有一个时间较长的定数。既然秦的统一也是顺应了秩序并拥有天命（贾谊在《过秦论》中对此大加肯定），那么怎么会二世而亡呢？既然二世就亡了，能说获得了上天的委托吗？事实上，个人过错论的解释与宇宙论的解释是极难统一到一起的。这种矛盾当然不是贾谊要讨论的。《过秦论》与《治安策》一样，是对和平最高一级或最基本、基础的政治价值的辩护。说和平是最高一级，意味着所有次一级的价值，都包含着这个价值的内容。在当代，自由可以视为次一级的价值，但若没有和平，不在和平的条件下行使，自由就会沦为任性。事实上，在任何一个历史单元的开端，对和平的辩护，总是出现在思想者的辩论中。（把梦阳，2022）

第一，继承先秦时代儒家的历史意识，贾谊把长久的统治或朝代（世系）的长时间继续与天下的统一，作为讨论的当然出发点。极长时间地保持统治地位（而不是实现正义，政治的最高目标是正义则不可能是统治时间的长久），无穷地扩大统治的范围或疆域且没有分裂与动荡（而不是实现自治），这是汉代中国的思维。广大与持久，是贾谊的思想前设。我们在《中庸》中也看到这种情况。一个小国是不存在统一问题的；老子所说的小国寡民状态，并不是汉人眼中的理想状态，因此“统一”是从属于“广大”的。广大与持久与和平都是相关的。一个统治单元的结束，或一个家族统治被另一个家族统治取代，虽然在某种意义上是天道的体现，但是它仍然伴随着暴力与战争，这是一个经验的现象。从这个意义上讲，“长久”包含在和平的概念之中。同样，只有把一些小的、充满利益冲突的单元，合并成一个等级

化的大的单元，才能实现和平。（杨延平，2023）

> 君子为国，观之上古，验之当世，参之人事，察盛衰之理，审权势之宜，去就有序，变化因时，故旷日长久而社稷安矣。（《过秦论》下）
>
> 夏为天子，十有余世，而殷受之。殷为天子，二十余世，而周受之。周之天子，三十余世，而秦受之。秦为天子，二世而亡。人性不甚远也。何三代之君，有道之长；而秦无道之暴也。（《治安策》）

第二，贾谊认为秦国没有顺应变化的形势将战争政策变成和平政策，没有将战争状态转变为平时状态，从而导致其迅速灭亡。这个论题也是陆贾论证过的。在贾谊看来，实行兼并战争追求统一，必须重视诡诈和实力；但是和平时代治理国家，就应该改变方法，用克制、诚意来争取民心。统一是暴力征服的过程；但是得到天下之后，统治者就应该实行仁政。他认为夏禹、商汤、文武都是这样做的。贾谊暗示，战时状态向平时秩序的过渡，除了政策的明显改变外，就是他上文所说的外表或仪式上的变化。在他看来，秦统一的主要功绩，在于满足了数百年人们心向秩序、向往和平的愿望。（唐雄山，2005）

> 秦灭周祀，并海内，兼诸侯，南面称帝，以养四海。天下之士，斐然向风，若是，何也？曰近古之无王者久矣……是以诸侯力政，强凌弱，众暴寡，兵革不休，士民罢弊。今南面而王天下，是上有天子也。即元元之民，冀得安其性命，莫不虚心而仰上。当此之时，专威定功，安定之本，在于此矣。（《过秦论》中）
>
> 夫并兼者高诈力，安定者贵顺权，此言取与守不同术也。秦离战国而王天下，其道不易，其政不改，是其所以取之守之者异也。孤独而有之，故其亡而可立而待。（《过秦论》中）

第三，贾谊认为秦的所有政策都显示出“暴”的特征。没有根据形势的变化调整政策，无疑是秦代迅速灭亡的原因。但是，贾谊认为，秦亡的更重要的原因，是不行仁政，继续用战争、暴力的手段对待渴望享受和平的普通人。他指控秦始皇怀着贪婪卑鄙之心，只想施展他个人的智慧，既不信任功臣，又不亲近士民，抛弃仁政王道，树立个人权威，禁止阅读与保存诗书古籍，实行严刑酷法，把诡诈权势放在前面，把仁德信义丢在后面，把残暴苛虐作为治理天下的途径。他指控秦二世破坏宗庙，残害百姓，比起始皇帝更加暴虐无道，重新修建阿房宫，使刑罚繁多，杀戮更加严酷，官吏办事苛刻狠毒，赏罚不得当，赋税搜刮没有限度；国家的事务太多，官吏们治理不过来；百姓穷困至极，而君主却不加收容救济。于是奸险欺诈之事纷起，上下互相欺骗，蒙受罪罚的人很多，道路上遭到刑戮的人前后相望，连绵不断，天下的人都陷入了苦难。贾谊用夸张的语言表达了秦二世没有适时改变始皇帝政策而产生的后果。

> 今秦二世立，天下莫不引领而观其政。夫寒者利裋褐而饥者甘糟糠，天下之嗷嗷，新主之资也。此言劳民之易为仁也。乡使二世有庸主之行，而任忠贤，臣主一心而忧海内之患，缟素而正先帝之过，裂地分民以封功臣之后，建国立君以礼天下，虚囹圄而免刑戮，除去收帑污秽之罪，使各反其乡里，发仓廪，散财币，以振孤独穷困之士，轻赋少事，以佐百姓之急，约法省刑以持其后，使天下之人皆得自新，更节修行，各慎其身，塞万民之望，而以威德与天下，天下集矣。即四海之内，皆讙然各自安乐其处，惟恐有变，虽有狡猾之民，无离上之心，则不轨之臣无以饰其智，而暴乱之奸止矣。（《过秦论》中）

第四，教化是实现和平的条件。和陆贾一样，贾谊是在统一帝国的策论环境下，作为官僚机构一员提出自己的和平观念的，他的言说对象是皇帝。他认为以古代的圣人、圣王为模范，帝王就能解决一切问题。和平秩序依赖具有智慧与德性的帝王（圣王），教化百姓则是帝王确立和平秩序的最佳途径。在他看来，帝王智慧的一个重要方面，就是洞察并满足百姓对和平与安定的需要。在《过秦论》中，他声称，古代圣王能洞察开端与结局的变化，知道生存与灭亡的关键，因此统治人民的方法，就是要专心致力于使他们安定罢了。这样，天下即使出现叛逆的臣子，也必然没有人响应，得不到帮助力量。和平（安定）具有最根本的价值，这是贾谊以及他同时代人对社会治理问题的重要洞察。“牧民之道，务在安之而已。”（《过秦论》中）贾谊甚至认为只有处于和平状态，人民相互之间才能行仁义，而在危难之中，他们往往一起做坏事（《过秦论》中：“安民可与行义，而危民易与为非”）。教化对于统治者，对于有道德认知能力的人，更多是《大学》所教导的那种发挥人心中仁的特性的过程；对于普通人，则更多是带有强制性地接受礼仪规范的过程。

> 寻常之室，六尺之舆，处无礼即上下踳逆，父子悖乱，而况其大者乎。故道德仁义，非礼不成，教训正俗，非礼不备，分争辨讼，非礼不决，君臣上下，父子兄弟，非礼不定，宦学事师，非礼不亲。班朝治军，莅官行法，非礼威严不行。祷祠祭祀，供给鬼神，非礼不诚不庄。是以君子恭敬撙节退让以明礼。礼者所以固国家，定社稷，使君无失其民也。主主，臣臣，礼之正也。威德在君，礼之分也。尊卑大小，强弱有位，礼之数也。礼，天子爱天下。诸侯爱境内，大夫爱官属。士庶各爱其家。失爱不仁，过爱不义。故礼者所以守亲手之经，强弱之称者也。……君仁臣忠，父慈子孝，兄爱弟敬，夫和妻柔，姑慈妇听，礼之至也。（贾谊《礼篇》）

四　董仲舒的天人感应说

秦汉儒家和平观念的第三个线索或阶段，是董仲舒对前两个阶段的综合。在这里，政治与历史的讨论，被吸收进一个庞大的宇宙（天）—道德（德）—历史形而上学体系中。这个体系号称既可以描述宇宙万物的构成，把握宇宙万物的变化，又可以对人事乃至朝代兴替的历史现象做出解释与预测。于是，前一个阶段的对策性的、与具体的历史境遇相关联因而多少带有偶然性的政策建议，变成了确定的知识体系中唯一的、不容争辩的答案。董仲舒是陆贾的下一辈，比贾谊也许只年少6岁，是贾谊的同时代人。与董仲舒一样长寿的陆贾则在董仲舒著名的天人三策提出之前6年可能还健在。但是董仲舒与陆贾、贾谊则属于西汉思想史的两个时代。贾谊在35岁左右，其思想的影响力达到顶峰，其才华深得文帝赏识，而在贾谊去世约35年，即整整一代人以后，步入老年、思想也已经到达最成熟时代的董仲舒，才显示出其影响力。而他以后，直到公元前后，董仲舒的影响力都呈现越来越大的特征。通过刘向父子和王莽，董仲舒的思想，他完美社会的想象，才达到影响力的顶峰。（王博，2022）这可以在《史记》与《汉书》对他的不同评价上看出。在司马迁的笔下，董仲舒只是儒林中的一员，他的天人三策在《史记》中并没有得到更详细的记载；而《汉书》则完整地（当然也带有编辑甚至修改的痕迹）收录了董仲舒的天人三策。当然，历史学家班固只是根据他的时代理解，对这位重要人物做更详细的记录而已。他虽然收录了董仲舒的对策，但并没有记录武帝对天人三策的接受。虽然他对“第三策”的记载，好像是武帝单独询问一样。关于董仲舒的影响，以下文字具有典型性。

> 作为帝国哲学和宗教崇拜的儒教思想的兴起，主要是由董仲舒引起的。可以肯定的是，董仲舒用宇宙论来证明儒家的治国理念，构建了帝国的意识形态。但他的追求并非孤立。儒家思想的制度化是一个跨越了几个世纪的历史过程，涉及汉朝社会中的许多群体。虽然董仲舒的改革很重要，但他只是一长串改革中的一员，从叔孙通和陆贾开始，他们服务于汉代第一位统治者，高祖皇帝；这个过程也包括董的弟子的活动以及儒家其他典籍的注

释者如刘向和刘歆父子，他们活跃于董氏去世一个世纪以后。（Queen，1999：2）

当然对于董仲舒为汉代带来的思想乃至政治实践的变化，并不是所有学者都赞成。鲁惟一说，虽然董仲舒是他那个时代的一个几乎不妥协的批评者，他的想法或预言在他自己的有生之年，似乎是进了聋子的耳朵。关于董仲舒时代的儒学（儒教），他称：

在西汉的记录中，没有任何证据证明，在他（董）那个时代，儒家思想是作为一种理想或一种控制和培育人性的既定方式存在的，也没有证据表明，儒家思想已经以"胜利"的方式征服了其他思想模式。而且，在后来的若干年里，这样命名的概念中所看到的那些元素，在任何意义上都没有被正式化为一套由在位统治者或当局深化的理想，用以抵消其他学派的影响。（Loewe，2011：335）

他认为，儒教作为帝国的主导意识形态（官方批准的思想体系或管理社会的计划），多半是唐以后的事情。而在西汉，没有证据表明这些因素形成帝国政府与社会的统一且接受的概念，用以排斥其他学派。因此，我们传统接受的、归功于董仲舒的"罢黜百家，独尊儒术"的判断，应该再讨论。对于董仲舒的历史影响，这位权威作者说：

有充分的证据表明，董仲舒的出生日期可以追溯到高祖年间，但没有证据表明他是一个有影响力的人物，担任过高官，可以控制帝国的政策。他没有经历过官员生涯的各个阶段；他从未在长安中枢担任要职；事实上，他在一段时间内被流放到外省，与宫殿、宫廷和政府机关保持距离。他表达了一些关于政府利益和问题的观点，比如农业、税收及与匈奴的关系，但是，在他的时代实施的决定和政策在多大程度上符合他的思想，或者在多大程度上根

> 据他的建议进行了修改，这一点还有待证明。同样，也没有什么迹象表明他的思想被同时代的人采纳或重复，我们必须等到他去世后大约 50 年，那时政府的整个基调和目的已经发生了某种根本性的变化，才能看到这些思想重新出现。（Loewe，2011：336）

《汉书》称董仲舒亲见四世之事，历文景之治与汉武盛世，说他“通五经，能持论，善属文”（《汉书 · 儒林传》）。董仲舒是秦汉学术体制的产物。秦始皇时代设博士 70 人，汉继之。秦代博士自然与法家、刑名、方术有关，而与儒学无涉。汉代则在董仲舒之前，儒家诸经，特别是尚书与诗经，就列入经典，虽然黄老之术，讲究无为而治、与民休息、轻徭薄赋，直到武帝时仍然作为政策取向。董仲舒作为“贤良”，地方重要的文化人物代表，专攻公羊学，已经二三十年。至于《汉书 · 董仲舒传》所载，汉武帝“立学校之官，州郡举茂才（秀才）孝廉，皆自董仲舒发（倡议）之”，显然夸大其词。

公元前 141 年，武帝下诏“举贤良直言极谏之士”，应举者百余人。此时太后尚在，轻视儒生。6 年以后，窦太后卒，董仲舒入对。董仲舒旗帜鲜明地反对法家而高扬儒家。在思想史与社会史上，只不过是让“德”与“刑”，教化与惩罚颠倒，哪一个更加重要或居于主流而已。儒家思想得到重视与汉代黄老统治结束，是两个并行的现象，很难说前者是后者的原因。儒家并不直接针对黄老观念，因为黄老观念是无形的，而且它对轻徭薄赋、与民休息的倡议，与儒家观念有一定的相通之处。陆贾与贾谊，都是儒家观念的信奉者。黄老观念不适合作为论战的靶子。结果，甚至从汉代开始，法家就受到强烈的批评。但从此后一个多世纪甚至更长的历史来看，董仲舒的思想，有重要的历史后果，则是无疑的。

董仲舒的思想或和平建议，也有高的理想与低的理想两部分。最高的理想，是建立天地人和谐，没有纷争，类似于《礼运》所说的理想，也类似《大学》所设想的人的生存状态：从皇帝直到庶人，都以修人为本。最低的理想，也是迫切需要解决的问题，则是如何抑制豪强、不使贫富分化严重等，每个时代都遇到的问题。在时代问题上，董仲舒的问题与陆贾的问题、与贾谊的问题都已经不同。

武帝要向“贤良直言极谏”之士请教的问题值得分析。就像历史一般情况那样，这看起来似乎是新皇帝登基时常有的姿态。他所提的问题似乎很重要又似乎不着边际，远远没有贾谊试图让文帝意识到的问题的严重性。武帝问的是和平问题或首先是和平问题。但不是如何建立和平，而是如何保持长久和平的问题。实际上，众所周知，武帝并没有遇到严重的和平问题。他的问题更像是无病呻吟，而不是一个极端紧迫的问题。这种极端重要似乎又不那么要紧的问题，必然是一个抽象、模糊的问题，因此其收到的回应，似乎也必然是大而化之的、原则性的。这正是武帝问题与董仲舒回应，也是所谓意识形态问题的特点。把道德与文化建设作为和平建设的途径，置于特别重要的地位，这就是意识形态问题的本质。（黄铭，2023）

武帝向他的上百名贤良文学提出的，是一个长久折磨自己以致其夜不能寐的问题。他获得了最尊贵的位置，王朝也经过 70 年风雨而处于稳定状态。他想要这种状态永久保持下去，直到无尽的未来。今天看武帝的问题与董仲舒的对策，令人吃惊的是，这个问题就像专门为董仲舒准备的。这更像一个历史观的题目，而不是一个时事的问题。皇帝说，三皇五帝时代，制度受到改革，音乐得到创造，结果“天下洽和，百王同之”（天下太平，延续了百位国王）；后来到了夏桀商纣，王道衰微；周代兴起了一段时间，又走向衰落。为什么会有这种太平与战乱的循环呢？当世道衰微时，为什么想践行王道的人也改变不了颓势？那么，“三代受命，其符安在，灾异之变，何缘而起？性命之情，或夭或寿，或仁或鄙，习闻其号，未烛厥理”。当然，皇帝在问这个问题时，绝不是说自己已经处于下降的通道，而是感觉到自己处于上升的通道；因此，他需要知道怎么做，才能“百姓和乐，政事宣昭，何修何饬而膏露降，百谷登，德润四海，泽臻草木，三光全，寒暑平，受天之祐享鬼神之灵……”（《汉书·董仲舒传》）。

董仲舒的回答，归结为一点，就是天人感应（天人关系）。他首先交代由于自己专治《春秋》，所以只想按照《春秋》所呈现的道理回答问题。天人感应的第一个方面内容是，灾异乃是天与人，特别是天与皇帝的对话。董仲舒说：

> 天人相与之际，甚可畏也！国家将有失道之败，而天乃先出灾害以谴告之；不知自省，又出怪异以警惧之；尚不知变，而伤败乃至。（《汉书·董仲舒传》）

这显然是一个大胆得令人吃惊和恐惧的判断。这似乎让人联想到，只有坏的时代、坏的皇帝，才有灾害发生。[1]这是一个令人不安的推论。令人吃惊的是，这种推理在董仲舒以后一直存在了近2000年。历代大臣几乎都懂得如何用自然现象来警告皇上。当然，在劝诫中，灾异作为上天的惩罚常常转变为正面的表达：自己以及带领文武大臣积极修身特别是改变明显错误的做法（如不听大臣劝告、增加新的税收、修建新的宫殿、沉溺于皇宫生活等），可以让上天改变态度。灾害总有结束的一天，这被视为修身与革除弊政的效果。除了表现为洪水、干旱、蝗灾、瘟疫，董仲舒认为所有怪异的现象，都与人特别是君王的道德表现相关联。他的推理是这样的，如果君王失去德性，就会废除德教而多用刑罚；而刑罚往往使用不当，这样“邪气”就会产生；邪气属于阴气，其特性是下行，它在下行的过程中会抑制上行的阳气；本性上行的阳气因为受到抑制，便产生了“怨气”（“怨气”首先是自然的事实，然后才是社会心理上的事实）；流行于自然中的怨气产生了妖孽；妖孽产生了灾异。董仲舒把这种推理简单地概括为：“上下不和，则阴阳缪戾而妖孽生矣。此灾异所缘而起也。”（《汉书·董仲舒传》）在这里，董仲舒是在字面的而非比喻的意义上使用“邪气”“妖孽”等词的。“歪风邪气”现在多属比喻用法，但董仲舒在描述的意义上用这些词。这形成董仲舒思想

1
董仲舒“天体政治学”的第一次运用，差点送了他的性命，这是武帝前期一个有趣的事件。

乃至汉代甚至传统思想与现代思想的巨大差异。失德而偏重刑罚，由此引起如此连锁反应，董仲舒的论证，明显是针对法家思想的，把陆贾那个时代从社会政治的角度对法家学派与秦朝政治的批评，上升到宇宙学的高度。

在董仲舒看来，阴和阳既是“天道”（即自然，“天之道”）基本的构成元素，也是运行法则（阳气上行为天，阴气下行并凝聚成为万物），阴阳的相互作用形成平衡和充满活力的，从构成方面看包括天、地和人在内的自然；这样一种阴阳的构成与平衡要求，投射或体现或反映在统治行为上，就是德（治）与刑（罚）的区分。德治是“阳”的体现，似乎因为德行是使人温暖的，其作用是看不见的，是引导人们“向上”、向着光明前行的等；人们还可以做更多的联想与推论。刑罚是“阴”的体现，似乎因为刑罚总是令人恐惧的，刑具与肉体痛苦都是具体的和可见的，使人想到阴冷与死亡等。比较这两种统治方法，刑罚是抑制、压制人的，而德行则使人充满生机、希望与活力。从阴阳与统治方式的一致性上看，统治者显然应该以德政为主。在他的思想体系得到充分阐述的《春秋繁露》中，董仲舒从阴阳开始，顺次推导出五行、四季、月令（时令）、典礼的分配、农时、祭祀、服装的款式与颜色、朝代的更替乃至男女之欢。这部由他及其弟子著作汇编构成的著作，应该是他的天人三策强大的“理论支撑”。在“第三策”中，董仲舒对他的天人感应论再一次进行了阐释：

> 臣闻天者群物之祖也，故遍覆包函而无所殊，建日月风雨以和之，经阴阳寒暑而成之。故圣人法天而立道，立溥爱而亡私，布德施仁以厚之，设谊立礼以导之。春者天之所以生也，仁者君之所以爱也；夏者天之所以长也，德者天之所以养也；霜者天之所以杀也，刑者天之所以罚也。由此言之，天之征，古今之道也。（《汉书·董仲舒传》）

回到董仲舒的灾异论，显然，董仲舒和他的阅读者（武帝）都知道，这篇对策的重点不在灾异是上天的惩罚，而在相反的情况。这就是“王者出”，必有“受命之符”。如果天下老百姓同心归顺这个王者，“天瑞”“祥瑞”就必然会降生。这是天人感应的第二方面。在董仲舒那里，“王者”，按照儒家学派的理解，即握有权力的圣人，他们在道德的“拥有量”上是比“君子”更高一等级的人，他们总是以道德感化进行统治，使得人民就像归顺自己的父母一样乐于接受他们的统治。“祥瑞”可以是图画、书册，也可以是兽或鸟，它们是对君王德政的报答。在董仲舒看来，君王的行为除了产生类似自然的效果外，还对百姓的命运甚至寿命也产生影响。他说，人有的夭折，有的长寿，有的仁慈，有的卑鄙，不可能都是美的与善的。这是由于他们受到了社会治乱的影响。遇到尧舜这样的圣人，人就容易长寿，遇到桀纣这样的暴君，人就容易夭折。为什么呢？君王在上，人民在下，治理就好像把泥土放在模子里，不同的模子自然铸出不同的器具。君主类似于模子，而百姓类似于泥土。董仲舒的比喻响应孔子所说的君子像风，小人像草，风吹草动（草随风动）的比喻。孔子也是在反对杀戮、严刑，强调感化、行不言之教的语境下说这个比喻的。在“第三策”中，董仲舒还特地强调《春秋》是这种感应论的支持者。他说孔子作《春秋》，从最深刻的意义上，就是论证天人感应。《春秋》讥讽的事情，也就是灾害要加于其上的，《春秋》所憎恶的现象，也就是灾异造成的。孔子写出了国家的过失与灾异的变化，从他的记载中可以看出，人的行为在其好与坏的两个极端，是与天地相通且相互感应的。

天人感应的第三个方面，是法天与正始。正始意味着“改正朔，易服色，所以应天也”。（《汉书·董仲舒传》）“法天”“正始”概念对于现代人而言都是异常陌生的。但是它们要表达的意思，在中国语境中，却是非常好理解的。“法天”即“应天”，效法、遵守自然运行的法则，采取与自然法则相一致的办法来指导社会与人的生活，建立自然与政事的关联性或一致性，即现代人所说的“响应”。“正始”体现了典型的中国式思维。任何一个朝代、时代，甚至任何一个新的统治者，任何一届新的政府，都试图强调自己的开端性或“划时代”特性。“正始”要求从开始与源头就处于“正位”，在开端就要处于公正、中间、中心的位置。《大学》从正心起，董仲舒从“正始”起，一个王朝的起点，一个皇帝的起始，都要处于“正位”。董仲舒认为《春秋》开头的六个字“元年春王正月”，最能体现“正始”的含义。在这里，王既是一个具体的王（如《春秋》作为记载起始的鲁隐公，如假定正在读这篇著作策论的汉武帝），也是任何一个得到天命的眷顾而获得最高统治、代理上天治理百姓的理想的君主。（邓红，1994）君主拥有无法言表的最重要、最高尚、最有尊严的位置。他的登基具有极端划时代的重要性，他的治理甚至从对时间的治理开始。在这里，时间不是简单的日子，或历书（虽然在任何一个普通人眼中，它不过就是一个历书），而是一个标志着全新时代的、与天地人都密切相关（当然也与历书记载的具体的“农事”相关）的时间。时间的开端，也要求是绝对正确、公正、公平的开始；或者说，君主在统治的伊始，就处于或必须保证绝对的正确、公平、公正。于是，政治、道德、自然与时间，所有这些高度抽象且互不关联的东西，在“正始”概念中得到关联。正始（正确、正义、公正的开始）首先系于皇帝，他处于天与人的交会处。“故人君者，正心以正朝廷，正朝廷以正百官，正百官以正万民，正万民以正四方。”（《汉书·董仲舒传》）“正始”就是一辈子通过“自正”而“正人”。正始既是时间，也是立场；正即和，即公，即平。如果天子能够正心、正位，则政事就会处于“公正”的状态，人世间的万物便阴阳调和，于是万民幸福，四方来朝。正民即教化。（白立强、魏彦红，2022）

天人感应的第四个方面是教化（教育、感化人民），这是应天的最后一环。教化是正心正大始的自然结果，即通过自己的“正”而使万民“正”。也可以说，“正”是理想的和平秩序的构成因素。根据儒家或中国经典伦理学（法家、儒家甚至道家都持大体相同的看法）的基本教条，“教”是一个从上到下的过程，也是一个克服人（由于环境因素或天性）的自然逐利倾向的过程，是使人克服自己的自然欲望，达到与规则相一致的过程。陆贾到董仲舒的教化学说，与《大学》

和《中庸》的“大学”与“正心诚意”的学说，是从两个角度对儒家观念的论证。教化的学说是从统治者、规则到万民、内心的过程，而“学”则是相反的过程。这两个过程，都以建立和谐秩序为目的。“夫万民之从利也，如水之走下，不以教化堤防之，不能止也。”（《汉书·董仲舒传》）承认人逐利的本性，试图在利益分歧或冲突基础上确立规则（市场的规则的原点是“意思的自治”，即“愿买愿卖”）；尊重人的表达自由，在多样的观念或争论中产生共识，这种道德理论是中国哲学家无法理解与接受的。（刘国民，2022）教化，即通过教育使受教育者发生变化。教化理论把整个国家或天下，当作一所学校来看待。“立大学以教于国，设庠序以化于邑，渐民以仁，摩民以谊，节民以礼。”（《汉书·董仲舒传》）这种建议只是对汉代已经实施的措施的重复而已。就像所有意识形态的建议一样，这种建议只起到一种提醒的作用：不要忘记或放松某一个重要的事情。很显然，董仲舒对教化的原则、目的与方法的论述，构成中国最悠久的政治与思想传统。这是通过国家机器建立居统治地位的意识形态的统一帝国的日常实践。通过国家机器强化一致性，始终是中国和平理想的最强音。

在天人三策的“第二策”中，董仲舒发挥了他的教化建议，对理想化的历史—治理问题进行解释。他比较黄老与孔子的治理方式，给予孔子以优先地位，建议国家在教化礼乐方面更加主动。武帝的问题是：尧舜之时，垂拱无为，而天下太平，周文周武时期，每日辛劳，天下也得到治理，为什么？这个问题也许是关于汉代指导政策的理论争论的继续：是继续黄老之术还是接受儒术。与董仲舒持“独尊儒术”观念的一般判断相反，董仲舒在这篇策论中却认为两种理论都有其合理性，采取何种指导思想应该因时而异。但是他最终仍然强调，现在的时代比周公时代还要混乱，无为而治解决不了问题。他还讨论了任德任刑问题，认为应该任德。（深川真树，2023）

皇帝让他就天人之应、古今之道、治乱之治再做阐释。显然，皇帝对董仲舒的建议非常感兴趣，他不满于董仲舒前面对策的简单含糊与对策所透露出来的疑虑。董仲舒的问题，从一方面看，在中国语境或传统中，都是一个时代甚至所有时代的大问题，即所谓如何才能实现长治久安，到达历史记录（汉代人至少董仲舒对三代理想，特别是尧舜时代的存在与达到理想状态深信不疑，他认为尧时代“众圣辅德，贤能佐职，教化大行，天下和洽”；舜时代有禹为相，“是以垂拱无为而天下治”。这是经过核准的、标准化的历史叙述）的圣王时代的优良治理，达到社会和谐安定富足。另一方面，这个问题的解决，却是极有难度的。它是看不见的，它要解决的是现代人所说的社会风气，或人的心理。而且，对社会问题的发现与想象也是因人而异的。武帝时代在司马迁眼里和在董仲舒的眼里可能是不同的。甚至文景时代，那无疑是盛世想象的最早原型，但在贾谊眼中也是灰暗甚至可怕的。思想家因为要解决问题，往往会夸大这些问题。与贾谊要解决的问题相比，董仲舒要解决的问题可能既简单、具体，又复杂、抽象。说简单，因为那是关于人的想法问题，只要在时间（所有年代）、场合（从家庭到学校再到所谓的官场）都加以注意即可，它是不需要有什么举措的，尤其是不需要对某个人的物质利益，他的财产、官位（对于封国来说，就是“王位”）、田地、税务等做出调整的。说复杂、困难，还有比转变人的看法更困难的吗？思想的转变几乎（至少在董仲舒看来）是把社会日常生活中培育出来的看法视为错误的，而把人们日常生活并不实行或实行不了的那一套东西视为正确的和需要实践的。（余治平，2022）此外，长治久安、天下太平之类的表达，意思也是难以捉摸的，越是正面、理想状态的描述越是困难。相反，如果从否定的（某某东西不存在，免于某种东西）角度，如大规模战乱不存在，大规模自然灾害得到有效的控制，并没有大量人口流离失所等方面，来追求与表述可欲的目标，这反而是比较容易的。但董仲舒的理解恰好是那种正面的、最好的、理想化的理解。他的那些理想，对于所有时代的人，都是难以实现的。因为好的状态、理想的状态，不同的人有不同的看法。这需要一种关于和平状态的想象。儒家的和平观念，是每个人都自觉地、发自内心地、理解并遵守社会规范，社会生活各个方面有条不紊。这是中国式的积极和平。法家的和平则多少是人民在官府的严刑峻法下恐惧得鸦雀无声的和平状态。这是另一种积极和平。

对于皇帝的进一步询问，董仲舒只能对“第一策”的“天人感应”观念再作一次陈述。的确，这的确是一个难以理解与把握的问题。由于这个问题的深奥，它与日常治理的无关性，也由于它的奇特性（一个人如何会从行星的运行与四季的更替中发现治理的规律），董仲舒的三策，被冠以“天人三策”的总标题。在董仲舒眼中，掌握了宇宙最深机密的人，就是圣人；掌握了最高权柄的圣人就是君王；圣人不一定非得掌握权柄，因此掌握权柄、被选为“天子”，是偶然的；那些没有掌握权柄的圣人，可能更加伟大。所以董仲舒把孔子称作“素王”，而且《春秋》已经为所有治理实践，规定了理想的方式。这是董仲舒最为大胆的地方之一。只有圣人通路“法天而立道”，即理解、领会与效法自然的运行而确立正确治国的方法。这看起来高深，道理却又如此简单：就天而言，不过就是春生夏长、秋收冬藏而已；效法春天，则意味着发挥仁爱、悯惜之心，让百姓安心；效法夏天，意味对好的行为予以嘉奖；效法秋天，意味对坏的行为予以惩罚；等等。“道之大原出于天。天不变，道亦不变”（《汉书·董仲舒传》）。关于古今之道，他提出了《春秋》大一统。《春秋》大一统者，天地之常经，古今之通谊也。最终，治理之道是统一学术，统一思想，消除思想的分歧。而做到这一点，与法家无异：“诸不在六艺之科，孔子之术者，皆绝其道，勿使并进。”（《汉书·董仲舒传》）

居于主导地位的秦汉儒家和平观念，具有三个特征。第一，把和谐与整体作为和平的根本特征。和谐包含人与自然的和谐，人与人的和谐，以及人自身的身心与心理和谐。生活于没有战乱的和平、安定的社会秩序中，或免于战争与暴力的和平，只是和平的初级形态。这种和平观念类似于当代人所说的消极或否定性的和平概念。对于中国思想家而言，最大的暴力，既体现为战争，也体现为严酷、严厉的刑罚，还体现为严苛的、勒索性的政策。但是，理想的和平状态是永久和平，是所有人都满足于自己的角色，统治者在长久、统一且疆域广大的状态下享受持久统治，普通人享受着平安、富足与繁衍的状态。

这种和平的观念带有整体论的色彩。所有强调和谐的道德理论都带有整体论的色彩，而且常常将整体置于个体之上。第二，和平基本上是一个克服自己，与上位的价值保持一致性的过程。儒家思想家向我们充分展示了这个过程（被称为“功夫”或“修身”的过程）艰难甚至自我挣扎的特性。修身的结果虽然很美好，但过程仍然是自我否定性的。和平意味着秩序的绝对主导性，是否定自发性的，而不管秩序是什么，是天道秩序还是道德秩序，也不管结果的完美使艰苦的过程显得多么既值得又不值得。第三，和平基本上是一个教育与感化的过程。教育既意味着对善与恶、好与坏的识别，也意味着在日常生活中认识并实践各种行为规范。感化则意味着所有在道德知识特别是道德行动中表现卓越的人发挥自己的示范作用，从而与其他人一起建立“和谐社会”。“六亿神州尽尧舜”是中国式的，也是儒家的和平观念的集中体现。在传统思想中，社会的救济功能、社会政策的改善也被论及，但基本上处于次要地位。通过政策的制定与实施让个体的个性得到发挥，这样一种“和平作为发展”的积极和平概念，仍然处于被遮蔽状态。

参考文献

把梦阳，2022，《西汉“过秦”风潮与儒者的“王霸之辩”》，《社会科学》第 6 期。

白立强、魏艳红，2022，《元机：董仲舒“贵元重始说”之公羊凭依及其理论开显》，《孔子研究》第 5 期。

陈来，2018，《〈中庸〉的地位、影响与历史诠释》，《东岳论丛》第 11 期。

陈来，2020a，《〈大学〉的作者、文本争论与思想诠释》，《东岳论丛》第 9 期。

陈来，2020b，《中国传统道德修养的基本内涵——以“慎独”为中心》，载《儒家文化与民族复兴》，中华书局。

陈苏镇，1993，《论陆贾》，《北大史学》（集刊），北京大学出版社。

程艾蓝，2018，《中国思想史》，冬一、戎恒颖译，河南大学出版社。

邓红，1994，《董仲舒的正统与大一统论》，《传统文化与现代化》第 5 期。

丁原明，1999，《汉初儒家对原始儒学的综合与拓展》，《孔子研究》第 2 期。

杜维明，1988，《人性与自我修养》，胡军、于民维译，中国和平出版社。

方朝晖，2021，《〈中庸〉是关于中庸的吗？》，《孔子研究》第5期。
冯友兰，2011，《中国哲学史》，商务印书馆。
干春松、陈壁生，2013,《经学与建国》，中国人民大学出版社。
韩星、单长城，2019，《礼法合治、德主刑辅、王霸结合——汉代国家治理模式的确立及其现实意义》，《孔子研究》第6期。
侯旭东，2015，《逐鹿或天命：汉人眼中的秦亡汉兴》，《中国社会科学》第4期。
黄铭，2023,《推何演董——董仲舒〈春秋〉学研究》，生活·读书·新知三联书店。
蒋重跃，2017，《〈大学〉思想体系的中国特质——基于元典和古代诠释传统的本体论透视》，《南京大学学报》（哲学·人文科学·社会科学）第5期。
金子修一，2017，《古代中国与皇帝祭祀》，肖圣中等译，复旦大学出版社。
李存山，1992，《秦后第一儒——陆贾》，《孔子研究》第3期。
李开元，2000，《汉帝国的建立与刘邦集团》，生活·读书·新知三联书店。
李宗桂，2007，《汉代礼治的形成及其思想特征》，《哲学研究》第10期。
梁宗华，1994，《西汉初期儒学的发展演变》，《哲学研究》第7期。
林甘泉，1997，《“马上”得天下，不能“马上”治天下——传统思想对历史经验的总结》，《中国社会科学院研究生院学报》第1期。
刘国民，2022，《董仲舒“德主刑辅”的治理路线及其当代价值》，《孔子研究》第4期。
孟琢，2019，《明德的普遍性——〈大学〉“明德”思想新探》，《中国哲学史》第2期。
末永高康、佐藤将之，2021，《〈中庸〉“诚”的思想》，《科学·经济·社会》第3期。
潘铭基，2017，《贾谊及其〈新书〉研究》，上海古籍出版社。
祁志祥，2023，《“治以道德为上，行以仁义为本”——陆贾〈新语〉的思想系统与历史地位》，《复旦学报（社会科学版）》第5期。
任蜜林，2019，《〈大学〉〈中庸〉思想比较研究》，《中国儒学》（集刊），中国社会科学出版社。
深川真树，2023，《董仲舒是否反对〈公羊〉义——以“齐灭纪”相关经传诠释为论》，《学术研究》第3期。
唐雄山，2005，《贾谊礼治思想研究》，中山大学出版社。
王博，2022，《究天人与通古今：董仲舒政治学说新阐》，燕山大学出版社。
徐复观，2001，《两汉思想史》，华东师范大学出版社。
杨延平，2023，《大一统下的致用——论贾谊对荀子礼治思想的改良》，《管子学刊》第3期。
杨易辰，2023，《陆贾治道哲学的易学诠释——以〈新语〉与〈系辞传〉为中心》，《哲学分析》第 4 期。

余建平，2018，《贾谊奏议的文本形态与文献意义——兼论〈新书〉〈汉书·贾谊传〉与〈贾谊集〉的材料来源》，《文学遗产》第 3 期。

余治平，2022，《调均：以社会分工制衡财富分配——董仲舒“仕则不稼”、“天不重与”的政治哲学》，《孔子研究》第 4 期。

曾德雄，2008，《寻求合法性——从经学到纬学》，《人文杂志》第 1 期。

周予同，1983，《大学和礼运》，朱维铮编，《周予同经学史论著选集》，上海人民出版社。

Graham, A. C. 1986. Yin-Yang and the Nature of Correlative Thinking, Institute of East Asian Philosophies, National University of Singapore.

Hall, David, and Ames, Roger. 1987. Thinking Through Confucius, State University of New York Press.

Loewe，Michael. 2011. Dong Zhongshu, A “Confucian” Heritage and the Chunqiu Fanlu. Brill.

Queen, Sarah A. 1996. From Chronicle to Canon：The Hermeneutics of the Spring and Autumn, According to Tung Chung-shu. Cambridge University Press.

作者简介

胡传胜，江苏省社会科学院研究员，长期从事中西政治思想史比较研究。

非暴力作为非殖民化原则：非洲和平研究主流的局限性和可能性

[坦桑尼亚] 乔治·穆塔勒姆瓦、
萨拉·特罗克莫维茨

摘 要 近年来，随着世界各地出现新的项目和课程，和平研究变得越来越重要。这个趋势的一个例子，就是非洲和马达加斯加天主教大学和高等教育机构（ACUHIAM）的项目。这个协会的项目旨在将非洲和平研究纳入主流研究，不仅为当前趋势提供了独特的洞见，还为和平研究、认知暴力和非殖民化理论的交叉研究提供了机会。在关于暴力的讨论中，认知暴力的概念往往是被边缘化的，因此，为了实现非暴力和平研究，非殖民化理论途径可能有助于解决这一问题。在和平研究中，使用非殖民化理论分析经验数据的文献仍然处于空白状态。因此，一个基于 Grosfoguel 的权力、知识和存在的殖民主义概念的编码系统，可以为经验研究搭建一座桥梁。通过概述非暴力和可持续和平研究的基本原则，半结构化的专家访谈，以及使用这个系统对数据进行分析，这些经验研究成果可能有助于该项目的实施。

关键词 和平研究 ACUHIAM 非殖民化理论 认知暴力

一 引 言

随着新的和平研究项目和课程在世界范围内出现，潜在的研究空间被创造出来了，这种研究将注意力从安全和军事干预转移到非暴力方面。一方面，关注非暴力和平开启了一场积极意义上的和平理论讨论；另一方面，这种研究还瞄准了和平研究项目的实际意义及其对和平社会的贡献。因此，非洲和马达加斯加天主教大学和高等教育机构（the Catholic Universities and Higher Learning Institutions in Africa and Madagascar，ACUHIAM）将和平研究纳入非洲主流研究的目标为这一当前趋势提供了独特的见解。此外，该项目还提供了对和平研究、认知暴力和非殖民化理论进行交叉研究的机会。认知暴力的概念在关于暴力的讨论中往往被边缘化，通过关注结构性暴力问题，非殖民化理论可为推进非暴力和平研究提供一个合适的视角。

有人建议将非暴力视为非殖民化和平研究的原则，并问道：非暴力原则能否在 ACUHIAM 项目中被确定？通过对非洲大陆的主流和平进行研究来实现非暴力，这意味着什么？这些问题与 ACUHIAM 案例特别相关。本文第二部分试图将调查结果与一般的非洲和平研究方案联系起来，以论证，非殖民化原则，如社区参与、自下而上的方法或情境化研究，可以创造出更广阔的和平研究图景。因此，非殖民化被描述为克服暴力的工具。虽然殖民主义是暴力的（Galtung，1988），但是非殖民化是一场解放运动（Ndlovu-Gatsheni，2015：485），旨在促进爱和理解（Maldonado-Torres，2016：22），因而是和平以及和平研究必不可少的方面。基于此，本文假设非殖民化诸方面，如非暴力，通过强调规范和社会层面的重要性，可以在 ACUHIAM 项目中得到间接的体现。

许多学者（Azarmandi，2018；Brunner，2020；Byrne et al.，2018；Engels，2014；Maihāroa，2020；Murithi，2006；Seroto，2018；Spring，2021；Suffla et al.，2020；Ziai，2016；Zondi，2017）强调在建构和平与冲突分析方面纳入非殖民化、赋权或土著方法以应对后殖民挑战的重要性。相比之下，使用这些非殖民化理论的经验研究在和平学文献中仍然很少。本文旨在通过建立经验方法来填补这一文献空白。研究数据是通过对参与 ACUHIAM 成员机构和平研究的学者的半结构化专家访谈进行的。恩德洛武－加特谢尼（Ndlovu–Gatsheni，2015）和马尔多纳多－托雷斯（Maldonado–Torres，2016）对权力与知识的殖民性概念的解释，被开发为一个编码系统，用于系统地探讨ACUHIAM的个案。

（一）非洲和平研究的发展与当代趋势

本文涉及国际学术界所理解的和平研究的制度化背景。然而，人们承认，对于和平的本土方法与人类一样古老，并不局限于学术界（Murithi，2006：17）。特别是在争取独立的斗争中，在非洲内部有多种建设和平与解决冲突的方法。在非洲大陆，和平研究作为一个制度化的研究领域，始于20世纪末（Bangura and McCandless，2007：42）。不过，非洲往往被描绘成冲突的发生地，而不是一个进行研究、提出理论或解决方案的地方。例如，因布施和卓尔（Imbusch and Zoll，2010）在一本德语的概论书中指出，在20世纪末，除了欧洲或美国，除了印度、新西兰、澳大利亚和日本，没有任何高等教育机构系统地参与和平与冲突研究（Koppe，2010：53）。这句话说明了两件事。首先，尽管文本来自2001年，但它没有承认，在80年代末和90年代，非洲已经建立了很多和平研究小组和网络（Bangura and McCandless，2007：42）。[1]此外，许多传教士的、地方或原住民的和平建构方式也应该被考虑进去，即使那些项目没有今天那么多。这本德语概论书中的断言也表明人们对非洲和平研究认识不足，这加强了它们在全球学术界的被遮蔽性。

其次，为了从更积极的角度阐述这种状况，这个断言还显示，自21世纪初以来，非洲大陆新的和平研究机构和项目在迅速扩大。大约20年后的今天，介绍性读物（例如Wagner and Geis，2013）不可能不提及当地的转变（MacGinty and Richmond，2013）或由美国和欧洲主导的

1 例如，卢旺达冲突管理中心（the Centre for Conflict Management in Rwanda）于1999年在种族灭绝后的背景下成立（Landportal，2021），还有“CODESRIA（非洲社会科学研究发展理事会）于20世纪90年代成为研究非洲大陆冲突，特别是种族冲突的第一个主要中心”（Bangura and McCandless，2007：42）。此外，非洲大陆以外还有更多的例子，仅举一例，1980年根据联合国第35/55号决议成立哥斯达黎加和平大学（UPeace，2021）。

研究视角之外的建设和平方法。这些成功的非洲建设和平方法为人们带来了希望（Murithi，2006：12），并显示了新的非洲和平研究机构的巨大潜力："它们有可能成为非洲大陆和平研究振兴和制度化运动的核心。"（King and Sall，2007：16）在非洲建立和平研究，同时呼吁"利用自己的本土价值体系，强调促进社会团结"（Murithi，2006：10）。尽管和平研究仍然是世界范围内一个分布广泛、讨论热烈的研究领域，但今天，和平研究已在非洲大陆得到了认可和确立。

（二）ACUHIAM 将和平研究纳入主流的目标

自 1989 年成立以来，ACUHIAM 就是国际天主教大学联合会（the International Federation of Catholic Universities，IFCU）的一个区域组织。联合会大会于 2017 年批准了一项决议，其中规定 ACUHIAM 的每个成员机构都应该有一个和平研究部。根据这项决议，ACUHIAM 制定了一项提案，以落实促进和平研究的想法（Application for Funding 2019，Pos. 8）。ACUHIAM 的和平研究倡议旨在将和平研究纳入主流，并使其成为非洲大陆学生更容易参与的学术项目。然而，ACUHIAM 的和平研究倡议并不是仅仅旨在促成这一趋势，而是加强大学在社会中的社会责任，以应对社会挑战，并促进公民参与和积极的公民身份。最终，对 ACUHIAM 项目的研究具有高度相关性，因为它在项目的层面上有助于对全球结构进行调查，这些结构正在影响学术界，从而也影响内部的和平研究结构。这表明非殖民化理论不仅是一种研究方法，而且可以作为实证研究的基础。

（三）超越自由主义和平建设的主导范式

有很多方法可以处理 ACUHIAM 的项目，正如下文概述的那样，非殖民化是非暴力与和平的主要要求，因此非殖民化理论可以被选为合适的理论视角。然而，来自全球北方的主流方法往往缺乏与本应进行和平建设的地方的联系，因为它往往"从这样一个假设出发，即某些工具、手段和方法在所有文化环境中都是适用的"（King and Sall，2007：14）。此外，马尔多纳多－托雷斯指出，自由主义意识形态促成了歧视，并试图"在没有意识到这样做也意味着殖民主义的延续的情况下推进现代性”（Maldonado-Torres，2016：5）。要加入多理论和跨学科的讨论，参与自由主义理论并认识到其广泛性和复杂性仍然是至关重要的（Wagner and Geis，2017：153）。但是，在新自由主义建构的和平中，地方转向也具有重要意义，因此地方视角很重要（Wagner and Geis，2017：152）。有人认为，从非洲的角度进行研究有助于应对适当性和有效性方面的挑战，并有利于和平对话（King and Sall，2007：14）。

同样，还需要进一步的理论研究。例如，麦哈罗阿（Maihāroa，2020）认为，吸收原住民的世界观、经验和知识体系将导致对和平、冲突与正义的更广泛理解。同样，穆里蒂（Murithi，2006）也指出了非洲原住民恢复与和解工具的重要性。他主张使用非洲进步的文化价值体系和哲学，如乌班图，这是一种基于社区和团结的文化世界观（Murithi，2006：16）。[1]除了自由主义主流，还有许多关于如何创造非暴力与积极和平的理论考虑。对于所有这些理论，非殖民化理论都可以创造一个保护伞，因为非殖民化是“一种让主体和集体对成长和纠正持开放态度的态度，也是一个未完成的方案”（Maldonado-Torres，2016：31）。

（四）非暴力是非殖民化的特征

和平研究非殖民化的尝试在学术界并不新鲜。更重要的是，非殖民化的和平与安全思维方式不是前殖民国家的做法，而是来自全球南方研究人员的一个概念，用以面对独立后继续存在的意识形态、政治和经济霸权（Spring，2021：3）。如今，后殖民主义的考虑也在全球主流和平研究中得到部分认可。例如，加尔通（Galtung，1988）对和平与冲突研究产生了重大影响，他将殖民主义描述为直接的结构性暴力。他的结构性暴力方法和进一步的暴力理论概念得到了广泛认可，他强调了深入调查身体暴力之外的统治和压迫的重要性。

非殖民化和平研究有助于批判性地参与和平研究领域的认识论和本体论假设（Engels，

1 更进一步的研究方法可能是生态与环境和平，它呼吁对自然与人类持一种互联的和整体性理解（Spring，2021：20–21），或者是甘地所倡导的、提升人类尊严与泛宗教统一性的基本原则（Spring, 2021：261）。

2014）。它寻求变革，可以被描述为“在认识论上不服从的和平建设，倡导非殖民化的认识和存在方式”（Suffla et al.，2020：344）。苏弗拉等人（Suffla et al.，2020）描述了日常和平是非殖民化和平的一项关键原则。日常生活将研究视角从单纯的安全转向了情境和不断变化的集体结构；此外，它还能让社会感受到政治（Suffla et al.，2020：348）。这也可以被视为非暴力的一个核心方面，因为它强调社会价值观和凝聚力对解决和预防冲突的重要性。

因此，需要进行人性化的和非殖民化的和平研究，以创造一种替代军事化所体现的只关注安全的方法，军事化往往导致人道主义灾难、不平等、环境破坏，并给全球南方人民带来更大的风险（Spring，2021：6）。宗迪（Zondi，2017）没有通过暴力国家的视角来看待非洲大陆，而是呼吁转向泛非主义者杜波依斯（Du Bois）意义上的和平范式，并在此意义上实现非洲复兴（Zondi，2017：110）。因此，对非暴力的关注能够显示和平已经存在于何处，以及如何从内部实现和平；这表明和平不仅仅是通过政府改革或政策实现的，而是源于人民日常生活的努力的（Suffla et al.，2020：348）。因此，“如果建设和平要成为非殖民化的一股力量，它必须在任何时候都优先考虑来自地方基础的支持，而不是自上而下的治理”（Suffla et al.，2020：360），从而重视现有的非洲民间社会和平干预措施（Zondi，2017：124）。最终，这可以创造一个构成性的政治情感空间，从而实现转型和非殖民化（Suffla et al.，2020：354）。

（五）发展实证分析的理论基础

苏弗拉等人“呼吁和平学者、实践者和活动家将非殖民态度作为方法”（Suffla et al.，2020：361），但相比之下，非殖民化理论的研究往往缺乏经验证据。然而，非殖民化的目标是社会转型，当涉及交叉性研究时，人们已经可以找到专注于学术界的实证研究。例如，戴维斯（Davis，2012）研究了非裔美国女性在学术界处于领导地位的经历，塞罗托（Seroto，2018）进行了非殖民化和实证研究，分析了教育和传教士在南非的作用（Seroto，2018）。然而，尽管有许多出版物使用非殖民化理论来分析冲突，但没有一种出版物可以确定地使用非殖民化学说作为研究项目或课程来实证地参与到和平研究中来。因此，本文的中心任务是建立一个原始的理论框架，以建立一个全面的、面向未来的和平观。

恩德洛武－加特谢尼（Ndlovu-Gatsheni，2015）描述了非殖民化所具有的三个核心维度：权力、知识和存在。[1]这三个方面有助于理解“现代/殖民世界的基本结构”（Maldonado-Torres，2016：19—20），并且可以用作那种挑战欧洲中心叙事、促进非殖民化全球和平研究的方法。正如所解释的，对殖民性的研究为非殖民化奠定了基础。虽然到目前为止，马尔多纳多－托雷斯（Maldonado-Torres，2016）和恩德洛武－加特谢尼（Ndlovu-Gatsheni，2015）主要使用这三个维度来分析殖民化，但本文的目的是扩展这个概念，用以理解和解释非殖民化的可能性、限制和原则。因此，需要记住的是，尽管这三个维度都包括不同的方面，但它们不能分开，因为它们是相互关联和影响的（Maldonado-Torres，2016：30）。

1 作为第90项研究项目的成果（Anibal Quijano与Walter D. Mignolo都介入了这项工作），“权力、存在与知识的殖民性”进入了研究话语（Maldonado-Torres，2016：32）。不过，就ACUHIAM个案研究而言，当他们试图在以往的考虑之上提供殖民化的综合性图景时，恩德洛武－加特谢尼（Ndlovu-Gatsheni，2015）与马尔多纳多－托雷斯（Maldonado-Torres，2016）特别仔细地描述了这三个特征。

二　研究设计

本文的中心目的是深入了解ACUHIAM的成员机构及其建立和平研究的努力。由于合作的特殊性和语言障碍，研究重点放在非洲特别是大湖地区的英语天主教大学上。由于基督教和非殖民化的复杂关系远超出本文所能涵盖的范围，因此本文只关注和平研究背景下宗教的社会和制度方面。此外，虽然和平教育甚至可以从较低的教育开始，也可以在学术界之外进行，但本文只涉及高等教育机构内的和平研究。由于只与教会相联系且只狭窄地关注学术界，本文在可推广性方面存在限制，不过有可能就这一具体案例做更深入的了解。

为此，本文收集了关于和属于ACUHIAM的文本材料，并对隶属于几个ACUHIAM成员大学的学者进行了七次专家访谈。这些成员大学处于项目的不同研究阶段，其中一些属于非洲最古老的和平研究项目，另一些甚至还没有开设课程或项目。虽然访谈提供的是对个人层面的洞察，从而定位于存在的维度，但它们也有助于获得对知识的进一步看法，并将其与整体权力结构联系起来。[1] 因此，这是一种可持续的方法，以弥合权力、知识和存在三个维度。

1 半结构化的风格可以适应每一种特定的访谈情况，并创造一种更自发、更像谈话的氛围。此外，鼓励受访者提出他们认为相关的话题，并设定自己的重点。因此，出现了更多的主题，如区域或洲际合作的挑战和重要性、气候变化、教会的作用、学术界与实践之间的联系或关于ACUHIAM和各自成员机构的进一步具体信息。

最终，本文使用定性内容分析（Mayring，2001）对数据进行分析。该分析采用了在权力、知识和存在的殖民性框架内开发的编码系统。如图1所示，编码系统由4种类型、16个类别和41个子类别组成。权力、知识和存在的三维方法以不同的方式加以说明，是确定和平研究主流化的基本机制、问题和局限、解决方案和可能性以及非殖民化原则的

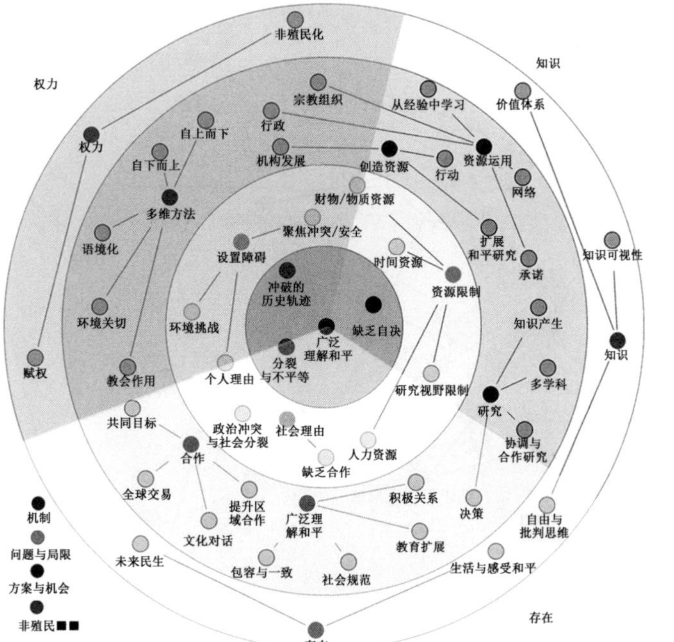

图1　可视化编码系统

框架。本文主要关注非暴力方面，但全面的编码系统能够将研究结果嵌入非殖民化和和平研究主流化的更广泛背景中。

三 研究结论

（一）在编码关系中确定非暴力

报告共101页（54413个字），确定了1142个编码段（coded segment）。最多的766个编码段大多数位于“解决方案和机遇”类型，其次是“问题和限制”类别，共有199个编码段，以及“非殖民化原则”子类别中的86个编码段。最后，底层机制包括61个编码段。这种不均衡的划分是双重的。首先，它已经给人留下了ACUHIAM项目案例的整体乐观和面向未来的印象。其次，它提醒我们，这些数字在数量可解释性方面是有限的。为了得出将非暴力视为非殖民化原则的结论，有必要对更广泛的发现进行概述。因此，图2显示了一个代

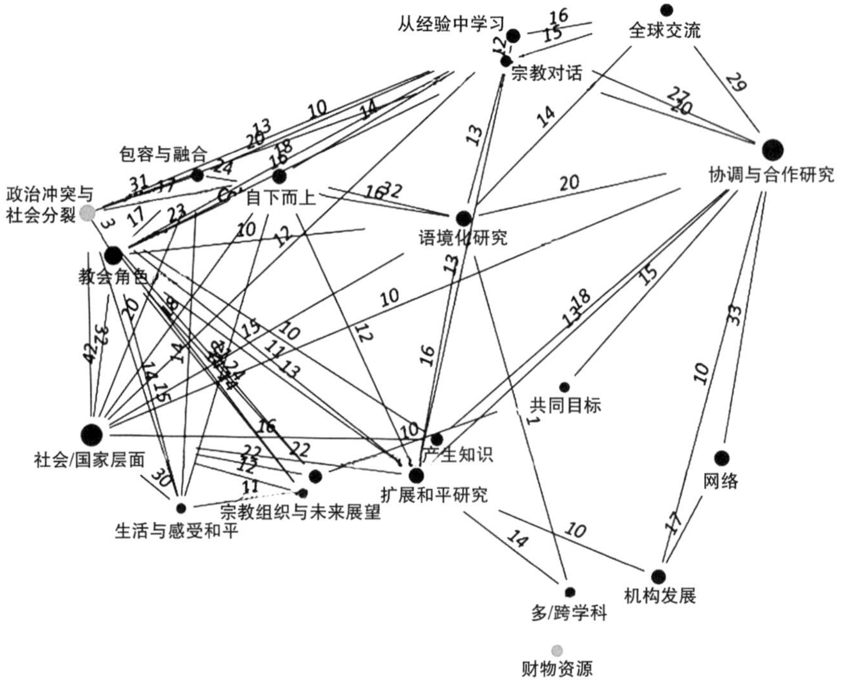

图2 选择性的编码关系图

码关系图，其中包含了几乎出现在每个文档中或具有非常高频率编码段的选定代码。

此外，对这些代码关系[1]的定量研究表明了非常强的相互联系，并表明非暴力的方面不能与其他非殖民化原则分开研究，如情境性、自下而上的方法或社区参与。在下文中，它只关注表 1 中列出的具有强关系[2]的类别。为了掌握列表中的这些整体连接，图 3 中显示了它们的连接。该图显示了殖民地的权力结构与生活和感受和平之间的联系。因此，它表明，社会 / 规范层面这一子类别被认为是和平研究的核心，同时与许多其他方面相互关联。

为了克服社会分裂并实现非暴力，必须通过不同立场间的对话（跨宗教 / 文化对话）来面对冲突，并把各种立场结合起来进行和平研究（协调与合作研究）。这种合作研究必须以吸取经验和全球交流为基础。此外，它还需要在互联网和管理方面做出努力。与非殖民化和平（生活与感受和平）的重新连接可能是通过宗教（教会和宗教组织的作用）实现的，但与其站在权力的立场上发言，只关注教会的社会领导角色，不如始终考虑背景（语境化研究），必须从下面进行变革（自下而上）。

（二）实现非暴力的定性解读

可以概括地说，对数据的定性分析支持定量确定的代码关系。首先，得出的结论是，这些发现支持了殖民背景影响当代观念的假设。此外，它还强调，这在学术界造成了准入和机会的不平等。最终，许多受访者表示，学习和教学材料仍然受到全球北方的很大影响。“所有在西方写的书”（访谈 B，位置 34）、“西

1 通过研究每个代码在一个段落中一起出现的频率，来检查每个代码之间的数量关系。每个编码段平均有 2.7 个代码，因此存在非常多的关系也就不足为奇了。在 990 种可能的组合中，419 种组合无法确定。换句话说，57.7% 的代码组合在一个段落中至少出现过一次。

2 为了对代码关系的强度进行分类，如图所示，对代码对的频率进行线性划分。大多数关系都很弱，这意味着它们出现在不到 5 段的时间里。尽管被描述为强或非常强的关系只占所有可能的代码对的 2.1%，但大样本只允许研究这 21 对。每种类型的类别都包含在其中，即使大多数类别都在解决方案与机遇中。此外，所有对都是连接的，并在不同（类型）类别之间建立了一座桥梁。表 1 中列出了 21 个强或非常强的代码组合。

表 1　强关系代码对

25	殖民权力结构	政治冲突与社会分裂
32	政治冲突与社会分裂	社会 / 规范层面
22	社会 / 规范层面	生活与感受和平
22	社会 / 规范层面	扩展和平研究
20	社会 / 规范层面	聚焦安全 / 冲突
22	社会 / 规范层面	宗教组织
42	社会 / 规范层面	教会角色
20	社会 / 规范层面	包容与融合
22	政治冲突与社会分裂	包容与融合
22	自下而上	包容与融合
32	自下而上	语境化研究
23	自下而上	教会角色
33	政治冲突与社会分裂	教会角色
24	宗教组织	教会角色
20	政治冲突与社会分裂	跨宗教 / 文化对话
20	协调与合作研究	跨宗教 / 文化对话
20	协调与合作研究	语境化研究
29	协调与合作研究	全球交流
27	协调与合作研究	从经验中学习
33	协调与合作研究	网络
21	管理	网络

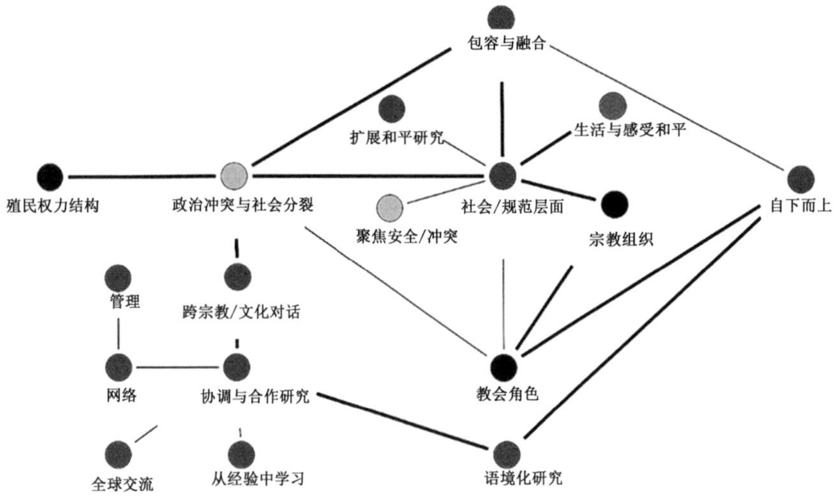

图 3　强关系代码可视图

方期刊已经在学术领域和科学领域占据了主导地位”（访谈 C，位置 37）或“早期的项目在很大程度上依赖于西方的和平研究模式”（访谈 G，位置 34）等短语几乎可以在所有访谈中确定。其次，描述了冲突环境会如何为建立和平研究项目制造障碍，例如“他们说他们想要和平，但另一方面……他们充当暴力政府”（访谈 A，位置 20）。因此，它还表示要重新思考和平研究的工作方式：“应该非常仔细地考虑，以确保和平研究不会最终成为反和平研究”（访谈 E，位置 17）。

这个分析与这种说法相吻合，即主流和平研究往往不关注积极和平、和解和社会凝聚力；它只关注军事和安全。一位受访者因此表示，“政府在他们所谓的安全上花费了大量资金；但实际上，这是和平的不稳定因素”（访谈 C，位置 6）。为了解决这两个方面问题，需要对和平有更广泛的理解，规范地处理“建构和平的不同思考方式”（访谈 D，位置 36）。这突出表明，将和平研究纳入主流“不仅需要在研究中，而且需要在政治和社会生活中”（访谈 E，位置 45），其中应包括情境化的研究和课程，并使和平教育成为终身学习体验。

最后，就非殖民化而言，“和平的有意识影响”（访谈 G，位置 19）非常突出。有人认为，和平研究是“个人驱动的对系统性和结构性事物的反抗”（访谈 C，位置 6），正如一位受访者所说，“非洲应该意识到它对自己有价值”（访谈 A，位置 22）。同样，背景被认为对非殖民化很重要。“非殖民化不应该意味着……他们错了，我们是对的……不，每一个都是基于背景的……我们创建的任何公约都是基于环境的。”（访谈 B，位置 7）因此，学生必须“理解和平研究的重要性，现在不是从外国的角度，而是从非洲的角度”（访谈 E，位置 6）。

因此，非暴力的各个方面都讨论到了，有访谈指出和平始于个人，或者正如一位受访者所说，“和平始于我”（访谈 G，位置 18）。换言之，和平研究不仅仅是“宣扬和平，而是与他人和平相处，能够包容他人，能够容忍他人”（访谈 E，位置 27）。此外，和平研究也需要涉及现实生活中的斗争，比如“高失业率和大量年轻人，如果我们不在未来解决这个特殊问题，我们就无法谈论和平研究”（访谈

G，位置 62）。因此，和平研究必须包括“培训和培养下一代非洲人，他们将提供无私和真正的领导，带领人民实现真正的和平、和解与发展”。未来方向是核心，强调“和平研究不仅是关于冲突与和平，而且也是关于人的福祉”（访谈 G，位置 62）。最终，和平研究可能会有“主要结果……（来）帮助学生决定他们的未来”（访谈 E，位置 27）。

（三）关于发现的理论讨论

研究结果表明，ACUHIAM 将和平研究纳入主流的尝试为非殖民化和平提供了宝贵的教训。看一下图 3 中代码关系的可视化，并记住图 1 中代码系统中的每个类别是如何分配给权力、知识、存在三个维度之一的，很明显，非殖民化和平研究必须涉及这三个维度。描述性结果表明，全球权力结构正在塑造学术基础设施。代码关系分析表明，和平不能通过暴力实现。即使不能排除教会等处于强势地位的主要行为者，但权力并不意味着从上层统治或治理。相反，权力必须从底层产生，并且需要被置于背景之中。将此与理论背景重新联系起来，可以强调的是，非殖民化和非暴力和平意味着“从自下而上的角度理解安全与和平”（Spring，2021：11）。

此外，青年的代表性是非殖民化的核心（Maldonado-Torres，2016：2），许多受访者强调了包容边缘化群体的重要性。因此，可以得出这样的结论，如果 ACUHIAM 的项目利用其权力为来自社区和基层的地方和情境化方法创造空间，它实际上可以支持创造非暴力。即使非洲和平研究在全球范围内仍然没有得到充分的代表，它也可能不仅在非洲，而且在世界范围内带来变革。换言之，非殖民化和平“不但对非洲或 ACUHIAM，而且对世界都利益相关”（访谈 A，位置 47）。研究结果表明，和平研究显然具有规范性，应该倡导社会变革。同样，非殖民化要求变革，并将行动与知识结合起来（Maldoando-Torres，2016：6）。最后，研究结果强调了非暴力的重要性，非暴力可以被理解为非殖民化原则，与行动导向、合作、自下而上的方法和情境化等其他方面密切相关。

四 结 论

本文表明，对 ACUHIAM 的研究显示了对非殖民化和平原则的重要见解。关于将和平研究纳入主流的可能性，我们特别指出，重点是社区参与、基于背景的解决方案和基于价值观的和平理解。此外，我们强调自下而上的方法、批判性思维以及对和平、跨学科和相互尊重的合作的更实质性理解是关键方面。然而，分析表明，许多成员机构的目标并不是停留在这里，而是为未来的新一代和平缔造者做出贡献。最终，通过这种方式，大学可以“成为非殖民化的引擎”（Maldonado-Torres，2016：31）。非洲大学为知识创造和交流创造了空间，因此对非殖民化和平至关重要。

将权力、知识和存在的殖民化概念用作分析工具并不是一种全新的方法。然而，它是极其罕见的，因此仍然可以发展到更精确和更容易识别的地步。进一步研究哪些网络或团体可能有助于非殖民化和平，这将是有益的。此外，正如两位受访者所说，应进一步研究和平研究对中学等较低教育水平的影响。最终，这些潜在的进一步研究不仅有助于对非暴力提供更多有价值的见解，而且有助于填补非殖民化和平理论中实证研究的空白。然而，尤其是教会在非殖民化和平建设中的作用没有得到充分重视，而该项目无疑有巨大的潜力，因为天主教大学在社会中承担着许多社会、意识形态、经济和政治职能和责任。天主教的非殖民化参与将带来许多挑战和分歧。但是，通过关注非暴力、社区参与、行动导向、合作和尊重等共同价值观，可能会改变和平研究的简化方式。这样，我们就可以开始感受和平，而不仅仅是研究和平。

参考文献

Azarmandi, M. 2018. The Racial Silence within Peace Studies. Peace Review, 30(1): 69–77.

Bangura, A. and E. McCandless. 2007. The State of Peace and Conflict Studies and Peace-Building and Development. In: E. McCandless & A. K. Bangura, A. (eds.), Peace Research for Africa: Critical Essays on Methodology. University for Peace, Addis Ababa.

Brunner, C. 2020. Epistemische Gewalt: Wissen und Herrschaft in der kolonialen Moderne. transcript Verlag.

Byrne, S., M. A. Clarke and A. Rahman. 2018. Colonialism and Peace and Conflict Studies. Peace and Conflict Studies, 25(1): 1–21.

Davis, D. R. 2012. A Phenomenological Study on the Leadership Development of African American Women Executives in Academia and Business (Publication No. 1721). [Doctoral dissertation, University of Nevada, Las Vegas]. UNLV Theses, Dissertations, Professional Papers, and Capstones.

Engels, B. 2014. Repräsentationen, Diskurse und Machtfragen: Postkoloniale Theorieansätze in der Friedens und Konfliktforschung. Zeitschrift für Friedens–und Konfliktforschung, 3(1), 130–150.

Galtung, J. 1988. Transarmament and the Cold War: Essays in Peace Research (Vol. 6). Copenhagen, Norway: Christian Ejlers.

Grosfoguel, R. 2007. The Epistemic Decolonial Turn. Cultural Studies, 21(2–3), 211–223.

Imbusch, P. and R. Zoll. 2010. Friedens und Konfliktforschung: Studienangebote und Studienmöglichkeiten in Deutschland. In: P. Imbusch and R. Zoll (eds.), Friedens– und Konfliktforschung VS Verlag für Sozialwissenschaften.

King, M. and E. Sall. 2007. Introduction: Research and Education Fundamental to Peace and Security. In: E. McCandless and A. K. Bangura (eds.), Peace Research for Africa: Critical essays on methodology. University for Peace, Addis Ababa, ET.

Koppe, K. 2010. Zur Geschichte der Friedens und Konfliktforschung im 20. Jahrhundert. In: P. Imbusch and R. Zoll (eds.), Friedens und Konfliktforschung. VS Verlag für Sozialwissenschaften.

Landportal. 2021. Centre for Conflict Management, National University of Rwanda.

Macginty, R. Richmond, O. P. 2013. The Local Turn in Peacebuilding: A Critical Agenda for Peace. Third World Quarterly, 34(5): 763–783.

Maldonado–Torres, N. 2016. Outline of Ten Theses on Coloniality and Decoloniality. Foundation Frantz Fanon [online]. http://frantzfanonfoundation-fondationfrantzfanon.com/IMG/pdf/maldonado-torres_outline_of_ten_theses-10.23.16_.pdf .

Maihāroa, K. T. 2020. Decolonizing Peace, Conflict and Justice Studies through Indigenous Ways of Knowing and Being. The Peace Chronicle, The Magazine of Peace and Justice Studies Association [online]. https://www.peacejusticestudies.org/chronicle/decolonizing-peace-conflict-and-justice-studies-through-indigenous-ways-of-knowing-and-being/#:~:text=At%20a%20structural%20level%2C%20decolonization,centuries%20of%20loss%20and%20trauma.

Mayring, P. 2000. Qualitative Content Analysis. Forum Qualitative Sozialforschung/Forum: Qualitative Social Research, 1(2), Art 20.

Mignolo, W. 2018. Colonial/Imperial Differences: Classifying and Inventing Global Orders of Lands, Seas, and Living Organisms. In: W. D. Mignolo and C. E. Walsh (eds.), On Decoloniality: Concepts, Analytics, Praxis (pp. 177–192). Duke University Press.

Murithi, T. 2006. African Approaches to Building Peace and Social Solidarity. African Journal on Conflict Resolution, 6(2): 9–33.

Ndlovu-Gatsheni, S. J. 2015. Decoloniality as the Future of Africa. History Compass, 13(10), 485–496.

Seroto, J. 2018. Dynamics of Decoloniality in South Africa: A Critique of the History of Swiss Mission Education for Indigenous People. Studia Historiae Ecclesiasticae, 44 (3): 1–14.

Spring, Ú. O. 2021. Decolonising Peace in the Anthropocene: Introduction Towards an Alternative Understanding of Peace and Security. In: Ú. O. Spring and H.G. Brauch (eds.), Decolonising Conflicts, Security, Peace, Gender, Environment and development in the Anthropocene (pp. 1–48) New York, NY, USA: Springer.

Suffla, S., N. Malherbe and M. Seedat. 2020. Recovering the Everyday Within and for Decolonial Peacebuilding through Politico-Affective Space. In: Y. Acar, S. Moss, Ö. Uluğ (eds.), Researching Peace, Conflict, and Power in the Field: Methodological Challenges and Opportunities, Peace Psychology Book Series. Springer, Cham.

UPeace. 2021. University for Peace: History [online] https://www.upeace.org/pages/about-upeace [Accessed 26 May 2021].

Wagner, W. M. and A. Geis. 2017. Demokratischer Frieden, demokratischer Krieg und liberales "peacebuilding" . In: T. Ide (ed.), Friedens-und Konfliktforschung. Barbara Budrich Publishers.

Ziai, A. 2016. Postkoloniale Studien und Politikwissenschaft: Komplementäre Defizite und ein Forschungsprogramm. In: A. Ziai (ed.), Postkoloniale

Politikwissenschaft: theoretische und empirische Zugänge. Transcript Verlag.

Zondi, S. 2017. African Union Approaches to Peacebuilding: Efforts at Shifting the Continent Towards Decolonial Peace. African Journal on Conflict Resolution, 17(1): 105–131.

（胡传胜　译）

作者简介

乔治·穆塔勒姆瓦（George Mutalemwa），坦桑尼亚奥古斯丁大学非洲和马达加斯加天主教大学和高等教育机构执行秘书，致力于公民参与、和平研究、可持续发展和高等教育研究，是《非洲可持续发展的和平研究》（*Peace Studies for Sustainable Development in Africa*）主编之一。

萨拉·特罗克莫维茨（Sarah Trochemowitz），任教于坦桑尼亚圣奥古斯丁大学，瑞典乌普撒拉大学和平与冲突研究系研究助理。

利益的兼容与平衡：麦克唐纳的殖民地政策

韩　璐

摘　要　19世纪末20世纪初正是英帝国由盛转衰的时期，在这样一个历史节点上，英帝国所统辖的人口之多和地域之广都是空前的，但同时也出现了前所未有的统治危机。为了巩固帝国的统治，英国政府的传统解决方式是通过军事武力威胁加强对殖民地的控制，结果却适得其反，加速了各殖民地对英国政府的离心力。为了扭转英帝国持续不断的颓势，英国政治家麦克唐纳另辟蹊径，提出一个与传统不一样的解决方案：保证各自治领与殖民地享有同母国一样充分的平等自治权，最大限度维护英帝国在形式上的统一与完整。更关键的是，在实践过程中，麦克唐纳的殖民地政策因地制宜，根据不同殖民地的实际情况灵活运用，从而使得各殖民地与母国之间的关系由原来的敌对竞争、控制与反控制，逐步向互惠互利、共同发展的方向转变，进而在一定程度上缓解了英国政府同各殖民地之间的关系，巩固了英帝国的统治。

关键词　利益平衡　利益兼容　麦克唐纳　殖民地政策

一　尊重与理解方案的出台

19 世纪后期，其他西方强国尤其是德国和美国崛起为工业领域内的后起之秀，对英国的出口贸易乃至经济发展构成了巨大的威胁。为了应对日益激烈的贸易竞争，19 世纪 70 年代后，英国各界普遍开始支持帝国对外扩张，倡导加强对殖民地的控制，以维持英帝国在经济和军事上的优势地位。随着英帝国各殖民地实力的增强和民族意识的觉醒，其与英帝国间的离心力随之增强，英帝国面临潜在的分裂危机。对此，英国政府试图通过发动战争，镇压各殖民地民众的反抗，来达到强化对各殖民地控制的目的。19 世纪末，英布战争的爆发将殖民战争推向高潮。麦克唐纳明确表示反对这场战争，费边社却拒绝对英国政府的行为进行明确声明。此时，麦克唐纳并未真正在英国政坛站稳脚跟，和费边社的不和使他被迫辞去了在费边社担任的所有行政职务。麦克唐纳对布尔人的同情，更使他陷于“不爱国的立场”，最终使他失去了在 1900 年大选中赢得莱斯特议员的机会。（Tiltman，1929：55）实际上，麦克唐纳不仅反对布尔战争，而且反对一切用武力来解决殖民地问题的方式。从对尊重和理解理念的认同可以看出，他肩负了诠释帝国主义进步意义的使命。为了尽快找到解决殖民地问题的正确路径，麦克唐纳其后陆续开始对英国各殖民地进行实地考察，从而形成了一套解决英国殖民地问题的独特主张。

麦克唐纳坚持反对帝国主义殖民扩张政策。（Independent Labour Party，1900：4，6—8）英帝国对外扩张的实质动机主要有两个：一是使英国有权“决定自己在世界上的行动范围，并将自己的行动范围扩展到其他国家”；二是“使国家能够履行对世界的责任……或能够到处进行政治干预”。英国传统的殖民政策明显源于“民族利己主义的出发点”而不是“道德责任感”，在这种动机下，他们自然会将殖民地看成“英国的负担”，结果“违背这种伦理的正当性比遵守这种正当性，更能突显出发达国家不会派出他们的教育和道德代表去帮助那些落后地区，而是派出了他们的剥削者”，矛盾由此产生。这样，英帝国对其领土的控制也变得日渐脆弱，各殖民地自治的理想几乎不可能实现，它们最终沦为“由专家与官僚机构统治的臃肿领地，或许其背后还残存了一些民主的形式”（MacDonald，1907：99，121）。

帝国主义的对外军事扩张还带来了更深层的危害：一方面，在掠夺遥远地区的钻石和金矿时，“大量财富的流入对一个国家也会产生极其不利的影响，邪恶有可能在此蔓延，因为这些财富是攫取而不是合法赚取的”（Sacks，1952：332）；另一方面，随着一个国家获得更广阔的领土，其军事需求不断增长，军费开支也会随之日益增长，而且这种对军国主义的强调，使士兵在国民生活中获得高于公民的地位，并“允许军事职能成为国家的最高职能，那么工业的发展和公民的权益将不再成为决定政府发展的关键因素”（Independent Labour Party，1990：10—11）。麦克唐纳承认，他无法遏制帝国主义扩张政策所带来的这些消极影响，因为这已经成为世界上诸多政府结构的一部分，现在对其进行干预还可能会带来混乱，他现在唯一能做的是引导英帝国更好地在殖民地履行其“文明”义务。

帝国内统一的“法律与秩序”不仅具有“一种引导主体国家走向全面自治”的积极影响，还可能具有“一种外来政治惯例的教条性与统一性”。（The Independent Labour Party，1900：4）在考察中，麦克唐纳发现，英国在各殖民地所设立的政府及其行政管理部门，在处理原始种族问题上缺乏对本土文明的尊重，英国官员大都相信西方的文明更优越，并试图按照自己的方式重建原始种族。“他们首先铲除了本土文明，摧毁了这些文明的经济表现形式，比如部落土地制，迫使新的思维模式融入本土思维，而这种思维模式并不适合，更无法同本土的政治适应。”结果，“当他们（殖民地民众）幸存下来的时候，他们已经不是原来那个土著了，他们变成了另一种存在，没有过去，也没有未来”（MacDonald，1907：99，101）。这些英国的殖民地政府官员们对当地的风俗习惯知之甚少，更“不了解当地人的想法”。他们对当地的统治是相对机械的，也可以说“我们帝国的失败，很大程度上是因为帝国是由我们社会阶层中视野最狭隘的一群人统治的，民族自豪感可能成为一种可贵的美德，但当它成为一种种族优越感时，它将不再是一种帝国美德”（MacDonald，1907：27）。

麦克唐纳不仅对旧有的统治方式进行了无情批判，而且还指出了解决问题的基本路径：“我们不能把他们土生土长的过去从他们的习惯和思想中剔除，他们和我们一样，离开了他们的历史遗产，什么也不是。本土政策的成功……取决于白人种族是否能够成为当地人的引导者，沿着土著人自己自然会走的道路前进，而不仅是沿着适合白人自己方式的道路前进。他们应该承认当地首领的权力，尊重当地的部落法律、习俗和经济，以便能够帮助他们继续向前发展”（MacDonald，1909：80—81），所以西方民族的文化不能移植到非洲，正如温带地区的特性不能输出到热带地区一样。如果将原始种族简单定义为野蛮未开化也是不正确的，野蛮绝不是一种“本性混乱”的状态，其特点是缺乏明智的制度调整，以达到理想的目的，即使最低等的野蛮人也会产生文化遗产。土著民族的文明“不是一种可以随意弯曲的东西……他们对文明的抵制，正如我们所理解的，并不仅是因为他们不理解文明，而是因为他们有自己的文明，他理解文明”。麦克唐纳断言，“不仅有不同种类的文明，而且每一种文明都有一些政治、社会或伦理上的卓越性，在这方面可能使它优于宣传者本身的文明”（Independent Labour Party，1900：6—7）。

麦克唐纳关注的第二个重点是如何避免由于种族和肤色差异而产生帝国内部的冲突。如果要恢复原有的生活秩序，就必须提高每位居民的政治地位，也就是说，所有人都必须拥有相对平等的选举权，这样帝国政策才能代表大多数人的利益要求。他认为应当把土著居民作为一个种族来对待，而不是作为个体公民来对待，并在此基础上建立由土著选民选举的土著理事会，以管理他们自己的事务，即使通过强加财产所有权和教育考试等来限制当地民众的投票资格，也没有违反最初的目标。只要土著选民能够得到某种保证，麦克唐纳就倾向于在殖民地坚持一种渐进的选举权原则。（MacDonald，1909：88—91）

同时，由于“殖民会议可能为唐宁街帝国主义和殖民狭隘主义之间的和解架起一座可以沟通的桥梁”（MacDonald，1907：59），作为补充，麦克唐纳还将殖民会议作为解决帝国内部各国不同意见的工具。

麦克唐纳所提出的殖民地自治管理方案试图建立在尊重与理解的基础之上。他强调：“采用一套正确行为的帝国准则必须是双向的，帝国的存在不仅是为了安全、秩序或和平，而且是为了丰富多彩的生活……任何自治所必需的权利都不会受到帝国标准的确立和帝国传统安全保护的威胁……它们主要是关于人类自由和司法的某些公理。任何人都不能在英国国旗下做奴隶；司法不应有偏见或污损，每一被告应按某些明确规定的程序得到公正审判；法律最终应取决于公民的意愿……就如同在美国《独立宣言》这样的理论声明中一样，如果这样的话，大多数人也不会拒绝生活在英国的国旗下。”（MacDonald，1907：49—51）换言之，麦克唐纳认为母国和各殖民地之间的关系应该是平等的，“母国将停止作为这个联盟的首脑……每个国家将走自己的道路，也将得到其他国家的支持，因为每个国家都会对帝国控制产生反感”（MacDonald，1909：104）。另一方面，麦克唐纳也提醒殖民地，他们必须承担平等的责任与义务，应该更公平地分担帝国的防御费用（Keith，1928：966—1017）。他更不主张殖民地在没有协商的情况下单方面通过武力实现独立，因为“任何现状的改变大都会引起其他国家的嫉妒——就像非洲走向自治的过程被分割一样，如果自治的殖民地成为独立的国家，好战政府的数量和各国间摩擦的次数就可能会增加”（MacDonald，1907：37）。

麦克唐纳同时强调，英帝国内部社会的整合是一个渐进的过程，英国的殖民政策“绝不能用行政命令给制造出来，它必须自然长成，强行揠苗助长，就会使其灭亡”（MacDonald，1907：78）。在鼓励各殖民地充分享有自治权的同时，麦克唐纳强调殖民地和母国间的有机联系，因为“国籍和自由是相容的，由于蒸汽和电力的新应用，世界日益缩小，这可能会使越来越多的国家形成联邦”（MacDonald，1919：108—109）。但这些联邦绝不能用行政命令制造出来，它们必须自身长成，必须要花费一些时间才能成熟。反之，各殖民地的自治也一定要走一条渐进的道路。麦克唐纳指出："我不信奉突变，因为猛烈推过去的钟摆还会加速甩回来"（MacDonald，1910：166）。为此，他初步提出了自治国家应具备的一些基本要素：在政治上，恢复酋长的统治或引入以限制选民为特征的半民主制度；在经济上，加强公有制原则；在法律上，传统的法典应当更新，英国式的是非观念应当终结。（MacDonald，1909：87—88）最终，平等基础上的自治构成了麦克唐纳解决殖民地问题最基本的原则。

麦克唐纳解决英国殖民地问题的最好方案，不是坚持英国现有的殖民地政策，也不是鼓励各殖民地通过武力走向独立，而是要改变原有的糟糕的殖民地政策，实行殖民地的"自治"，并"使它能够在一个自治的帝国中占有一个有利的位置，而这个帝国的行政标准应该与地方政策相一致"（MacDonald，1907：111）。他一方面希望在尊重的基础上给殖民地充分"自治"的地位；另一方面又劝告各殖民充分理解英国政府，不要以武力的方式从帝国分离出去，从而实现英国与殖民地之间的和平共处、互惠互利。

二　重建南非自由社会

南非属于英国的附属殖民地，境内居民成分较为复杂，主要由布尔人、非洲土著居民和英国人三部分构成。不同民族有着不同的生活习惯与社会风俗，这种复杂性导致其内部矛盾重重，要想帮助这样一个地区实现自由与独立具有很大的挑战，故而英国政府在南非的统治困难重重。麦克唐纳认为，"南非不同种族和文明的亲缘关系将继续存在，并将成为帝国政策的一个要素"，这使得"南非成为对（英）帝国和谐最大的威胁"。（MacDonald，1907：54）所以，继第一次南非考察结束后，麦克唐纳开始第二次为南非社会的自由而发声。

南非蕴藏大量金矿，1904 年德兰士瓦的一家金矿的采矿经营者曾提议，为解决劳动力的严重不足问题，可引进大量的中国劳工。英国派往南非的总督米尔纳勋爵（Lord Milner）采纳了这一建议，于1904年通过了《德兰士瓦劳工输入条例》（Transvaal Labour Importation Ordinance），授权中国劳工在合同条件下入境，期限为3—6年。（Campbell，1923：161—186）劳工代表委员会在1904年2月的年度会议上，对引进中国劳工进入南非矿山表示抗议。[1]麦克唐纳也谴责了整个计划，认为这是一种旨在将尊重和理解排除在南非之外的奴隶制度。1904年4月，在劳工代表委员会的一次会议上，麦克唐纳列出了反对引入中国劳工的充分理由：①实际上，引入中国劳工在一定程度上等于对奴隶制的恢复；②南非金融家试图将南非控制在资本主义经济体系之下，从而导致南非难以实现工业和政治上的民主；③将一个社会的工业基础建立在一个没有公民权利的阶层上是行不通的，该法令将会对南非构成威胁；④当不同文明混杂在一起时，有可能产生种族仇恨，南非会被降级为一个充满暴力的社会，因此，该条例是对白人文明的一种潜在威胁。（Sacks，1952：373）尽管这一法案遭到工党与麦克唐纳的强烈反对，但在英国政府的积极招募下，1904—1906年仍然约有47000名中国劳工来此工作，其中还有数十名妇女和儿童陪同劳工来到德兰士瓦，这些移民面临的主要问题就是当地高昂的生活成本。（Campbell，1923：187，209）德兰士瓦的中国劳工们“如同奴隶般辛苦劳动，他们不能拥有任何财产，他们的行动自由受到限制……当他们完成了他们的契约，他们的奖赏却是被迫回到他们已被连根拔起的土地上”。（Sacks，1952：374）所以在1906年的大选中，麦克唐纳把继续反对《德兰士瓦劳工输入条例》作为他竞选演说的重点，他认为这种行为是“在英国旗帜下的合法奴役，英国政府应该责无旁贷地下令停止这种行为”，“除非内阁封住丘吉尔先生的嘴，否则他们会把自己带入一场与殖民地的灾难性冲突中去”。1906年麦克唐纳当选议会议员时，就立刻向即将上台的自由党政府施压，要求其调查该法令的实施情况。[2]他提出，唯一令人满意的解决办法就是

1 Labour Representation Committee Annual Report, February 4–6, 1904.

2 Aberdeen Journal, Match 21, 1906:5.

立即废除劳动合同并“遣返”他们。[1]在麦克唐纳等工党成员的努力下，1906年12月，自由党政府禁止招募中国劳工，1907年新成立的德兰士瓦政府计划在合同期满时完成遣返工作。

麦克唐纳第三次捍卫南非社会的自由是在1906年的纳塔尔（Natal）。1905年夏天，英国政府通过一项决议，即为了增加殖民地的财政收入，针对18岁以上的每一位欧洲人和本地男性（主要是祖鲁人）征收1英镑人头税，正式征税在1906年1月1日之后开始实施，保证在此之前不会采取任何强制性措施。不过，当有官员在1906年2月试图在南非东部的里士满地区（Richmond）向土著人征收人头税时，一场冲突突然爆发。在混战中，两名警察被杀，纳塔尔政府宣布戒严令，并集结了一支部队围捕头目，逮捕了大约12名当地人，他们被控谋杀执法人员。（Stuart，1969：92—101）第二天，当地政府宣布戒严，并向母国求救，后来英国政府向南非派出了一支分队前往支援。（Keith，1912：215）

4月2日，被捕的当地人被处以死刑，麦克唐纳对当地人所受到的高压暴力手段表示非常不满，他质疑道：“是否有必要将判处12名纳塔尔土著人死刑的诉讼报告在议会中公开？现在还有多少军事法庭在纳塔尔？还有多少人在等待他们的审判？”丘吉尔回应道，国务大臣收到了纳塔尔总督阁下的电报，电报称，“考虑到当地人精神上的混乱状况，他们没有公开发表戒严案件中的任何证据；部长们对此举也表示反对，认为这没有任何用处”[2]。结果，这12个土著人的死亡激起了当地祖鲁人的怨恨，冲突由此扩大，更多的警察被杀害。在此之后，麦克唐纳更多考虑的是如何用正确的方式来引导南非土著人融入一个自由而又有尊严的社会，他谴责说：“南非所发生的鞭打或枪杀当地人的事件，是从专横的帝国主义者那里所得到的邪恶启示，似乎帝国主义者们不是来教育他们（本土居民）的，而是来剥削他们的。”（MacDonald，1907：56）麦克唐纳指出，引起祖鲁人不满的原因是

1 Parliament Papers, June 8, 1906, Vol.158, Cols.620–680.

2 Dundee Courier, June 26, 1906:5.

当地政府处理不善，但错误已经出现，现在的任务是如何加以弥补。麦克唐纳希望“处理本民族事务必须被指定为一项基本权利保留下来，无论这种权宜之计可能有多么不受欢迎”（MacDonald，1907：59）。换言之，给予本土居民以普选权是解决问题的关键。

1906 年，为了从南非的矿业生产与对外贸易中获得经济利益，且能长期控制南非，新上台的自由党政府旋即授意亲英的阿非利卡人（布尔人的后代）在南非建立自治政府。经过协商，1908 年南非四个殖民地的代表在德班召开大会，起草联邦宪法。该文件于 1909 年起草，送交英国批准后，[1] 将南非的开普、纳塔尔、德兰士瓦和奥兰治四块殖民地合并为南非联邦，并以同一个自治领的身份加入英国。麦克唐纳对此表示欢迎，但反对只将成年白人男性作为分配下议院代表权的基础，并反对强迫几个殖民地接受现行未经修改的选举法；对另外一条禁止土著成立立法委的条款，麦克唐纳表示极度不满，因为这意味着土著人将面临一种倒退的政治前途，德兰士瓦和奥兰治自由州都限制了欧洲人的投票权，而纳塔尔则通过财产和教育限制的方式来排斥有色人种。麦克唐纳同其他人一起敦促修改宪法，以保护土著人民的公民权，[2] 却遭到了自由党政府的拒绝。麦克唐纳担忧道：“这不是一个南非联邦问题，而是一个严峻的帝国问题。”[3] 他表示，会继续推动将本地事务列为保留议题，并保持继续上诉的权利。

三 推动爱尔兰自治

爱尔兰与英国本土在地理位置上很近，其民族、信仰、文化等方面也和英国本土相似，是英国白人移民殖民地的典型代表。不同于南非，爱尔兰是英国的自治领，除了在外交和防务上仍然受到英国的控制，立法受到英国议会的限制外，爱尔兰在其他事务上享有一定的自治权。爱尔兰

1 Parliament Papers, 1909, Vol.5, bill 297.

2 Parliament Papers, August 19, 1909, Vol.9, Cols.1624–1629.

3 Parliament Papers, August 19,1909, Vol.9, Cols.1540–1542, Cols.1591–1598.

对英国的从属关系的确立，在一定程度上促进了爱尔兰经济的发展。爱尔兰大饥荒的爆发，推动了爱尔兰民族主义运动的迅猛发展，因为它使爱尔兰人民充分意识到社会与经济的不平等源于政治上的压迫，并抱怨英国政府承诺的改革被拖延或根本没有实现。整个 19 世纪，爱尔兰人的怨恨通过消极抵抗、暗杀、阴谋和叛乱集中爆发，爱尔兰一代又一代领导人也都把实现地方完全自治视为拯救爱尔兰人民的目标。自由党领袖格拉斯顿曾提出两项自治法案，但 1886 年的法案被下议院否决，1893 年的法案被上议院否决。1906 年，随着自由党重新掌权，爱尔兰人重新燃起了争取自治的希望。

工党在 1914 年以前的年度议事报告中均没有正式提及地方自治问题，可能是担心爱尔兰自治会对联合起来的英国劳工运动产生威胁，故而工党希望其成员以个人的身份推动爱尔兰自治的发展。1906 年起，麦克唐纳一直以工党议员的身份支持爱尔兰的自治，并为此而努力。在他看来，结束与爱尔兰之间的冲突不仅有利于促进爱尔兰的进一步发展，也有利于维护英国的自身利益。早在工党形成之前，爱尔兰的地方自治团体就开始拥护土地、住房和成员薪酬改革。大多数爱尔兰议员扭转了局面，支持了 1832 年的英国改革，此后，他们基本都参与了英国几次大的民主改革，他们在英国议会中的存在是加速英国政治民主转型的一股强大动力，爱尔兰具备进一步自治并进行一系列民主改革的良好积淀。同时，英帝国是以自治原则为基础的，“如果前辈们没有把负责任的政府授予加拿大、新西兰、澳大利亚，以及后来的南非，那么现在是否会存在一个帝国，是值得怀疑的问题”（Sacks，1952：427—428）。现在是向爱尔兰下放权力的时候了，爱尔兰地方自治将是朝着这个方向迈出的重要一步。麦克唐纳坚信，“除非实施权力下放制度，否则英国将无法建立一个真正的帝国联盟”[1]，而且必须意识到“这不仅是爱尔兰的问题，而且是英国的问题，更是建立一个伟大帝国的必要条件”[2]。

1 Parliament Papers, April 24, 1911, Vol.24, Col.1381.

2 Parliament Papers, May 9, 1912, Vol.38, Col.639.

爱尔兰的新教徒与天主教徒间的冲突是压制爱尔兰劳工运动发展的重要因素之一。在贸易纠纷中，爱尔兰雇主经常采取挑拨新教徒对抗天主教的手段，这使得爱尔兰的部分地区甚至“从未有过罢工，也从未有过将工人联合起来组成工会的尝试，更从未有过利用这种联合来改善工人阶级状况的实践”[1]，所以麦克唐纳首先关注的是如何帮助改善爱尔兰劳工的经济状况。他坚信，一旦爱尔兰的工人在共同的政治生活中找到正确的轨道，资本家在经济上的优势就不会继续下去。为达到这一目标，他提出可以让爱尔兰“天主教工人和新教工人像其他地区信教的人一样，在他们的宗教问题上尽情地争论，但作为政治家和公民，让他们回到社会事实的坚实基础上来，这样他们就不会站在对立的阵营里，反而会站在同一个阵营，这可能会成为爱尔兰和解的一次尝试……这也可能是增强大英帝国稳固性的一次尝试”。麦克唐纳同时强调这一过程的渐进性，因为“爱尔兰政治状况的巨大改善不可能仅通过一项法案来实现，相关法案将在这场辩论结束后陆续提出，届时它将通过下议院，成为我们（英国）宪法的重要组成部分”[2]。1913 年，当都柏林的工人举行罢工运动时，麦克唐纳鼓励道：“衷心支持他们为维护自己的合法政治权利而举行的示威活动，雇主的主要借口是他们反对某种类型的工会，他们本质上是想拒绝支付劳工们合理的工资和改善劳动条件，因此都柏林的工人们应该互相扶持。”[3]麦克唐纳希望通过加强爱尔兰工人间的团结，为爱尔兰的自治奠定基础。

1912 年，自由党政府提出新的《爱尔兰地方自治法案》（Irish Home Rule Bill），麦克唐纳成为其中的积极参与者。在法案出台前，他就指出：“原有的《爱尔兰地方自治法案》曾在 1886 年和 1893 年两次遭到选民的强烈反对，所以……制定联邦地方自治的相关法案并非易事……只有在所有各方和民族都有代表参加的会议中进行讨论后，才能合理解决这些困难。如果就联邦地方自治达成协议，两院之间的关

1 Parliament Papers, May 9, 1912, Vol.38, Col.633.

2 Parliament Papers, April 11, 1912, Vol.36, Cols.1458–1459.

3 Times, September 8, 1913:3.

系将被置于一个完全不同的基础上，议会法案将需要重新考虑……”（Brassey，1911：13）在他的积极推动下，多方代表对该法案进行了广泛讨论与协商，并最终在下议院通过。新《爱尔兰地方自治法案》的主要内容为：在爱尔兰建立一个两院制的议会，一个提名的上议院，任期八年，由英王任命；一个由选举产生的下议院，任期五年；此外，还有一个从 103 人减少到 42 人的爱尔兰团体将在英国议会中得以保留，以表达对他们帝国问题的看法；帝国议会将保留与王权、国防、外交政策、条约和关税修订有关的事务，而将所有涉及爱尔兰内部的事务移交给当地的爱尔兰议会。（Spender，1936：417）

该宪法颁布后，麦克唐纳努力使其成为一个推动爱尔兰向民主方向前进的载体。他支持斯诺登的一项修正案，该修正案赋予了爱尔兰女性投票权，其理由是：“爱尔兰议会将逐渐发展为国内议会，它将特别处理爱尔兰地区公共卫生、住房、家庭、工厂立法，以及构建社会美德等问题。在这些美德中，妇女的经验是非常宝贵和重要的，如果我们能够相信妇女的影响力是下议院所提出的宪法的重要组成部分，那么我们今天下午坚持这一点是有道理的。”这一修正案还可以在爱尔兰宪法中设立一个先例，这可能会使英帝国感到羞愧，继而采取相应行动。可惜的是，这项法案由于太过超前而被否决。[1]

麦克唐纳强烈反对一项修正案，该修正案提出将工业立法从爱尔兰议会的权限中撤回。[2] 他认为是英国政府导致爱尔兰工厂检查效率低下，考虑到爱尔兰与英国有着基本相似的政治演变经历，爱尔兰的公众舆论可能会要求制定更合适的劳工法和有效的工厂检查制度。在他看来，在爱尔兰和英格兰都实行统一的劳工法规还是个有待商榷的问题，因为大多数爱尔兰工业组织都存在差异。在爱尔兰家庭或外派系统仍然很流行分散的农场，其以家庭为单位，组成了工作组。（Murray，1903：342—353，422—426）如果采用相同的法案对待机械化的英国工厂制度和爱尔兰手工业，将可能会带来不可预料的后

1 Parliament Papers, November 5, 1912, Vol.43, Cols.1116–1120.

2 Gloucester Journal, October 26, 1912:6.

果——强制实施高标准的工作条件。[1]只有在国际劳工协议中，实施统一的标准法规才可能有意义，如果将工厂立法移交给母国管辖权的修正案，它可能会对充满活力的爱尔兰民主产生腐蚀性影响，相比之下，爱尔兰议会更有可能改善本国工人的生产与生活状况。

虽然《爱尔兰地方自治法案》在下议院获得通过，却遭到了上议院的否决。按照1911年《议会法案》的规定，在这种情况下，要想推翻上议院的否决结果，下议院必须连续召开三次会议，才能再次通过该法案。（Spender，1936：418—435）然而就在议会重新通过该法案期间，爱尔兰的局势又发生了新的变化。此时，爱尔兰内部分化出了两个相互对立的派别——“自治派”和“联合派”，前者希望爱尔兰摆脱英国的统治，实现自治；后者则主张爱尔兰继续留在英帝国内。保守党人在议会阻挠失败后，开始策动北爱尔兰的联合派们制造事端。1912年9月28日，北爱尔兰的新教徒在贝尔法斯特（Belfast，隶属北爱尔兰）通过“庄严盟约”，反对将爱尔兰从联合王国分离出去。与此同时，北爱尔兰的自治派则团结起来捍卫未来爱尔兰国家的独立，并于次年在北爱尔兰组建了一支10万人的志愿军。面对爱尔兰境内的这一复杂局势，阿斯奎斯政府决定派兵平息，但英国军官却不听调遣。在混局中，阿斯奎斯自任为陆军部主任，并于1914年3月27日发布了一项特别命令，禁止军队对假想情况所做出的反应。[2]麦克唐纳为下议院未能建立一支完全脱离保守党控制的军队而感到惋惜，他建议适当增加军官的工资，以便吸引更多具有民主色彩的人到军队中去任职。[3]

麦克唐纳对和平的坚定信念使他更关心如何实现英国与爱尔兰间的和解，他再次强调暴力事件所带来的实际危害：“对面的议员们，代表法律和秩序的政党，鼓励国家的一部分人如此无法无天，试图通过诉诸武力来推翻下议院多数人的决定。一旦少数民族通过政治的方式获得自治的权利遭到失败，他们就会转而尝试使用这种原始的野蛮武力，如果其他少数民族也随之纷纷效仿，

1 Parliament Papers, May 9, 1912, Vol.38, Col.637; October 21, 1912, Vol.42, Col.1865.

2 Times, March 24, 1914:8.

3 Parliament Papers, March 25, 1914, Vol.60, Col.439.

那么不仅北爱尔兰，而且整个国家的安宁都将处于危险之中。”[1] 为了稳定国内局势，乔治五世最终于 1914 年批准了该法案，但 1914 年 8 月一战的爆发中断了法案的继续推行。自由党政府借口要团结全国民众以保证战争的胜利，将法案生效日期推迟到战争结束后执行。[2]

一战也成为爱尔兰问题的分水岭，战前爱尔兰一直倡导自治，而在战后却逐渐转变为进一步要求脱离英国统治的独立。（郭家宏，2012：160）1916 年复活节期间，主张武力促成爱尔兰独立的新芬党（Sinn Fein）发动了一场起义。麦克唐纳对英爱关系表现出一种焦虑，唯恐发生新的事件加剧爱尔兰内部局势的紧张，他指出：“爱尔兰存在潜在的军国主义，这比新芬党试图推翻政府还要糟糕。”（Jackson，1946：390）英国政府残酷镇压了这次起义，还处死了数名起义领袖，随后又在爱尔兰强制实行征兵制。（Ranelagh，1995：184）这些措施更加激起了爱尔兰民族主义情绪的高涨，激化了英国与爱尔兰之间的矛盾。由于英国政府在爱尔兰的一系列错误政策，新芬党逐渐在爱尔兰取得绝对优势。1919 年 1 月 21 日，37 名爱尔兰议员在都柏林举行会议，并宣布成立“爱尔兰共和国”，主要目标是建立一个由该组织领导的统一的爱尔兰。共和国军形成后，爱尔兰境内的暴力活动层出不穷，爱尔兰局势也愈加动荡。

面对这一局势，麦克唐纳心急如焚。1920 年 11 月 13 日，他批判道：“你们（政府）是不是要贬损这个国家在世界心目中的声誉，使它成为一个极具侵略倾向的国家？在这个国家的军事威胁下，任何一个地区都无法获得安全感？”（Tiltman，1929：384—386）他提出自己的解决办法：首先，政府宣布休战，并撤回“爱尔兰皇室警吏团”（Black and Tan）[3]，将维持当地秩序的责任委托给爱尔兰人；然后，

1 Parliament Papers, March 9, 1914, Vol.59, Cols.937–941.

2 Parliament Papers,1914, Vol.6, bill 406.

3 爱尔兰皇室警吏团：1920 年至 1921 年，英国在爱尔兰雇佣的镇压共和军的辅助警吏。一战后，爱尔兰民族主义者大力开展宣传活动，许多爱尔兰籍警吏辞职，而由临时募集的英格兰人代替，由于缺乏制服，他们只能身穿黑与棕的杂色服装。J. Ramsay, MacDonald in Thought and Action: An Architect for a Better World, New Mexico: The University of New Mexico Press, 1952, p.438.

召集一个制宪会议，根据比例代表制进行选举，“这样任何暴政都无法轻易摧毁少数民族群体，任何地区的多数派也不能任意剥夺少数派发表不同意见的权利”（Sacks，1952：438）。麦克唐纳希望英国当局能够根据现实需要安抚爱尔兰民众，缓和爱尔兰内部的矛盾。

爱尔兰动荡的局势也逐渐引起了工党对爱尔兰问题的关注。1920年12月，工党组建了一个代表团，访问爱尔兰。然而，代表团的到来并没有改变爱尔兰人希望通过武力方式走向独立的主张。麦克唐纳对此颇感失望，如果最后都没有治愈药膏能够将爱尔兰事务带回到善意和相互信任的领域，那么，他就准备承认爱尔兰充分的“自决权”，而不是将武力作为主要解决办法来胁迫军事占领下的爱尔兰。（MacDonald，1920：170—171）

1920年，英国政府颁布了新的《爱尔兰自治法案》。法案规定：爱尔兰在英国的管辖下，建立南北两个议会，北方议会设在贝尔法斯特，主要管辖北方6郡；南方议会设在都柏林，控制爱尔兰南部26郡。（Tonge，1998：11）该法案为爱尔兰南北分裂埋下隐患。《爱尔兰自治法案》遭到新芬党的强烈反对，他们领导爱尔兰民众夺取政权，并建立自己的政府机构。（Courier，1921：4）最终，英国政府选择了一项相对温和的解决方案，即与新芬党达成协议，爱尔兰南方26郡成立“爱尔兰自由邦”，并承认爱尔兰自由邦为享有自治自决的全权自治领；而北方6郡作为一个整体，划归英国管理。（柯蒂斯，1974：774）麦克唐纳对此评价道：“联合主义者们（Unionists）已经屈从于武力，而不是理性，这就是英国人基本的处事方式。”麦克唐纳认为，爱尔兰问题远非一纸妥协的协议就能解决。

协约的签订并没有使爱尔兰长治久安，不久南北爱尔兰人又开始为边界的问题争执不休。麦克唐纳对于未来英爱关系的发展方向提出了自己的几点建议：一方面，他反对派遣英国军队来干预爱尔兰内部的军事纷争，认为这可能会演变成一种党派行为，目的是将母国与奥兰治党员等同起来；[1]

1 奥兰治党员也称橙党，创立于1795年的爱尔兰，支持新教在爱尔兰的传播，中间曾一度解散。1845年以后，其发展为爱尔兰的一股顽固保守势力，他们与联合派一起反对爱尔兰自治。

在保护北爱尔兰“免受外部武装袭击（可能来自爱尔兰自由邦）”之前，对北爱尔兰投诉的真实性进行适当调查，以保证英国军队不会被用于支持军事的目的。另一方面，他也告诫爱尔兰自由邦，不要让过去的分裂势力主宰未来，因为未来需要双方共同合作并积极参与到爱尔兰社会改革中来。（Sacks，1952：440）1922 年 1 月 7 日，爱尔兰国民大会以 64 票对 57 票的微弱优势，通过了 1921 年《英爱条约》（Anglo-Irish Treaty），至此爱尔兰正式被肢解为两个部分。（柯蒂斯，1974：774）麦克唐纳的建议，也没能挽回爱尔兰最终走向分裂的局面。

麦克唐纳仍然没有放弃爱尔兰内部的和解。1924 年工党政府执政期间，他把安排仲裁机构调节爱尔兰自由州和北爱尔兰边界争端作为关注的重点，1925 年通过了解决南北爱尔兰边界争端的边界协议。（Gwynn，1950：222—236）麦克唐纳最后一次对爱尔兰问题发表意见，是在 1925 年保守党重新执政之后。（Evening Telegraph，1925：1）他坚信随着时间的推移，爱尔兰北方和南方将会分别作为英国王室统治下的一个国家和一个自治领而共同努力。

四　促进印度的觉醒

印度境内的居民构成比较单一，以土著居民为主，但其内部种族存在多种宗教信仰，冲突不断；而且长期以来，英国一直在印度实行专制的帝国主义政策，使印度成为英帝国实现民主自治最困难的殖民地之一，印度自治问题也一直是印度民众最关注的焦点。麦克唐纳两度考察印度后，发现英国对印度的治理存在很大弊病。

首先，印度的公共财政制度极不合理，可以采取一些措施来减少沉重的“消耗”，如应尽量雇用印度人担任公职，以减少印度本土范围内的资金外流。（MacDonald，1917：334）“如果这些利息、收入和养老金以即期消费的方式在印度支出，或者作为资本投入该国的经济发展中，现在印度的经济状况就不会那么糟糕了。”（MacDonald，

1919：150）

其次，英国人在印度的教育也是失败的，主要原因是英国所采取的教育路线是从西方文明移植过去的。英语这一独特的媒介切断了印度的“本源”，并“将二元论引入了印度的思想”，结果印度青年“被教导以蔑视的眼光看待自己国家的过去，这种教育方式逐渐使他们成为自己族群当中的异类。当公务员考试变为掌握例行公事的一种西方功利主义教育方式时，（印度）大学生的思想自由就变得更加难以实现了”。（MacDonald，1910：214—216; 1919：167—178）这也在无形中激起了印度民众的民族主义情绪。

最后，印度的法律制度也是从英国移植过去的，这同样使麦克唐纳感到不满。在英国法律制度的影响下，印度人似乎对法庭审判式的诡辩方式不太认可，英国的法律程序在当地人看来更像是一场游戏，他们认为在法庭审判中，证人一直扮演着一个满口谎言的角色，是一个“编造故事并能够经受敌意审查的人”（MacDonald，1910：107—111，112—113）。结果印度人把西方法律看成考验智力的方式，而非寻找正义的方式。

总体而言，麦克唐纳认为英国对印度的民主改造不是很成功，主要原因还是缺乏对当地传统的尊重与继承。正如他所言：“当一个国家不仅要臣服于另一个国家，一种文明还要试图塑造和控制另一种文明时，情况更是如此，错误的根源是我们大多数人认为印度应该模仿我们。”（MacDonald，1910：213—214）

英国对印度失败的民主改造未能为印度自治奠定良好基础，印度教徒和伊斯兰教徒之间现存的敌对状态，则成为阻碍印度内部团结的致命障碍。虽然伊斯兰教徒人数在不断增加，但他们在印度的影响力却日益减弱，他们没有在政府机构中获得公平的份额，在财富的竞争中被甩在了后面，对公众舆论也几乎没有影响。因此，伊斯兰教徒希望增加在印度的影响力，他们呼吁建立一个由印度教和伊斯兰教代表共同组成的联邦国家，不论他们代表的数量有多少，都希望在下议院中拥有平等的代表权。（MacDonald，1910：276—282）

在英国官员的帮助下，伊斯兰教徒拥有的代表人数逐渐超过了印度教徒的，他们还被赋予比印度教徒更自由的公民权。英国政府不仅鼓励英裔印度官员对印度国民大会采取强硬态度，还抓住机会安抚伊斯兰教领袖，以利用他们来对付印度教领袖。[1] 这种做法使印度教徒开始怀疑，伊斯兰教徒是为了获得英国人的庇护才出卖了他们与生俱来的权利。加之愈演愈烈的民族主义滋生了各种种族和宗教狂热，从而引发印度内部的动荡。面对这种局面，当时的印度总督“寇松勋爵……在政府中所实行的一系列错误措施，可能都是造成印度政治动荡的主要因素”[2]。印度人民对英国政府的反感也随之与日俱增，以致采取过激的方式获得自治，而随后继任的几任总督又基本无所作为。为了压制印度民众的反抗，他们甚至颁布了一些严格限制印度民众言行的措施。1908 年，英印政府颁布了一项新闻法，将煽动犯罪定为非法行为；1910 年出台的《出版法》更加严格，要求印刷业和出版业都需缴纳巨额保证金，作为诚信的保证。麦克唐纳并不同情那些被判犯有煽动谋杀和叛乱罪的报纸，但赋予英印政府如此广泛的权力，实际上是把整个新闻界置于一个专横行政人员的摆布之下。（MacDonald，1919：225—233）这将不利于印度民主社会的改造，更不利于印度未来的发展。

麦克唐纳期待在尊重与理解的基础上，印度各省建立“负责任的政府”，进而形成印度联邦政府。当然，“未来的大英帝国会议”也将“代表整个自治帝国，承担印度教育和发展的责任”。（MacDonald，1907：74—75）在以后漫长的岁月里，英帝国的主权对印度来说仍然是必要的，因为印度内部的敌对因素需要一个统一的力量来对其加以控制。（MacDonald，1910：301）

一战使印度境内的民族主义运动持续高涨，极大冲击了英国在印度的专制统治。面对新局面，麦克唐纳指出“如果我们能够面对现实，承认与过去决裂已不可避免，那么这将是英国人民最明智的选择，我们已经为印度做了

1 Parliament Papers, July 26, 1910, Vol.19, Cols.1997–1998.

2 Times, January 1, 1910:10.

我们所能做的一切”[1]。1917 年，英国任命蒙塔古（Edwin Samuel Montagu）为印度事务大臣。为了缓解印度危机、稳定后方，一战期间，蒙塔古就积极推进印度政治改革计划，为此与印度总督契姆斯福德（Lord Chelmsford）一起对印度进行了考察，其后出台《蒙塔古—契姆斯福德报告》(Montagu–Chelmsford Report)[2]。该报告内容主要有：在印度各省实行“二元制”，金融和安全将继续由英国总督掌控；教育、卫生和道路建设，将由任命的部长管理，并对相应的立法机关负责。关于选举权的建议是笼统的，建议印度采用直接选举、社区选区和少数民族代表权。在帝国领域，提出建立一个两院制立法机构，包括一个选举产生的多数立法会议和一个官方占微弱多数的国家委员会（后来改为选举产生的多数），赋予立法机构更大的协商权力。以上这些措施在印度的实验期限定为十年，十年结束后将任命一个委员会决定印度自治的下一阶段。麦克唐纳对报告的内容总体颇为满意，因为这毕竟是英国官方首次正式提到要将印度发展为“自治领”，以“帮助印度实现……更自由的自我存在状态，并为我们所属的种族增添荣耀”。现实正如麦克唐纳所料，该报告出台后不久，印度选举权制度的基本框架终于在 1918 年底被确定下来，这意味着印度本土居民的地位将可能得以提升，也将促进帝国内部的团结与稳定。可能由于英国政府向印度派遣了一个有关选举权的职能委员会，《蒙塔古—契姆斯福德报告》所提出的措施直到次年 12 月才得以执行。该报告也存在一些不足之处：它并未废除印度委员会，也未能让印度事务大臣对议会负责，麦克唐纳对其所体现的“两元制”也持不完全赞同的态度，因为选举产生的立法多数和提名的行政人员之间可能会产生冲突。在麦克唐纳看来，英国政府在承认印度多样性的同时，还应该遵循印度的统一性。毫无疑问，英印政府很难将印度内部这些不同种族和信仰融合在一起，但如果想要使这一棘手问题得以解决，英印政府可以尝试对宗教团体施行比例代表制，为底层阶级增

1 Parliament Papers, July 13, 1917, Vol.95, Cols. 2339–2334.

2 Parliamentary Papers, 1918, VIII, Cmd. 9109, “Report on Indian Constitutional Reforms”.

设特殊选区等不同选举方式。[1] 麦克唐纳试图通过采用多样化的选举方式来化解这一难题。

《蒙塔古—契姆斯福德报告》的实行并不代表英国就此放弃了对印度的统治，该报告本身也无法使印度完全实现自治，传统观念和现实利益使英国当局始终无法放弃对印度的统治权。战争结束后，英印政府借口苏俄密谋策动印度内部的叛乱，在 1919 年 3 月颁布了《罗拉特法案》（Rowaltt Act），其主要内容如下：授权法官在没有陪审团的情况下审理政治案件；在疑似革命的地区和省份，警察可以对犯有策划革命罪行的个人进行调查。该法案明显是为了对付印度的民族解放运动而制定的，因此遭到印度民选政府代表的强烈反对，但法案最后仍旧被通过（Hennessy，1983：315），并在英国实行了三年。麦克唐纳指责印度的官方多数派企图阻碍印度走向自治的进程，他呼吁英国国内的印度办事处，在造成不可挽回的损害之前废除《罗拉特法案》。（Sacks，1952：418）然而，英国当局并未听从麦克唐纳的劝告，依然如故，即使最后该法案从未在印度真正施行过，但它的存在却加速了英国与印度之间关系的恶化。

在《罗拉特法案》颁布一个月后，英印政府在旁遮普的阿姆利则（Amritsar）逮捕了两名民族主义者并将其驱逐出境。三天后，阿姆利则约两万名群众聚集在市中心的广场进行示威。戴尔将军（Reginald Dyer）立即率军赶到，他以这些群众无视公开集会的禁令为由，向手无寸铁的群众开枪，造成 1000 多人受伤、379 人死亡。（Spear，1949：342）惨案发生后，英国要求印度总督辞职以示抚慰，虽然戴尔将军事后被撤职，但他回国后却被奉为英雄。对于阿姆利则惨案的处置结果，麦克唐纳认为，不管冲突的起因是什么，戴尔将军的这种行为是野蛮的，英属印度政府也负有不可推卸的主要责任，他们先是允许民事当局将其职责移交给士兵，然后在士兵把事情搞砸后再转过身来，试图将所有责任再推给政府，这显然是一种极不恰当的处理方式。为了弥补政府的错误决策所带来的严重后果，麦克唐

1 Parliament Papers, August 6, 1918, Vol.109, Cols.1163–1170.

纳呼吁司法介入，调查并确定戴尔将军的行为，追究印度总督、印度事务大臣蒙塔古和旁遮普省长应承担的相应责任。[1]

为了进一步安抚印度民众，稳定印度局势，1919 年年底英国政府又出台了《印度政府法案》（Government of India Bill），准备将之前的《蒙塔古—契姆斯福德报告》付诸实施，但英国政府坚称“印度实行自治的条件还不够成熟”（Keith，1922：243），英印政府仍要对印度省级机构的事务横加干涉。英国的这一政策再次激起印度民众的极度不满，印度国大党将其称为“令人失望”的法案。（Keswani，1985：310）以甘地为首的印度国大党掀起了“不抵抗”运动。麦克唐纳回顾了近年来印度的政治事务，分析了印度动乱的主要根源：首先，是“契姆斯福德政府坚持通过的《罗拉特法》，90% 席卷印度的政治动乱都源于此法案”[2]；其次，英国将盐税加倍是一种恶意行为，这是没有必要的；再次，新任印度总督里丁伯爵（the Earl of Reading）不明智地签发了一份否决票，反对增加帝国立法会议，这也对印度政治中处境艰难的立宪党不利。[3] 现在必须培养一种意识，以引导《印度政府法案》朝着《印度联邦法案》的方向发展。同时麦克唐纳还明确表示，无法宽恕印度的极端主义，因为这种极端主义集中表 现在杀害英国官员、在立法委员会采取阻挠策略以及采取消极的不合作态度（Smith，1938：125—128），这都将给英印双方在帝国框架内的长久合作带来非常不利的影响。

1923 年，英国任命了一个皇家调查委员会来调查“两元制”中关于吸纳印度人进入行政部门的执行情况，结果却发现，多数英国人并不希望将印度的统治权让渡给印度人。为了满足英国政府继续控制印度的现实需要，次年，该委员会提出一个缓慢的计划：在 50 年内使印度文官中的印度人达到一半以上，在 25 年内使警察中的印度人占到一半。（Judd，1982：217—219）英属印度政府还故意曲解“两元制”，

1 Parliament Papers, 1920, Vol.14, Cmd.681.

2 Times, June 27, 1923:11.

3 Parliament Papers, July 5, 1923, Vol.166, Cols.767–769.

甚至部分地方政府利用“两元制”打破印度教徒的统治，建立起英国与伊斯兰教徒的联合统治。英印政府的这些做法都触怒了印度的民族主义者。第一届工党政府期间，印度开始出现零星的暴力抵抗运动，这令麦克唐纳感到痛心。1924 年 1 月 6 日，他在致印度民众的一封公开信中呼吁道：

> 我坚定地相信，如果进步要有坚实的基础，就只能通过所谓的政治或宪法途径来推进。在我们这一代人身上，我们看到了各种革命运动，这些运动看似成功，却断绝了与过去的联系。最终，在经受了许多肉体上的痛苦、助长了残暴的秉性和邪恶的精神之后，他们不得不又回到原点，重拾之前已经断绝了的联系，并开始应用起他们之前所拒绝的原则。如果印度成为革命斗争的竞技场，我看不到印度有什么希望。英国的任何政党都不会被武力威胁，也不会被使政府陷入困境的政策吓倒；如果印度的任何一部分人误以为事实并非如此，那么事态的发展将使他们愈加失望。我希望印度所有向我们表示友好的朋友靠近我们，而不是远离我们，以获取我们的理性和善意。……当人们呼吁是否采用革命性的方法时，无论是主动的还是被动的，一种极端的反应必然会出现，怀有最真诚善意的人和党派会被赶下舞台，而两种反应形式——“右”派和“左”派——则互相踢打、撕扯、流汗，直到两派都被证明失败为止。我知道这种方法和善意应该是相互的，因此，我的呼吁不仅是对印度人的，也是对英国当局的。[1]

在麦克唐纳的引导下，第一届工党政府授权里丁伯爵任命一个皇家委员会，其中包括 3 名英国人和 3 名印度人，主要职责是负责调查“两元制”在印度运行的实际情况。调查的结果是委员会中的印度成员认为“两元制”已经名存实亡，希望政府能够进行修改。（Judd，1982：222）英国成员对此则持截然相反的意见。由于第一届工党政府的执政时间只有

1 Times, January 26, 1924: 9.

短暂的9个月，该委员会最后做出的多数报告都是在鲍德温政府执政时期提交的，鲍德温政府拒绝对“两元制”进行进一步修改（Hennessy，1983：148—149），这再次引发印度民族主义者的不满。麦克唐纳虽不愿意看到这样的结果再次出现，但已成为反对党领袖的他也无力改变。同年，他只能在一次议会中呼吁道：“我们应该让那些不幸的过去随风而逝，我们所有人都应该团结起来，努力使印度和我们之间的关系达到一种更和谐、更合作的状态。”[1]麦克唐纳并没有气馁，他尽力寻找机会来缓解英国和印度之间的紧张局势。

《蒙塔古—契姆斯福德报告》曾做出以下规定：“经过若干年后，应任命一个法定委员会，审议上一部宪法的不足之处并制定可能的进一步变革措施。”[2]1927年，为了履行该报告所规定的这项内容，保守党派遣了一支以西蒙爵士（John Simon）为首的调查团对印度进行调查，主要研究印度行政管理体系的运行效果、英属立法机构的发展情况，以及建立地方责任政府的可能性等内容，为推进印度行政管理体制的下一步改革做好准备。保守党的这一举措比《蒙塔古—契姆斯福德报告》的要求提前了两年，原本想通过这种方式缓和英国和印度之间的矛盾，但西蒙调查委员会却再次点燃了印度民众的怒火。因为西蒙调查团成员中竟然没有一个印度人，这对印度民众是极大的羞辱。印度国大党乘此领导印度民众进行反对西蒙委员会的斗争，印度民族解放运动的高潮再次兴起。

麦克唐纳也希望印度能够享有更充分的自治权，但他更希望在现存可能的条件下，寻求双方的和解。所以，当保守党政府依然坚持自己最初的路线时，他给予了支持，再次扮演双方调节人的角色。在西蒙委员会动身前往印度后，麦克唐纳又明确表明了工党的立场。1928年2月16日，他在给一名工党成员（西蒙委员会成员之一）的电报中宣称：“如果委员会受到印度民众的阻挠，工党也会在此基础上任命一个新的委员会。如你所知，目前西蒙委员会已经得到了工党的承认，委员会

1 Parliament Papers, July 9, 1925, Vol.186, Col.742.

2 Times, January 21, 1931:16.

不会做出任何变动。”[1] 对于印度人民，麦克唐纳则劝诫他们不要对西蒙委员会有抵触情绪，必须给大不列颠一个承担责任的机会。[2] 在保守党强硬的态度之下，麦克唐纳也无力改变现有状况，他更不希望印度在自治道路上走得太快，为达到双方和解的目标，他认为印度一方理应做出让步。显然，他的观点无法得到印度人的认同，印度国大党于1928 年 7 月另建了一个委员会，来考虑印度宪法问题，并出台了一份报告。该报告指出“自治领地位”只是印度的直接目的而非最终目的（Gwyer and Appadoria，1957：122）。在印度自治问题上，印度一方陷入了与英国政府针锋相对的僵局。

为了缓解印度与英国政府之间的紧张关系，继任印度总督欧文勋爵（Lord Irwin）在 1928 年 10 月发表了一项宣言：一是重申《蒙塔古—契姆斯福德报告》中所包含的“自治领”是印度宪政发展的最终目标；二是认为推动印度自治的主要方式是通过各国代表的圆桌会议来解决。麦克唐纳当时不在英国，但他呼吁相互理解是解决印度自治问题的关键。第二届工党政府时期，他希望英印双方能够本着互助伙伴的精神进行平等谈判。他在给西蒙爵士的一封信中宣布：“他们将提议邀请英属印度境内不同党派和利益集团的代表以及印度各邦的代表，视情况需要分别或一起会见他们，主要是……关于英属印度问题的讨论。”[3] 但在宣言发表后，工党受到了国内反对力量的猛烈攻击。（Baners and Nicholson，1988：53）第二届工党政府在 1930 年春天所收到的《西蒙报告》，也与之前的欧文宣言大同小异。印度民众要求自治作为直接目标的愿望最终破裂了，在甘地的带领下，他们发动了非暴力不合作运动。

面对日益紧张的英印关系，在麦克唐纳的推动下，1930—1932 年间连续举行了三次圆桌会议。在召开第一次圆桌会议期间，作为首相的麦克唐纳指出：“无论达成什么样的协议，总会有一些人说它走得太远，也会有另一些人

1 Times, February16, 1928:4.

2 Labour Party 28th Annual Conference Report, October 1–5, 1928:172–174.

3 Times, October 31, 1929:14.

则认为它不够好，我们应该将希望放在同理智的公众舆论合作的基础上来。内乱是一种反应方式，它破坏了所有宪政发展的根基，也摧毁了内部治理赖以存在的普遍社会心态。”[1]麦克唐纳准备加快授予印度新宪法的改革步伐，他认为现在应该将二元政体原则应用于帝国的行动领域，规定将权力移交给当地负责的政府，并将诸如外交、国防、财政和安全等事项保留给总督的受托人，因为“我们靠精神而不是靠控制的方式……因为这种忠诚没有枷锁，没有从属关系。……英联邦不仅是国内和平的保障，而且对世界和平具有强大的影响力。此外，联邦是国家发展的保障，因为它对权力的集中仅限于在共同行动中团结一致和在内外关系中和睦相处。我们不要轻易放弃我们的责任，抱着随遇而安的假设……如果我们这样做了，甚至把这些地区交给新的征服者和新的主人，我们只会使世界的大部分地区陷入混乱，这不是我对未来的设想”[2]。这些主张在1930年的工党年会上引起了激烈的辩论。尽管他的提议最终被否决，但党内要求工党政府停止充当帝国主义警察角色的呼声却日益强烈，通过圆桌会议的方式解决英国与印度间的争端被基本确定下来。[3]

圆桌会议所取得的一些成果，也为后来新的印度宪法的出台奠定了一定基础，1935年在《西蒙报告》的基础之上，英国政府颁布了新的《印度政府法案》，这在印度独立历史上具有非常重要的地位，因为它使印度在省一级基本实现了责任政府制。（Smith，1938：371—449）法案相对于之前取得了微小的进步。（Porter，2004：285—287）晚年的麦克唐纳主要在为印度国大党顽固的态度而感到担忧，在他看来，民族主义者所鼓励的暴力只能代表“一场践踏自己意志的恶意运动，阻碍了印度的进步”。但他坚信，一个国家“因为害怕而屈服于暴力，对世界是有害的”，因为它释放的“不是启蒙和自由的力量，而是破坏和敌意”。[4]

1 Parliament Papers, 1930–1931, Vol.12, Cmd. 3778.

2 Times, May 25 1932: 9.

3 Labour Party 30th Annual Conference Report, October 6–10, 1930: 216–220.

4 Times, December 29, 1931:8.

麦克唐纳的殖民地政策在考虑英帝国利益的同时，部分兼顾到了其他民族的利益与要求，试图尊重其他民族的传统。他强调，在管理殖民地人民时应采用一种开明原则，在增强英帝国的力量与密切帝国内部各国的联系等方面发挥重要作用。从本质上来看，这一殖民地政策同保守党与自由党所奉行的殖民政策没有不同，其目的都是维护英帝国的统治，他们对待各殖民地的主要差异在于速度。英国传统的做法是，能不放权就不放权，尽量减缓甚至阻止各自治领和殖民地获得更多的自主权，基本采取的是消极被动的应对方式；而麦克唐纳倡导英帝国应缓慢地、自然地放权，给予各殖民地应有的自治权，甚至不反对各地取得独立权，但他认为独立必须有两个前提：①各殖民地即使独立了，也必须在英帝国的统一领导之下，承认英国本土的宗主国地位；②殖民地独立的过程必须是水到渠成的，不是通过武力的方式攫取而来的。换言之，麦克唐纳反对帝国主义，但不反对英帝国。在英帝国即将走向分崩离析的关键时期，麦克唐纳的殖民地政策从最大限度遵循传统路线出发，充分吸收帝国内部各方利益兼容和平衡的原则，完成了更高的统一，从而加速了英帝国向英联邦的转型，也为缓解英国与殖民地之间的关系找到了一条新的可行途径。

参考文献

艾德蒙·柯蒂斯，1974，《爱尔兰史》，江苏师范学院翻译组译，南京：江苏人民出版社。

郭家宏，2012，《日不落帝国的兴衰——英国与英帝国史研究》，北京：北京师范大学出版社。

Baners, John and David Nicholson. 1988. The Empire at Bay: The Leo Amery Diaries 1929–1945. London: Hutchinson.

Campbell, M. A. 1923. Chinese Coolie Emigration to Countries Within the British Empire. London: P. S. King & Son Ltd.

Elton, Lord. 1939. The Life of James Ramsay MacDonald. London: Collins.

Fawcett, Henry. 1880. Indian Finance. London: Macmillan and Co.

Gwynn, Denis. The History of Partition 1919–1925. Dublin: Browne and Nolan Ltd.

Hennessy, H. E. 1983. Administrative History of British India 1757–1925.

Neeraj Publishing House.

Independent Labour Party. 1900. Imperialism: Its Meaning and Its Tendency. London: City Branch, The Independent Labour Party.

Jackson, T. A. 1946. Ireland Her Own. London: Cobbert Press.

Judd, Denis. 1982. Lord Reading Rufus Isaas, First Marquees of Reading, Lord Chief Justice and Viceroy of India 1860–1935. London: Weidenfeid and Nicoison.

Keith, Arthur B. 1912. Responsible Government in the Dominions I. Oxford: Clarendon Press.

Keith, B. A. (ed.). 1922. Speeches and Documents on India Policy 1750–1921, Vol.11. London: Oxford University Press.

Keswani, K. B. 1985. History of Modern India 1800–1984. Rome: Himalaya Publishing.

Labour Party Annual Conference Report 1901–1937.

Labour Representation Committee 4th Annual Report.

MacDonald, J. R. 1902. What I Saw in South Africa: September and October. London: Echo.

MacDonald, J. R. 1907. Labour and the Empire. London: George Allen.

MacDonald, J. R. 1909. Socialism and Government. London: Independent Labour Party.

MacDonald, J. R. 1910. The Awakening of India. London: Hodder and Stoughton.

MacDonald, J. R. 1919. The Government of India. London: The Swarthmore Press.

MacDonald, J. R. 1920. Policy for the Labour Party. London: Leonard Parsons Ltd.

Marquand, David. 1977. Ramsay MacDonald. London: Jonathan Cape Ltd.

Morgan, Austen. 1987. J. Ramsay MacDonald. Manchester: Manchester University Press.

Murray, A. E. 1903. A History of the Commercial and Financial Relations Between England and Ireland from the Period of the Restoration. London: P. S. King and Son.

Phillips, W. Alison. 1926. The Revolution in Ireland, 1906–1923. London: Longmans, Green.

Ranelagh, John O'Beirne. 1995. A Short History of Ireland. Cambridge: Cambridge University Press.

Sacks, Benjamin. 1952. J. Ramsay MacDonald in Thought and Action: An Architect for a Better World. New Mexico: The University of New Mexico Press.

Smith, William Roy. 1938. Nationalism and Reform in India. New Haven: Yale

University Press.

Spear, Percival. The Oxford History of Modern India. Oxford: Oxford University Press,.

Spender, J. A. 1936. Great Britain: Empire and Commonwealth 1866–1935. London: Cassell and Company Ltd.

Stuart, James. 1969. A History of the Zulu Rebellion 1906, and Dinizulu's Arrest, Trial, and Expatriation. New York: Negro Universities Press.

The Times Digital Archive 1785–2014.

Tiltman, H. Hessell. 1929. J. Ramsay MacDonald: Labour's Man of Destiny. London: Jarrolds.

Tonge, Johnathan. 1998. Northern Ireland: Conflict and Change. London: Prentice Hall Europe.

Trades Union Congress Reports.

U.K. Parliament Papers 1803–2005.

作者简介

韩璐，南京大学世界史博士，内江师范学院政治与公共管理学院教师。

和平教育 | Peace Education

舞蹈与和平建设

——在跨学科课程中发展非暴力实践

[美]玛丽亚·斯蒂尔

摘　要　本文探讨了“舞蹈与和平建设”课程的方法和影响。这是一门跨学科课程，要求本科生学习“建设和平”的研究，同时通过具体化的舞蹈实践，加强他们的非暴力技能。该课程在美国纽约罗切斯特大学开设，吸引了来自世界各地的学生。他们通过在多元文化的课堂社区中创作和分享舞蹈，来培养自我反思、共情、倾听和宽容的能力。学生们学习分析冲突，为特定的社区需求设计以舞蹈为基础的干预措施，并认识到自己在解释他人动作时的偏见——这是冲突的长期原因。通过观看同龄人的“身份之舞”，学生们开始理解身份的复杂性——外在感知与内在感受有何不同——拓展了他们带着好奇心而不是带有偏见地接近“他人”。本文为和平教育者提供了通过具象舞蹈活动提高学生非暴力技能的教学思路，并强调了这一艺术形式在建设和平方面的优势和局限性。非洲舞蹈传统是一种丰富但未得到充分利用的建设和平资源，它们往往具有重要的精神意义和当地社区知识。因此，本文还提出了未来在非洲背景下利用舞蹈开展和平工作的可能性。

关键词　舞蹈　体现　身份　共情　建设和平

导 言

> 看着课堂上的舞蹈，我非常激动。（我的同学）都在传递他们自己的一部分，我能感受到演绎背后的喜悦和痛苦。共情目标对我来说是成功的。我希望我能拥抱每个人。很难接受的是，每个人都在与某些事情抗争，但我们仍然选择从中找到积极的一面，并向他人展示美好。
>
> ——学生A，对“身份之舞”活动的反思

上述“身份之舞”（Dances of Identity）活动，发生在我自2019年以来在美国纽约州罗切斯特市罗切斯特大学（University of Rochester）教授的跨学科课程“舞蹈与和平建设”（Dance and Peacebuilding）中。本文探讨了该课程的方法和影响，该课程独特地要求本科生在学习建设和平研究的同时，通过具体化的舞蹈实践加强他们的非暴力技能。“舞蹈与和平建设”课程吸引了来自世界各地的学生，他们通过在多元文化的课堂社区中制作和分享舞蹈来培养自我反思、共情、倾听和宽容的能力。正如导言所示，这门课程促进了个人的转变：学生们表示，他们选择这门课程是因为它的知识内容，但在学期结束后，他们对如何将非暴力融入个人生活有了新的看法。特别是，通过建立关系而不是抗拒，学生们扩大了对自己偏见的认识，更有建设性地应对日常冲突。本文将以“身份之舞”活动为重点，揭示这种成长是如何发生的。

这门课每周上两次，每次75分钟，为期14周。学生的家庭作业，每周都是关于和平建设理论的阅读材料和全球舞蹈案例研究的视频。周一上课时，讨论的重点是将阅读材料与学生的个人经历和当前的世界时事联系起来。每周三，我们在舞蹈工作室见面，通过动作、舞蹈和形体活动来探索本周的概念。每周结束时，我们都会进行反思，无论是集体发言，还是单独写在反思纸上。虽然主题侧重于舞蹈最有可能影响的建设和平方面（即个人层面），但它们也包括舞蹈无法影响

的和平建设目标，以揭示这种艺术形式在“和平、非暴力和冲突研究”领域的优势和局限性。

以我个人对西方舞蹈传统背景的了解来看，现代舞 / 当代舞是活动设计中最重要的类型，但我也欢迎学生使用他们想要的任何舞蹈形式；活动有意识地植根于即兴创作——意味着学生们可以实时创造自己的动作——这样每个人都可以随心所欲地表达自己。在学生为其同龄人设计和促进活动的作业中，他们经常把自己文化中的舞蹈带到班上向其他同学展示。活动的开放性，也为各个层次的舞者的参与营造了一个温馨的环境。小班制（平均 12—14 名学生）进一步营造了一个安全空间，让学生们以脆弱的方式分享，并学会带着好奇心而不是评判去接近“他人”。

为什么跳舞？身体的动作是文化建构和个体表达的，这意味着我们不停地解读他人的身体动作。正如海费茨 - 雅哈夫在她对巴勒斯坦和以色列安全部队行动的研究中所显示的那样，对某人行动的误解可能会导致对个人和社会层面的误解、冲突和暴力（Heifetz-Yahav，2005）。因此，在解释动作时，具体化的实践可以帮助我们提供理解自身偏见的框架。舞蹈学者，尤其是斯克拉、布尔、罗伊斯展示了在不同的时间和地点，舞蹈作为一种文化资源是如何不断地在文化和个人意义的许多层面上发挥象征性作用的（Sklar，2001；Bull，1997；Royce，1977）。尼科尔斯和格拉斯等人揭示了舞蹈在非洲环境中是多么重要和强大，因为这种艺术形式往往还具有精神意义（Nicholls，1998；Glass，2007）。

与其他以乐器（音乐）、视觉艺术或技术（摄影、电影）为媒介的艺术形式不同，当我们跳舞时，我们是我们自己，并且很容易与他人分享我们的身体体验。神经科学揭示了舞蹈的独特性：汉纳等人展示的我们对镜像神经元的不断发展的理解表明，舞蹈会使观众立即并发自内心地产生基于动作的共情（Hanna，2015）。与此同时，舞蹈治疗师如哈尔普林揭示了动作和意象在通过情感表达进行治疗方面的关键作用（Halprin，2000）。鉴于这种艺术形式对个人、文化、精神、认知和情感的影响，舞蹈作为和平建设者的一种工具越来越受到关注：冲突解决实践者勒巴伦等人（LeBaron，2013）记录了他们与编舞者玛吉·吉利斯（Margie Gillis）的合作，普鲁伊特和杰弗里（Pruitt and Jeffrey，2020）记录了创造性运动对全球青年建设和平项目的潜力。但是，舞蹈在非暴力训练与和平建设方面的力量仍有待探索。

课程概述

“舞蹈与和平建设”提供了对“和平、非暴力与冲突研究”的介绍，并介绍了舞蹈作为实现和平建设目标和非暴力技能的工具的优势和局限性。模块 1 揭示了不同类型的和平与暴力的定义，关于冲突根源的理论，以及偏见的基础。当我们试图了解舞蹈如何促进积极的个人和社会变革时，至关重要的是，我们也必须了解舞蹈练习如何会对人造成伤害。因此，模块 1 的案例详细研究了舞蹈在何时何地助长了专制政权的结构和文化暴力，以及对动作 / 舞蹈的误解在何时何地助长了偏见和误解。模块 2 着眼于舞蹈和动作练习，特别是其与意象和社区结合时，如何帮助参与舞蹈的人治愈冲突带来的心理创伤。我们研究了运动品质在将个人情绪从恐惧、愤怒和羞耻转变为接受、希望和同情方面的作用，以及创伤生理学、和平文化与和平教育。模块 3 侧重于通过舞蹈分享故事的力量来重新实现人性化。下面详细介绍的“身份之舞”活动是这个模块的基石。模块 4 探究了观看舞蹈会对观众产生什么样的和平建设影响。在这里，学生们设计运动 / 舞蹈的和平建设仪式，并创作出艺术作品来表现他们希望看到的未来。最后，在模块 5 中，学生们反思建设和平项目的最佳做法，并设计自己的以舞蹈为基础的项目，以满足社区的具体需求。

身份之舞

对许多人来说，模块 3 的“身份之舞”活动是该课程的亮点。艺术与和平研究人员辛西娅·科恩（Cynthia Cohen）在《和解的创造性方法》（*Creative Approaches to Reconciliation*）一文中概述了冲突后使群体恢复关系所必需的七个要素，包括“互相讲述和倾听对方的故事；发展出更复杂的叙事和对身份更细致入微的理解”等（Cohen，2006）。为了将这种和解的元素付诸实践，每个学生都编排并表演了一支舞蹈，以表达他们的个人身份，然后全班练习、深刻见证，以为回应。唯一的要求是舞蹈至少要达到一分钟。我也鼓励学生们在这些显而易见的选择之外思考，去发现他们身份的哪一方面对他们来说是最重要的，或是对他们影响最大的。在学生展示了他们的舞蹈（现场表演或视频展示）之后，全班同学会对他们注意到的或突出的内容做出回应。评价性的评论，比如“我不喜欢那个”，或者“那对我来说没有意义”等是不被欢迎的，观众的任务是描述他们从观看舞蹈中看到或感受到的东西，而不是评判或评价它。

作为一个集体，学生们最终会描述舞蹈的轮廓或格式塔（gestalt），例如，克服挑战的感觉，漫长的旅程，庆功或悲伤，甚至不知道表演者的意图。只有在目击者做出回应之后，表演者才能根据他们的意愿，或多或少地去分享他人想要表达的舞蹈的意义。表演者在分享自己的舞蹈时感到非常脆弱，当他们的故事以意象和感觉而不是“事实”反映给他人时，他们最终深深地感到自己被看到和被听到了。通过观看所有同学的舞蹈，学生们培养了倾听技巧，并对同伴产生了深深的共情和理解。他们也开始以一种深刻的方式去理解身份是多么复杂——外界的看法与内心的感受是如何不同。通过共同的脆弱性，全班同学也变得更加团结。

这种转变是如何发生的？让我们来解读活动的不同层面，看看它是如何支持非暴力实践与和平建设目标发展的。下面的学生语录来自他们对活动的反思论文。这三位学生都选择了匿名，其中一位是在美国大城市长大的黑人，一位是在美国中等城镇长大的白人，还有一位是在非洲东南部国家的首都长大的。

自我反思

制作舞蹈的过程，为个人提供了重要的反思时间，让他们了解自己身份的哪些方面对他们最重要。创作和编辑——决定保留或不保留什么——可以为舞蹈编导挖掘新的想法、感觉、联系和信心。例如，学生 B 写道："我觉得创作（舞蹈）和观看（舞蹈）同样重要。我们能够自省并评估我们身份的一部分。"学生 A 深入反思了她对自己的了解："设计演讲的过程，迫使我质疑自己，我是谁，我最应该表达什么……对我来说，这是一次很好的自我接纳的练习：我不是在艺术的熏陶下长大的，但艺术是我的非洲文化的重要组成部分，我总是有一种冲动，想把它们融入我的生活方式。我相信这个活动是我解决内心冲突的一种方式。我走出了自己的舒适区，开拓了一个我一直想要的领域。"

如学生 A 所述，当舞蹈编导经历了那样的内省之旅后，舞蹈的创作就变得容易多了。即使是以前从未创作过舞蹈的学生，还有那些不认为自己是舞蹈家的学生，也能创作出动人的、能与人交流的舞蹈。本学期的早期活动，为准备这项作业提供了编舞工具，但人们也比他们意识到的更熟悉通过动作来展示自己的身体，因为我们每天都通过动作来"表达自己和我们是谁"。与编舞不同的是，动作是预先计划好的，并且（通常）与音乐协调。在某种程度上，把一个人的精力和承诺投入一项与班级分享自己的作业中，这是很自然的。学生 A 继续说："根据我自己的经验，无论这周我们要做多少事情，我们都决定把精力、爱和时间投入这项作业中。虽然我们没有被评分，但我认为我们都会选择尽其所能。这对我们来说意义重大，我们要努力完善自己，问自己'我们是谁？'。"

共　情

当所有的内省、奉献和专注都被提炼到舞蹈中时，由此产生的艺术作品往往会强烈地传达出创作者的激情、个性和想法。通过观看彼此的舞蹈，学生们会对他人的奋斗经历感同身受，并为他们的成功喝彩。通过舞蹈促进和平建设工作的一个令人兴奋的特点是，某人痛苦和悲伤的情绪可以在不讲述确切故事的情况下传达给观众（就像在戏剧、文学或创意写作中传递的那样）。尽管如此，观众对表演者的情感历程会立即产生共情。学生 A 若有所思地说道："每当我试图理解正在表演的舞蹈时，就会产生共情。我试着站在他们的角度去猜测他们的感受和情绪……我没想到仅仅在课堂上就能环游世界。"学生 B 继续说道："观看同学们的视频，感觉就像他们在和我分享他们的生活。这让我对班上的每个人都有了更多的了解，最终也更能接受别人。"换句话说，观众会对表演者产生共情，即使表演者实际经历的细节并不为人知。

被看见和听见

当表演者倾听同学的评论时，观众的共情是有形的，让表演者深深地感到被看见和被听见。学生们总是惊讶地发现，他们在舞蹈中的意图是通过动作无声地传达给了观众，而不是通过语言。观众可能不知道表演者的经历或磨难的细节，但痛苦或快乐，喜庆或悲伤，以及其他情绪的总体感觉都会通过群体的评论表达出来。听到一个人的身体和动作是如何以一种有意义的方式被理解的，是非常强烈的被看见和被听见的感觉。正如学生 B 所言："尽管我在分享视频时很紧张，但它让我感觉得到了同学们的关注和支持。他们似乎都理解了我的视频并产生了共鸣，这感觉真的很棒。"在感受自己的经历得到同伴认可的过程中，学生们在群体中形成了归属感，从而加强了他们与他人的关系，增进了相互信任。

理解身份的复杂性

观看他人的舞蹈，也有助于学生对身份的复杂性有更深的理解。

学生们总是惊讶于每个人如何从不同方面来选择自己身份的表达。一些人选择表现身份的“预期”元素，如文化遗产或性别取向；而另一些人则选择描绘他们生活中的决定性挑战，无论是残疾、移民还是疾病。其他人决定表现他们的个性或生活哲学的各个方面。还有人选择通过这个项目来接受新的身份，比如在令人难忘的舞蹈中，一个学生的移民父母试图让她完全融入美国文化，尽管她的父母拒绝他们的传统文化，但她还是利用这个任务更多地了解到她的祖先遗产。学生 A 很好地捕捉到了这种多样性：“我们都是不同的，来自不同的背景，这让活动更加美丽。我明白，每个学生对自己身份的不同部分都有不同的重视程度。”简而言之，学生们意识到不同的身份对每个人来说都不一样，我们都有多个相互交叉的身份，而不是一个静态的“身份”。

此外，学生们可以面对面地认识到，一个人的外表或自我表现，以及外界赋予他们的身份，并不一定是一个人内心或生活的真实写照。学生 B 描述了这个活动如何改变了她对身份的看法：

> 在未来，我一定会努力记住，一个人的身份远不只表面上看到的那么简单。更多地了解一个人的身份，可以增加与他人关系的深度。它可以促进信任、自信和对他人的共情。

通过这个理解身份复杂性的过程，学生们也在实践中体会到了成为一个支持性见证人的意义。如学生 C 所述：

> 有机会看到每个同学的视频的多样性是非常美好的，因为它强调了我们是多么的不同，我们都有不同的东西，这些东西对我们作为人是多么重要……我确实有一种强烈的感觉，我们都在分享 / 见证彼此的故事，这样做的方式是承认彼此的人性，以及每个故事各自带来的复杂性。这让我意识到把每个人都看作独一无二的人的重要性，而不是忽视让我们与众不同的东西。当你开始忽视不同的人 / 群体之间的差异时，你就忽视了他们的身份所带

来的问题，这是需要注意的关键问题。

在小组的口头回答中，关注“你所看到或感受到的”以及限制性的评语是在这个活动中作为证人的重要组成部分。在开始的几次发言中，引导者通常必须加强这种做法，但到最后，学生们已经掌握了在评论之前仔细思考自己语言的能力。通过这种方式，语言在非语言活动中起着重要的作用。学生们通过自己接受评论者的经历，体会到语言的力量，它可以使人强大，也可以使人沮丧：这种互惠的期望，提高了他们对自己所说内容的认识，并加强了在讨论中使用——或至少努力使用——中性的语言。听到对同一支舞蹈有多少不同的反应，也凸显了在动作、行为、艺术和语言的意义上视角的多样性。

通过脆弱性建立社区联系

学生，尤其是那些不习惯表演舞蹈的学生，在分享他们的“身份之舞”时，通常会感到非常脆弱和紧张。但是，听到同伴们理解他们的故事，这种经历会让表演者感到振奋，并赋予他们力量，同时也会形成新的关系。学生 B 捕捉到了活动过程中出现的许多情绪：“当我们每个人都分享自己的视频并聆听同学们的反应时，我们对自己分享的内容感到自信和快乐……脆弱地分享你生活的一部分可能很可怕，但是……这让我对班上的每个人都有了新的看法，我觉得这让我们都更加信任彼此和我们自己。”

学生 B 的反思指向了“身份之舞”体验的另一个重要教训：要满足科恩（Cohen）“讲述和倾听彼此的故事”的想法，脆弱性本身是必要的。如果我们没有分享一些让我们感到脆弱的东西，我们可能就没有分享一些足够亲密的东西来建立跨越差异的更深层次的联系。当在场的每个人都在一个安全的空间里分享自己的弱点或真相时，社区就会感到联系紧密，个人也会感到受欢迎，因为他们的个人故事、经历和能力都会得到赞美。学生 C 讲述了通过这次经历建立起来的牢固的社区纽带：

“令人惊喜的是，当我们观看彼此的舞蹈时，我真的感到与每个人都有很强的联系，尽管我们在 Zoom（视频会议软件）上可能和这个世界有所不同，但由于我们彼此深度分享，这让我觉得我和他们在同一个房间里。”

总的说来，“身份之舞”活动为学生们提供了一个平台，让他们能够深刻反思自己的身份，体验被同学看见和听见的感受，并与他人产生共情。在整个体验过程中，参与者都在努力应对身份的复杂性：对每个人来说都不一样，这是多么混乱，我们看待他人的方式与他们看待自己的方式多么不同，反之亦然。在两节课的分享过程中，通过倾听和相互信任，社区的纽带得以加强，个人对自己能动性的信心也有所增强。我们开始明白，科恩的“讲述和倾听彼此的故事”需要的不仅仅是我们的耳朵：它需要时间、耐心、开放、对未知的不安，最重要的是，要愿意脆弱，愿意见证他人的脆弱。

勇往直前

在更大的范围内，“身份之舞”活动举例说明了舞蹈实践，因其固有的个人、文化、精神、认知和情感的特性，如何能够为课堂内的和平建设提供机会。像这样以舞蹈为基础的活动，可以扩展学生的非暴力技能，包括信任、倾听、共情、宽容、反思，以及他们对运动如何加剧误解的理解。舞蹈的力量在于当下两个身体在时空中移动时产生的个体联系。

然而，这种力量也是这种艺术形式对建设和平的主要限制：舞蹈在个人层面上，而不是在系统层面上发挥作用。动作的好处在于，它通过意象和感官与非理性思维沟通，带来观点和行为的转变。可是，非语言艺术形式缺乏特异性，也会导致沟通不畅，或没有足够的实际沟通。简而言之，舞蹈绝不是灵丹妙药，但作为一种强有力的工具，它值得被尊重，因为它可以帮助个人了解自己的能动性、力量和能力，以及如何作为平等的人类在时空中与他人相处。

非洲的传统舞蹈非常丰富，然而用于非暴力训练与和平建设的资源并未得到充分利用，如它们通常具有重要的精神意义、口述历史和文化内涵（Nicholls，1998；Glass，2007）。“身份之舞”活动提出了许多做法，可以将这些做法纳入非洲的非暴力培训或和平建设项目中。参与者可以互相教授自己社区的传统舞蹈，同时解释这些舞蹈对个人和社区的意义。

来自不同背景的参与者，也可以一起创作一种新的舞蹈，来描绘他们对未来的共同愿景，并为两个群体组成的观众表演舞蹈。通过 Zoom 上的视频分享和讨论“身份之舞”，培养了与其他学生现场表演同样的非暴力技能，这一事实开辟了一种全新的可能性，人们可以聚集在网上一起分享舞蹈。然而，在创作新的舞蹈时，记住这一点很重要，就是将不同的舞蹈（尤其是传统舞蹈）片段组合在一起，实际上会造成文化暴力。

正如哈克斯特普对蒙博托·塞塞·塞科（Mobutu Sese Seko）统治下的政治动画舞蹈的案例研究所表明的那样，将动作、歌曲或舞蹈从其精神背景中分离出来，可能会被视为亵渎，甚至是对身体的侵犯（Huckstep，2008）。哈克斯特普的案例研究提醒我们，为什么非暴力实践者必须在他们所理解的舞蹈传统背景中工作，而且在任何时候，参与者自己对他们的创作和表演都有充分的自主权。这可能需要获得社区长者和（或）承载社区传统的表演艺术家的许可。更好的办法是，社区长者和当地表演艺术家的参与，将对在非洲背景下使用舞蹈的任何建设和平项目的成功产生重大影响。

舞蹈与建设和平课程通过许多具体的互动活动，如“身份之舞”，证实了舞蹈在多元文化课堂社区中培养学生非暴力技能的潜力，并为如何将舞蹈纳入更大规模的和平建设项目提供了沃土。

参考文献

Bull，Cynthia Jean Cohen. 1997. Sense, Meaning and Perception in Three Dance Cultures. In: Jane Desmond (ed.). Meaning in Motion: New Cultural Studies of Dance. Durham.

Cohen，C. 2006. Creative Approaches to Reconciliation. In: Mari Fitzduff and Christopher Stout (eds.). The Psychology of Resolving Global Conflicts: From War to Peace. Vol. 3. Westport: Praeger.

Glass, B. 2007. African American Dance: An Illustrated History. North Carolina and London: McFarland Company, Inc.

Halprin, A. 2000. Dance as a Healing Art: Returning to Health with Movement and Imagery. California: LifeRhythm Books.

Hanna, J. L. 2015. Dancing to Learn: The Brain's Cognition, Emotion and Movement. New York: Rowman & Littlefield.

Heifetz-Yahav D. 2005. Choreographing Otherness: Ethnochoreology and Peacekeeping Research, Paper presented at the First International Congress of Qualitative Inquiry. Urbana, Illinois. May 5-7.

Huckstep, J. 2008. Animation Politique: The Embodiment of Nationalism in Zaire, In: Naomi Jackson and Toni Shapiro-Phim(eds.) Dance, Human Rights and Social Justice: Dignity in Motion. Maryland, Toronto and Plymouth: The Scarecrow Press, Inc.

LeBaron, M., C. MacLeod, and A. A. Floyer (eds.). 2013. The Choreography of Resolution: Conflict, Movement and Neuroscience. American Bar Association: Section of Dispute Resolution.

Nicholls, R. W. 1998. African Dance: Transition & Continuity, In: Kariamu Welsh Asante (ed.). African Dance: An Artistic, Historical and Philosophical Enquiry. Trenton, NJ & Asmara, Eritrea: African World Press, Inc.

Pruitt, L. and Jeffrey E. R. 2020. Dancing Through the Dissonance: Creative Movement and Peacebuilding. Manchester: Manchester University Press.

Royce, A. P. 1977. The Anthropology of Dance. Bloomington and London: Indiana University Press.

Sklar, D. 2001. Five Premises for a Culturally Sensitive Approach to Dance, In: Ann Dils and Ann Cooper Albright(eds.). Moving History/Dancing Cultures: A Dance History Reader. Connecticut: Wesleyan University Press.

（姜守明　译）

作者简介

玛丽亚·斯蒂尔（Mariah Steele），美国罗切斯特大学助理教授，舞蹈家、教育家、跨学科研究者。

学校非暴力教学的挑战

[肯尼亚] 蒂莫西·加钱加

摘　要　社会中的暴力和冲突日益增多，而关于非暴力的研究却普遍缺乏，这为教师在学校开展非暴力教学提供了具有挑战性的背景。本文回顾了有关教师在学校开展非暴力教学中面临挑战的文献，它表明关于适合学校和平建设的非暴力研究的不足。究其原因，是因为我们仍然在研究暴力。暴力以和平为方向。我们似乎对和平知之甚少。我们认为和平并非如此，这不是它本来的样子。和平建设的成功经验是罕见的。此外，教育机构继续炮制可能助长暴力的价值观。非暴力在学校课程中几乎没有被提及。当人们讨论战争时，总是带着一种激情和兴奋；而讨论和平时，人们却将其描绘成无聊的感觉。总之，本文建议我们去设想一个非暴力的世界。只有这样，我们才能环顾四周，并开始理解我们来到一个充满暴力的世界首先需要什么。

关键词　教学　非暴力　建设和平　学校　教师

在学校教授非暴力障碍重重。文献综述显示，这主要是由于缺乏非暴力方面的资源，缺乏足够的非暴力学习机会和教学材料。当我做这个研究时，这一点就变得非常明显。我搜索书籍，浏览网页。我一直在寻找一些有特色的关于非暴力的文献，希望它们可以应用于学校建设和平。但我所得到的结果是，这个领域的研究很少。据我所知，没有人对如何通过非暴力手段在学校建设和平进行过全面的研究。

当然，很少有出版物可以代表整个非暴力领域用于学校建设和平。这就意味着，教师可利用的关于非暴力的出版物很少。由于非洲经历过争取独立的斗争，对非暴力知之甚少，也不太重视，因此通过非暴力手段建设和平就变得更具挑战性。

为什么在学校教授非暴力会障碍重重？这有以下几个原因。

首先，如前所述，非洲和平研究的重点并不是非暴力。相反，大多数和平研究都集中在治理、民主、种族暴力和非洲大陆面临的当代民主挑战等问题上。这是因为这样一个事实，当殖民主义被推翻时，人们是志存高远的。但是，正如阿赛法和瓦奇拉所指出的那样，在许多非洲国家激发独立斗争的正义、自由、民主和经济繁荣的理想并没有实现（Assefa and Wachira，1996）。很快，解放战争就被各种内战或前独立运动各派间的激烈冲突取而代之。在没有发生内战的地方，社会一直遭受残酷的镇压、腐败、对个人权力的痴迷、裙带关系和部落制的困扰。这些相关的问题，决定了独立后和平研究发展的方向。这与学校的经验无关。它没有使学生具备谈判或解决问题的技能，使他们能够在不诉诸暴力的情况下去解决冲突。

根据斯凯利的说法，和平研究未能反映其产生的知识的性质（Skelly，2002）。他指出，提出对受压迫群体有意义的问题，表明有必要将和平理解为一种“被征服的知识”。米歇尔·福柯指出，这些形式的知识就是那些已经被取消资格的知识，因为它们似乎不足以解决特定的任务，或者没有被充分阐述（Skelly，2002）。他重申道，研究必须集中在那些被认为无能为力的人所关心的问题上，并探讨为什么和平不是他们的主要需求之一。根据斯凯利的说法，这意味着需要反思经常表现在和平问题上的“沉默文化”（culture of silence），并采取一种教学形式，使人们能够就与战争与和平有关的问题发表意见（Skelly，2002）。

其次，和平研究使用抽象的和技术性的语言，这些语言并不能用于在学校建设和平。这些语言也不是为了解决普通人所面临的问题（Boulding，2000）。正如斯凯利所观察到的，和平研究人员使用的语言，

“通过强化对专业知识的崇拜，在文化上深深地嵌入了这个问题”（Skelly，2002），这进一步导致了那些用日常语言说话的人保持沉默。日益官僚化和专业化的语言，越来越具有管理和控制普通人创造力的作用——换句话说，普通人可能会用道德力量来表达自己，从而改变人的意识。

最后，我们仍然在研究暴力。例如，许多关注学校问题的出版物和评论都从暴力的视角出发。那些不关注暴力问题的出版物和评论，则把学校描绘成一个脆弱的环境，那里的和平是如此不确定。粗略地看一下关于学校骚乱原因的报告和评论，就会发现它们更多地关注导致暴力的因素，而不是什么能给学校带来和平。这是和平的负面形象。正如弗雷德·波拉克（Fred Polak）指出的，他通过基于史实的研究发现，对未来的积极形象往往会赋予社会力量（Boulding，2000）。根据博尔丁的说法，波拉克在1950年为饱受战争而瘫痪的欧洲写了一篇文章。他发现欧洲对未来抱有消极的看法。在《未来的形象》（*The Image of the Future*）一书中，波拉克呼吁欧洲开始想象事物的未来，并创造能够激励行动的愿景。他认为，强有力的未来图景可以像磁铁一样吸引社会走向其设想的未来。一个对未来没有积极憧憬的社会预示着社会的衰落。上述学校的描述，表明社会正在走向衰落。它没有赋予学生创造和平未来的能力。克鲁斯注意到在和平的国际对话中也有类似的趋势（Crews，2022）。他指出，在过去几年中，举办了几次关于“和平文化”的会议，对和平研究的文献做出了重大贡献，还探讨了除了暴力以外的其他主题。在学术界之外，类似的努力比比皆是，包括联合国的《和平文化宣言和行动纲领》（*Declaration and Programme of Action on a Culture of Peace*）。此外，在和解与处理冲突领域已经有了显著的进展。尽管有这些贡献，但和平研究（peace studies and peace research）[1]的焦点仍然不是和平。而且，和平研究中的一些贡献，表面上似乎更多地关注和平的研究（study of peace），而不是暴力的研究，实际上仍然属于暴

1 这两个术语有时同义使用，有时不同。大致说来，和平研究（peace studies）是一个跨学科领域，包括对暴力和战争的原因、和平条件的系统研究，还涉及和平教育与教学；和平研究（peace research）则是国际关系领域的一个组成部分，侧重于研究战争和暴力的原因以及实现和平的条件。

力研究（violence studies）的领域。为了让和平建设在学校取得成功，必须把注意力集中在儿童和整个社会的和平形象上。这些形象都是基于儿童和社会的本土经验。如果建设和平是基于冲突的形象或抽象的概念，就不可能建设和平。这与克鲁斯的主张不谋而合，即和平的未来在很大程度上取决于，在未来的几年中，那些教授和平的人是否能够成功地重新定义“和平”这个词（即和平研究中的和平），主要是指除了没有战争和其他公开暴力表现之外的其他含义。

他说道：

> 正如非暴力不仅仅是没有暴力，和平研究（peace studies）也不仅仅是研究如何将暴力最小化、预防或消除暴力作为发展和平的先决条件。理解和消除暴力当然是和平的必要先决条件，但是没有暴力并不意味着和平。研究和平与研究暴力（及其预防和消除）完全不是一回事。然而，对暴力的研究包含了我们认为研究和平必须做的很多事情：这是过去半个世纪以来和平研究（peace studies and peace research）在相当大程度上所做的工作。（Crews，2002：73）

为什么对暴力的研究被视为对和平的研究？毫无疑问，有许多解释。其中之一，是对和平的解释多种多样，往往相互矛盾。正如加钱加所指出的那样，教师对和平这个词有着不同的理解（Gachanga，2014）。对一些人来说，和平就是学校里没有身体暴力和罢工。对其他人来说，和平是一种没有分歧和冲突的状态，人们生活在平静和宁静中。另一些人则认为，它是由冲突和破坏性互动的转变所带来的关系网络。这些不同的理解表明，和平是某些现象或品质的存在或不存在之间的混淆。

如克鲁斯所观察到的那样，和平的形象是暂时没有战争，它部分源于西方史学家（包括美国军事史的主体）对它的使用。“消极和平”一词的使用，即没有战争和“直接”暴力，结合并建立在“和平”这一共同含义之上（Crews，2002：76）。克鲁斯认为，消极和平包括一种叫作“结构性暴力”的暴力，这种暴力以种族主义和性别歧视等多种形式导致饥饿和贫困（及其各种原因）。在这里，我们对“和平”有一种规范性的理解，这包括暴力——广泛的、制度化的暴力。克鲁斯声称：

> ……两种对和平的理解（我们每天在报纸上读到的和平和目前所谓的消极和平的含义）主要是从暴力的角度来描述的。通常用法是从暂时没有战争和直接暴力来看待和平，也就是说，定义它的是它不存在的东西，而不是它存在的东西。我们当代对消极和平的看法无论多么精简，都达到了同样的目的。此外，它指出，和平不仅是没有某些暴力，而且是存在其他暴力。（Crews，2002：76）

简而言之，克鲁斯认为暴力是和平的参照点。在这两种情况下，和平都是用我们似乎最了解的东西来描述的，我们要么不能，要么不愿意在不提及暴力的情况下去谈论和平。我们似乎对和平知之甚少，因为我们将其理解为它不是什么，而不是它是什么。

冲突也被认为是历史的一种必然。正如佩奇所指出的那样，任何关于历史上冲突的因果关系的讨论，除了它所做的事情之外，都倾向于暗示，而它不可能有别的选择（Page，2000）。卢旺达种族灭绝就是一个很好的案例。这次种族灭绝，被归咎于安理会做出的决定，就是将联合国卢旺达援助团（UNAMIR）的人数从2658人减少到270人。据媒体报道，这导致了不可避免的臭名昭著的种族灭绝。没有别的办法，这次种族灭绝必然发生。与此相关的是在历史解释中难以赋予道德的或伦理的责任。就像卢旺达种族灭绝的例子，似乎没有人对这些暴行负责。

佩奇认为，每当我们给出历史解释时，我们倾向于免除相关个人对其行为的道德责任（Page，2000）。因此，战争变成了一件简单的事情。它被认为是由一系列机缘，而不是由个人和团体在特定时间的行为所引起的。没有人对战争负责的观点，也反映在悲剧和灾难的修辞中，正是这些修辞经常描述战争的起源和过程。悲剧和灾难是人类无法控制的事件的隐喻，言下之意是，战争在某种程度上是命中注定的或神圣的，而不是起源于人类。类似的，那些经常参与战争的人声称，除了参战，别无选择。其含意是机缘决定了行动方针，他们没有责任。

此外，历史以战争为中心。根据佩奇的观点，历史倾向于围绕冲突而组织起来（Page，2000），战争形成并动员了社会。他认为，尽管我们不再通过战争来定义历史，但我们仍然倾向于将历史定义为战前、战时和战后等时代。把战争作为历史的决定性特征很难避免。另外，以暴力为中心是历史的本质。正如暴力往往是小说中引人入胜的对象一样，因此，暴力也往往是历史关注的焦点。合作与和平的生活往往被认为是微不足道的，然而暴力和残忍却很突出。非洲争取独立的斗争，就是一个很好的例子。这场斗争的历史集中在暴力、酷刑、屠杀和羞辱上。很少有人谈到这场斗争的和平主义性质，而斗争是由非洲的一些土著信仰团体实施的。

建设和平充满了绝望的景象。例如，扎特曼描述非洲的冲突时注意到，尽管国际上的注意力集中在处理冲突的方法上，非洲冲突仍然不受这些注意的影响（Zartman，2000）。虽然这些活动涉及经验丰富的和平缔造者，利用他们的最佳技能和最近发展起来的关于管理和解决冲突的方法的知识，但结果仍然令人绝望。例如，联合国安理会仅在20世纪90年代就向非洲派遣了9个维和特派团。然而，当人们审查这些和平任务的进展时，其结果很容易令人感到毫无希望。

这些特派团中不乏维和人员滥用人权的行为、恐怖事件、暴力循环和种族灭绝，而和平的希望和计划都一再破灭。卢旺达种族灭绝就是一个很好的例子。当时，卢旺达总统正前往坦桑尼亚签署一项和平协议，承诺达成一项权力分享协议。2005年9月约翰·加朗（John Garang）的死亡，以及在执行和平任务时造成14人丧生的马萨比特（Marsabit）飞机相撞事件，都是建设和平中令人绝望的例子。加朗在促成和平并加入他为之奋斗了21年的政府几天后，死于飞机失事。当我们考虑到和平任务中发生的这些可怕事件时，就很难想象一个更积极的未来。

阻碍建设和平的另一个障碍，是学校中正在宣传的价值观。教育系统几乎没有给促进分享、谈判和合作的经验留下空间。例如，在我们的有记载的历史中，几乎没有什么可以为当代冲突提供可靠的答案。芬利指出，公立学校的教学就是军事训练（Finley，2003）。这是通过使用含有促进暴力价值观的学习材料，以及通过使用强调竞争而不是合作的军国主义教学方法来实现的。芬利进一步指出，大多数学生不仅学了学校教的东西，也学了教师想让他们学的东西。希克斯断言：

> 孩子们来到学校，当然不会对他们所生活的世界一无所知。学校是对儿童社会化这一持续的教育过程进行干预，儿童通过这个过程学习更多关于他们的文化、阶级和性别的知识。（Hicks，1987：9）

怀廷和爱德华兹也提出了类似看法。他们指出，当孩子进入学校时，他（她）已经构建了一套关于人际攻击性的“做与不做”、资源分配、社会角色、任务分配、财产破坏、礼仪、卫生以及其他社会行为的准则（Whiting and Edwards，1988）。媒体被认为是这个年龄段儿童知识的主要来源。但正如拉维夫（Raviv）等人发现的那样，大众媒体，尤其电视，是战争与和平取向的主要来源。不幸的是，正如芬利观察到的那样，通过媒体以及学校课程、过程和结构传递的信息，教会学生战争，这就是历史的全部内容（Finley，2003）。

另外，正如芬利所指出的那样，教师通常不会告诉学生和平需要什么，也不会告诉学生和平是可能实现的（Finley，2003）。在学校的课程和教材中，它几乎没有被提及。正如克鲁斯（Crews，2002）所说，我们似乎对和平知之甚少，因为我们将其理解为它不是什么东西，而不是它是什么东西。克鲁斯进一步观察到：

> 试图通过研究暴力来想象和平，就像站在阴影中却试图专注于明亮的阳光下的物体一样。也就是说，我们站在暴力投下的阴影中，

这一事实严重限制了我们对和平的憧憬。当暴力成为我们的参照物时，我们所能做的最好事情就是找到和平的影子，而不是和平本身（Crews，2002：76）

此外，当战争被报道时，人们总是充满激情和兴奋的，而当和平被报道时，人们却将其描绘得枯燥乏味。亚伍得（Yarwood）和韦弗（Weaver）指出：

战争通过媒体（电视、电影和漫画）以“娱乐”的形式，而不是作为新闻或用于教育，来到他们（学生）面前。作为一个娱乐主题，战争通常以一种逃避现实的方式呈现，突出了令人兴奋的、男子气概的和英雄的方面，淡化了战争的黑暗现实。这类电影的情节，经常被男孩们和女孩们带着越来越逼真的玩具在社区里重演和播放。他们假装杀人的事实，并没有进入游戏中。潜在的态度是，只要你杀的是“坏人”，杀戮就没有错。（Finley，2003：95）

加钱加认为，战争玩具不知不觉中武装了儿童的暴力，让他们用暴力和战争的方式应对各种情况。它们教导儿童使用枪支没有什么错。这些玩具没有教给他们解决问题的方法或谈判技巧。它们让儿童在成长过程中接受暴力冲突。在学校里教授的文学也是如此。加钱加（2005）在描述后殖民时期肯尼亚的文学时指出，肯尼亚的大多数后殖民文学都是别有用心的。学生在学校里学习的大部分文学作品，都与英雄主义、自我牺牲和敌意等美德有关。在这些作品中，英雄是指那些在武装战斗中表现勇敢的人，这些人在身体或精神上都很勇敢。英雄主义的概念是在战争舞台上解释的，很少有人注意到和平英雄的概念，他们的勇气能够在不参加战斗的情况下为人类服务。我们缺乏能够促进和平文化的故事。这些文献最终在学校里播下了暴力的“种子”，而不是和平的“种子”。

文献没有给出暴力的替代方案。在试图恢复被殖民主义歪曲的真实非洲形象的过程中，非洲作家过于沉迷于战争和斗争的经历，而忘记了在殖民主义到来之前将他们团结在一起的和平遗产。在斗争和战争中表现英勇的人物成为英雄，而和平主义者则受到谴责。战争也被描绘成一种对国家的牺牲服务，而那些准备牺牲的人受到尊重。

如果所有的研究和书籍都在谈论暴力，那么教师如何在学校教授非暴力？博尔丁断言：

> 我们无法实现我们无法想象的东西。当我们生活在一个被武器淹没的世界时，很难想象一个没有武器的世界。为了想象一个没有武器的世界，我们必须进入一个没有武器的未来世界。只有这样，我们才能环顾四周，开始理解为什么我们一开始有必要来到这样一个世界。（Crews, 2002：79）

这句话体现了教师在学校教授非暴力时需要关注的智慧。如果我们继续了解暴力，我们对非暴力的学习就会少之又少。

结 论

本文之前对文献的回顾表明，在学校教授非暴力是一项艰巨的任务。本文表明，关于非暴力与学校和平建设相关的研究很少，我们仍在研究暴力。暴力是和平的参照物。我们似乎对和平知之甚少，因为我们将其理解为它不是什么，而不是它是什么。和平建设也被认为充满了绝望。和平建设成功的案例不多见。此外，教育机构继续炮制可能助长暴力的价值观。教师通常不告诉学生和平是什么样子，也不教学生和平是如何实现的。在学校的课程和教材中，它几乎没有被提及。当战争被报道时，人们总是充满激情和兴奋的，而当和平被报道时，人们却将其描绘得枯燥乏味。最后，本文要求我们设想一个非暴力的世界。只有这样，我们才能环顾四周，并开始理解我们来到一个充满暴力的世界首先需要什么。

参考文献

Assefa, H. and G. Wachira (eds.).1996. Peacemaking and Democratisation in Africa: Theoretical Perspectives and Church Initiatives. Nairobi: APBRN: NPI Monograph Series.

Boulding, E. 2000. Cultures of Peace: The Hidden Side of History. New York: Syracuse University Press.

Crews, R. J. 2002. A Modest Proposal for Peace Studies. Peace Review: A Journal of Social Justice, 14(1): 73–80.

Finley, L. L. 2003. How Can I Teach Peace When the Book Only Covers War? OJPCR: The Online Journal of Peace and Conflict Resolution, 5(1): 150–165.

Gachanga, T. 2005. Can Ngugi's Writings Sow "A Grain of Peace" in Learning Institutions? Daily Nation, November 17.

Gachanga, T. 2014. Peace Building in Schools Using Traditional Values: A Case Study of Two Primary Schools in Nairobi–Kenya. Msingi.

Hicks, D. 1987. Education for Peace: Principles into Practice. Cambridge Journal of Education, Volume 17(1).

Page, J. S. 2000. Can History Teach Us Peace? Peace Review, 12(3): 441–448.

Raviv, A., Oppenheimer, L. and Bar–Tal, D.(eds.). 2005. How Children Understand War and Peace: A Call for International Peace Education. San Francisco: Jossey–Bass.

Skelly, J. M. 2002. A Constructive Approach to Peace Studies. Peace Review: A Journal of Social Justice, 14(1): 57–60.

Whiting, B. and C. P. Edwards.1988. A Cross–cultural Analysis of Sex Differences in the Behavior of Children Aged 3 through 11. In: Gerald Hande (ed.), Childhood Socialization. University of California: Aldine de Gruyter.

Zartman, W. 2000. Traditional Cures for Modern Conflicts: African Conflict Medicine. Boulder, Colorado: Lynne Reimer Publishers, Inc.

（姜守明　译）

作者简介

蒂莫西·加钱加（Timothy Gachanga），东非天主教大学坦噶扎大学学院讲师。

学校开设“积极和平”教育的探索

肖　鹃、陆天洋

摘　要　本文以积极和平理论为指导，以南京市宁海中学、第二十九中学初中部、金陵汇文学校小学部、丰尚幼儿园等相关学校为研究对象，以学生（包括儿童和青少年）为研究对象，重点研究不同年龄段学生的心理特征，并通过和平课程的教学和实践活动，探讨在学校实施积极和平教育的重要性和必要性，以及结合上述相关学校和平教育活动课的具体案例，客观地展示了在学校推进积极和平教育的创新实践。

关键词　学校和平教育　积极和平教育

和平是人类孜孜以求的崇高理想。长期以来，人们为构建和平做出了不懈的努力，但是，涉及和平的诸多问题依然存在。它们无时无刻不对人们的幸福与安宁造成困扰，或构成威胁。尤其世界上的那些焦点地区，那些受到战争打击和威胁的国家与民族，和平对于他们而言，仍然是一种看不见的奢望。即使在一种远离战争、不存在战争威胁的社会环境下，人们似乎也每天都得面对许多和平问题，大到城市的管理、社区的治理，小到医患矛盾、邻里冲突、校园暴力，不一而足。二战以后，和平学研究逐渐发展出了一种被称为“积极和平”的新概念。所谓的“积极和平”，指的不仅是没有战争，而且包括一个良好的社会结构与和谐的社会环境。随着和平学的深入发展，如何超越没有战争或战争威胁的消极和平，更加关注结构和文化层面上的和平，以及如何以积极和平的姿态去关注我们身边的那些危害和平的日常问题，希望通过人与人之间的友爱互助来促进和平与安宁，已经渐渐成为和平学研究者和一切为社会和谐而辛勤工作的人们越发关注的问题。

一　和平教育的新视角、新理念

和平是经济发展、社会文明的物质保障和重要标志。和平本身是需要建设的，开展和平教育是全社会都应当高度重视的大课题。从学校教育的层面看，由于学校是整个社会有机体的重要组成部分，其中自然也存在许多有形、无形的和平问题，诸如偶有的校园周边治安环境恶化、校内霸凌现象，还有师生之间与生生之间的矛盾或冲突，也会不时显现，这些问题无不困扰着正常的教育教学活动，严重损害着学校学习与工作环境的安宁与和谐，极不利于教育事业发展和社会主义事业未来建设者的培养。

早在 19 世纪末至 20 世纪中期，许多西方著名的教育家都高度关注教育在促进社会进步和推动世界和平方面的作用。尽管他们对 20 世纪发生的两次世界大战爆发的根源持不同看法，但是，他们都不约而同地将世界和平的希望寄托于教育，寄托于面向儿童和成人的和平教育行动。20 世纪西方深具影响力的和平主义社会活动家伯特兰・罗素极力倡导国际主义教育，呼吁通过教育使年轻人感到自己是人类大家庭的一员。他提倡将和平教育理念渗透到学校教育的各个学科、各个方面，变狭隘的爱国主义教育为全球主义教育，让孩子们逐渐接受“人类是一家”的全球教育理念。如果说罗素的和平教育理论已经蕴含积极和平的因素，那么意大利著名心理学家兼教育学家玛利亚・蒙台梭利则更加明确地提出了教育避战的超前思想。她说，教育也许是唯一可以永远消除战争的方式，“避免战争是政治家的事情，而建立和平是教育家的任务”。蒙台梭利强调，由于童年构成了人一生中最重要的一部分，“儿童是人类的救星”，所以要想帮助和拯救世界，那就只能依靠儿童。她的教育理念，不仅仅关乎学校教育，尤其是幼儿教育，同时也是对人类如何以最佳的方式自然成长和发展的全面理解，有利于促进人类和平的构建。约翰·杜威是美国实用主义哲学的重要代表人物，也是现代教育学的创始人之一。他在《学校与社会》一书中，立足学校与社会的密切关系，建构了学校教育的积极学习理论，以及旨在促进种族和解与世界和平的民主教育观。

和平不仅是一种美好的社会愿景，也是一种以教育理论为基础的社会实践，还是构建人类命运共同体的理论与行动。2012 年 11 月，中共十八大报告明确提出了“人类命运共同体”的概念。2017 年 2 月，这一理念首次被写入了联合国决议；同年 11 月，它又被载入了第 72 届联合国有关国际安全问题的决议中。和平教育是孕育全球公民的沃土。开展和平教育，培养具有全球意识、跨文化交际能力的人才，是各国教育的共同而紧迫的使命。联合国教科文组织一贯提倡国际理解教育，要坚持所有教育制度都把和平教育列为必修课。关于和平教育，这里有几点需要我们特别予以重视。

其一，充分认识和平教育的意义。为救治人类心灵，使其免遭狭隘和偏见等病毒侵袭，教育要“于人之思想中构建和平”，必须高度突出和平教育的价值。2015 年，联合国教科文组织推出了一份重新思考教育的重要报告——《反思教育：向“全球共同利益”的理念转变？》，体现了和平教育的新理念。“共同利益观”的教育理念，既反对极端的个人主义，也反对狭隘的国家和民族主义，它强调全人类的共同人性、相互依存、合作与信任的重要性，反映了当代社群主义的价值取向，与“人类命运共同体”的理念相通。

其二，教育是实现可持续发展的前提。教育和知识是全人类共同的核心利益，仅把它作为纯粹的公益事业已不合时宜，人们不应局限于以个人福利作为首要目标的社会经济理论和功利主义的教育观。联合国教科文组织 2015 年的报告极力倡导人文主义，这是对功利主义、科学主义和社会经济理论的批判。该报告提出尊重生命、尊重人格、尊重人的权益、尊重和平，要为可持续发展承担责任。教育不但要重视个人能力，也要保障多元文化的存在，以及个人在他人和自然面前的尊严、能力与福祉。行动起来，实现教育之于全球共同利益的作用，这也是多元世界中实现社会和谐与和平发展的必要条件。

其三，和平教育的关键在于实践。和平既是一种外在状态，即没有暴力、没有战争，人与人之间和平相处，世界处于有序健康的状态；也是一种情感，即在团体合作精神支配下人的内心安宁、和谐共荣的高尚情感。从和平教育的角度看，内心和平和外在和平正是它的两个中心。比较而言，内心和平具有无限能量，可以直接影响外在和平；而外在和平状态的长久存在，则需要以内心和平为基础。客观上，和平教育是通过内隐心理活动和外显行为表现得以发挥作用的，也即和平教育实践是通过教育增强受教育者的内心和平力量和外在文明行为，从而引导世界走向永久和平。从大课程的视野来审视，在学校开展和平教育课程，应当以积极和平理论为依据，在校园情境中以师生之间、生生之间的互动为基础，通过儿童和青少年的直接经验与体验，促进其和平认知、和平情感、和平理念、和平行为的整体发展。

在现代工业文明的宏大背景下，教育不仅关系个人的学习技能与人生目标，更关注人的生命和人格尊严，在人文主义价值观的引导下，去培养和造就具有世界眼光、国际意识和社会责任，具备跨文化理解能力，能够促进社会发展与人类文明进步的全面发展人才。基于这样的理解，在联合国教科文组织和平学教席主持人、南京大学教授刘成的指导下，从 2021 年 5 月开始，在南京市宁海中学、第二十九中学初中部、金陵汇文学校小学部、丰尚幼儿园等学校开设了和平教育课程，尝试运用积极和平理论对儿童和青少年进行和平教育。

二　学校和平教育的目标、任务与方法

开设和平教育课程，是学校贯彻党的教育方针、践行社会主义核心价值观的需要，也是实施和平教育的主要渠道。和平教育课程的总目标是：通过对儿童和青少年进行和平认知、和平情感以及和平行为

的教育与培养，创设和维护校园的和谐环境，从而为下一代的健康成长和全面发展打下坚实的基础。和平教育课程的具体目标是：建设和平、民主、文明的和谐校园，培养儿童和青少年的自尊心、自信心，使他们懂得和学会尊重他人，包括尊重师长和同学，发展其情绪情感调适和表达的能力，包括理解、宽容、利他、关爱、忍耐、微笑、沟通等，初步形成健康的心理、健全的人格和积极向上的人生态度，珍视自己与他人的情感，尊重人的生命，理解和尊重自然规律，了解世界文明的多样性和人类文化的多元性，学习和累积以非暴力形式解决冲突的技巧和经验。其主要表现如下：

1. 自主和平的意志品质

（1）自信心——包括认识自己、接受自己和坚信自己。

（2）独立性——自己解决问题，不轻易接受他人的帮助。

（3）勇敢——敢于挑战，不胆小怕事，不怕苦与累。

（4）成就感——力争上游，尽力做好事情，争取成功。

（5）责任感——敢于承担责任，对自己所做的事负责。

（6）持久性——做事彻底，有耐心。

2. 建设和平的沟通能力

（1）爱家人——能与父母及家人良好沟通。

（2）爱环境——爱护环境卫生，热爱大自然，具有环保意识。

（3）爱集体和社会——爱班级，爱学校，爱家乡，爱祖国。

（4）社会交往技能——倾听，表达，理解，同情。

3. 乐观开朗的情绪、情感特征

（1）人生态度——常常看到生活的光明面，对前途充满希望和信心。

（2）心理承受力——对待挫折和困难处境的正确态度和方法。

（3）幽默感——对生活的乐观态度，对困难的机智应对策略。

（4）美感——乐于和善于欣赏自然美和艺术美。

以上是和平教育课程的基本目标。从学校教育的功能看，这些目标突出了促进学生和平素质发展、培养学生健全人格和有利于学生健康成长的特点。除了发展能力外，和平教育课程还可以起到主动矫正和预防学生处理冲突和暴力行为偏差的积极作用。目前，我们正在相关学校实施的和平教育课程，以 2—18 岁儿童和青少年为对象，以培养他们的非暴力沟通方式为基本立足点，在和平理念引导下，通过情境体验、角色扮演、讨论分析等多种形式，促进他们学会与他人、与社会、与自然环境和睦相处，增强各年龄段学生的情绪调控能力和变通能力，形成完善的人格修养、良好的人际关系和理性的社会适应能力，并培养其和平生活、和谐发展和建设和平社会的多种潜能。依据和平教育课程目标，我们设定了以下几点和平教育课程的基本任务：

（1）提高学生的自我意识水平、自我认同、自我接纳等。学生的自我意识水平如何直接关系到学生能否正确地认识自己，而正确地认识自己是和平教育的重要基础。

（2）培养具有健康人格、具有创造性、具有良好适应性的人。每个人都要有良好的社会适应能力、具有新颖独特的创造性，只有这样，和平才能在社会生活过程中发生。

（3）帮助学生学会沟通、学会多元思维。学会沟通对于学生来说非常重要，一个学生只有掌握了沟通策略，学会了如何有效沟通，才能够更好地适应学校的学习生活和建立良好的人际关系。

（4）帮助学生学会适应社会、学会生存。在现代社会中，一个人要较好地适应社会并不是一件简单的事情。对于学生来说，在社会中要具有良好的适应能力，掌握能够独立生存的本领，具有一定的冒险精神，能够独立处理一些突发事件，这些都是非常有必要的。

（5）帮助学生树立积极和平的价值观。一个人的价值观决定了其人生道路。幼儿园、小学、中学阶段正值价值观形成的关键期，在此阶段，教师帮助学生树立积极和平的价值观，也是和平教育活动课的一项基本任务。

在和平教育课堂上，我们目睹了一场场活力满满且具有启发性的和平教育活动。无论是幼儿园小朋友、小学生还是中学生，他们都乐于参与和平教育课程的学习与实践，去体会积极和平的观念，学习简单的冲突化解方法。从课程目标、学习任务出发，和平教育课程结合不同年龄段具体的学情，考虑理解能力、社会阅历和心理承受状况等因素，采取了由教师和学生共同参与的学习与活动方式开展，常用方式主要有以下几种：

（1）游戏活动。根据一定的目标，设计相应的游戏活动，让学生在游戏玩耍中感受祥和、感悟和谐、感知和平，潜移默化地培养其和平意识。

（2）角色扮演。从课程目标要求出发，创设一定的情境，让学生扮演相应的角色，营造共情氛围，使他们体验角色的情感、模仿角色的行动。

（3）小组讨论。根据课程目标要求，围绕一个冲突话题，让学生在小组中发表看法，通过相互交流，集思广益，去倾听并理解来自不同的社区环境、家庭背景，具有不同成长经历的同伴的观点，进行相互观摩、学会接纳。

（4）实践操作。结合活动内容，组织各种实践活动，在实践中培养和提升学生积极的和平情感和优良的行为。

（5）体验感悟。通过音乐、美术、摄影、舞蹈、戏剧等艺术欣赏，为学生营造可以体验感悟的美育环境，陶冶道德情操，提升美学鉴赏力，达到美美与共的和平教育、和谐发展的目的。

结合2—18岁不同年龄层次学生的实际情况，依据和平教育的课程标准、学习任务与教学方法，对幼儿园小朋友、中小学生进行和平教育启蒙，有目的地促进下一代健康成长，不仅可以使他们在潜移默化中形成与人为善、助人为乐与和睦共处的良好修养，而且可以让他们通过亲身参与，在实践中培养和提升积极和平的品质，主要是使其在校园环境中学会非暴力的沟通方式，提高化解身边冲突的能力。此外，这些方法还有助于学生更深刻地理解和平教育的基本理念，让他们在轻松愉快的氛围中学习增进人际关系，协调整体素质提高和个性发展的相互关系，从而为今后走向社会去建设和平、和谐的社会主义国家奠定初步的基础。

三　学校和平教育课程的主要内容

和平教育课程的主要内容是学习积极和平理论的基础知识，初步了解自我和平、结构和平、文化和平以及自然和平等方面的常识，树立积极和平意识，使不同年龄段的学生，无论是幼儿园小朋友、小学生还是中学生，通过积极参与和平教育的学习和实践，了解和学会简单的冲突化解方法。

具体来看，和平教育课程就是普及积极和平理论的基本知识，让学生认识消极和平与积极和平的异同，树立积极和平意识，了解简单的冲突化解和非暴力沟通的主要方法，而重点则在于，根据不同年龄层次学生的身心发展特点，考虑学生的成长需求，通过积极和平常识的学习，锻炼和提升其践行积极和平的能力，使他们在适宜环境中获得最大教益。其中，幼儿园和平教育的重点在于自我情绪的正常表达，爱父母、爱家人、爱老师，能与同伴友好相处，不伤害动物和植物等；小学和平教育的重点可以放在适应学校生活、和谐师生关系方面；中学和平教育的重点放在自我评价、人际关系、生态环境以及社会适应方面。

幼儿园和平教育课程内容一览表

基本内容	自我和平	结构和平	文化和平	自然和平
分阶段学习内容	帮助幼儿了解自己的身体、自身内在需求，了解每个人都是独一无二的	帮助幼儿了解家庭成员的称呼和关系，了解亲密同伴间平等的关系，尊重、信任老师	帮助幼儿了解冲突是正常的现象，回顾和平教育的历程	帮助幼儿观察春夏秋冬不同季节自然的变化
小班	我喜欢我自己	我们会相爱	我们有张和平桌	神奇的节气
中班	说出不高兴	我们有方法	和平新星	可爱的动物
大班	最厉害的小丑	我的老师	我们一起玩	幸福一家人

小学和平教育课程内容一览表

基本内容	自我和平	结构和平	文化和平	自然和平
分阶段学习内容	帮助学生加强自我认识，客观地评价自己、喜欢自己	学会主动与老师及父母沟通，会与同辈及同学相处	适应学校生活，了解他人与自己的不同看法和行为	热爱自然，爱护动植物，树立尊重生命、保护自然的意识
一年级	1. 我是小学生 2. 请你记住我	3. 了解新学校 4. 开心去学校	5. 认识新伙伴 6. 我们一起玩	7. 生命真美好 8. 我们都不同
二年级	1. 我喜欢自己 2. 成功拼图	3. 我是班级小主人 4. 今天玩得真高兴	5. 游戏有规则 6. 安静听你说	7. 遇见陌生人 8. 我的家庭树
三年级	1. 独一无二的我 2. 夸夸我自己	3. 我与我的好朋友 4. 今日事，今日毕	5. 表扬我的好朋友 6. 面对父母的争吵	7. 春夏秋冬乐趣多 8. 生命真奇妙
四年级	1. 我的兴趣很广泛 2. 别人眼中的我	3. 一寸光阴一寸金 4. 时间小管家	5. 化解矛盾有办法 6. 倾听别人的意见	7. 相亲相爱一家人 10. 动物，你听我说
五年级	1. 我的自画像 2. 我的“吉尼斯”	3. 换个想法看问题 4. 换个角度看世界	5. 我心中的“友谊” 6. 分享的快乐	7. 众人划桨开大船 8. 生命真多彩
六年级	1. 我真的很不错 2. 取长补短	3. 我生活的世界 4. 感恩师长	5. 画画我的朋友圈 6. 我的异性同学	7. 失落的一角 8. 为生命喝彩

中学和平教育课程内容一览表

基本内容	自我和平	结构和平	文化和平	环境和平
中学学习内容	帮助学生加强自我认识，客观地评价自己，认识青春期的生理特征与和平特征	积极与老师及父母进行沟通，把握与异性交往的尺度，建立良好的人际关系	适应生活和社会的各种变化，和平应对失败和挫折的能力（环境适应，压力管理）	看见生命力量，培养保护自然和生命的意识，树立早期学习规划目标

续表

基本内容	自我和平	结构和平	文化和平	环境和平
七年级	1. 青春的模样	1. 新朋与老友	1. 莫让光阴付水流	1. 认识生命
	2. 正确认识“自我”	2. 我爱吾师	2. “攀比”什么	2. 积极生活
	3. 青春的奥秘	3. 我与爸妈	3. 做自己的护“花”使者	3. 热爱生命
八年级	4. 性格大转盘	4. 我爱我班	4. 我的偶像	4. 我的旅行清单
	5. 别人眼中的“我”	5. 让爱住我家	5. 虚拟世界：“爱”与“愁”	5. 走进植物王国
九年级	6. 做自己的好朋友	6. 赞美花园	6. 压力：生活之盐	6. 走进动物世界
	7. 我的资源库	7. 倾听与表达	7. 与责任同行	7. 走进博物院
	8. 当理想照进现实	8. 优雅地说“不”	8. 和挫折握手	8. 共同世界
十年级	1. “自我”意识哪里来？	1. 关心不越界	1. 适应新生活	1. 开启生涯之门
	2. 全面认识“自我”	2. 我心我诉	2. 家庭中有效沟通	2. 发现兴趣和能力
十一年级	3. 形成积极的“自我”概念	3. 冲突带来成长	3. 融入新集体	3. 职业博览会
	4. 悦纳“自我”	4. 异性交往有分寸	4. 挫折与成长	4. 成为社会人的素养准备
	5. 管理“自我”	5. 友情爱情大不同	5. 培养积极和平品质	5. 畅想人生之旅
十二年级	6. 我的价值观与社会	6. 人际中的合作与竞争	6. 学会寻求社会支持	6. 多维发展路径（条条大路通罗马）
	7. 理想与人生	7. 良师益友伴我行	7. 责任伴我成长	7. 迎接生命新篇章

在教学实践中，我们发现不同年龄的孩子对于“和平是什么”的问题，往往有着自己的理解。例如，3—7岁的孩子认为，“和平是内

心的平静，是做自己喜欢的事情”，“和平是内心一种非常美好的感觉”，“和平是当人们相处时不争吵、不攻击”，“和平是对自己和他人一直抱有积极客观的想法”，“和平从我们每个人开始”。8—18岁的孩子则认为，“和平不仅仅是没有战争”，“和平是和谐相处，而不是彼此争斗”，“和平是精神的一种平静和放松状态”，“和平是积极的思想、纯洁的情感、美好的愿望的共存状态”，“维持和平需要力量和同情”，“世界和平需要通过非暴力、接纳、公平、沟通而得到发展”，“和平是文明社会的一个主要特征”。这些答案虽然不同，但孩子们已经触及了积极和平倡导的理念。我们认为，通过对儿童和青少年进行积极和平教育，不仅能让他们在知识层面上受益，更重要的是，能让他们在情感、态度和行为等方面得到积极的塑造。因此，在学校开设和平教育课程，包括进行和平学知识的传授和开展积极和平实践活动，其更重要的意义在于，为培养适应时代需要的新型公民，为建设和平、民主、文明的中国特色社会主义社会，打下坚实的基础。

四　中小学和平教育活动课类型（案例）

（一）常规的和平教育活动课

儿童是和平教育的主体，在设计与组织和平教育活动时，从内容到形式，都要以儿童为本，从孩子们的需要和接受能力的角度去考虑问题。因此，在学校尤其是在小学和幼儿园开展和平教育，应当把“以儿童为中心，以儿童发展为本”和根据学生的实际需要这两个方面作为依据。一方面，无论是幼儿园小朋友、小学生，还是中学生，每个年龄段的孩子都有特定的生理和心理特征，这就要求我们在设计与组织和平教育的活动时，首先必须将基本学情因素考虑在内，这样才能起到事半功倍的效果。比如，在幼儿园和小学低年级以游戏和活动为主，在小学高年级以活动和体验为主，而在中学则以个体体验和集体讨论为主。另一方面，由于每个地区、每所学校的学生所处的社区环境、所具有的家庭条件不同，所以他们的知识背景相应不同，在接收和处理信息方面差别较大，而这些特定的经济社会条件与文化教育背景，是在实施和平教育时都必须予以充分考虑的因素。

案例一：南京丰尚幼儿园日常保教活动蕴含和平教育内容

（1）运用“我……”表达谋和平。教师要做到“三不”，即对幼儿的外在行为“不批评、不表扬、不评价”，而是带着好奇和欣赏，倾听孩子的表达，观察孩子的行为，了解其背后的真实想法；要学会常用“我……”的表达方式，如“我认为……”，“我想……”等。这样，教师可以减少工作中的偏见，能使孩子的意愿得到尊重。

（2）抓住“可教时机”促和平。教师不能只关注幼儿表面的言行，还要抓住当下发生的事件，注意观察他们的表情和身体语言所代表的真切意愿。如在团体活动中，观察孩子的社会性行为：当两个同学在合作中发生不友好行为时，可让他们前往“和平桌”进行观摩学习；教师还可以参与调节，以便他们能达成友好合作。

（3）关注当下的和平问题。让幼儿聚集在一起，请一个孩子发言，其他孩子保持思考，不要打断其发言，但他们可以提问题、提建议。无论讨论中有什么样的答案，教师都要予以鼓励、表扬、欣赏，这有利于培养他们的积极参与的人生态度。

（4）运用STOPHACC方法讲和平。STOPHACC分别代表分享（share）、轮流（take turns）、外界援助（outside help）、暂缓（postpone）、幽默（humor）、回避（avoid）、和解（compromise）、机会（chance）。运用这种教学方法的目的在于，引导孩子在学校和生活中学到解决冲突的本领。

（5）和平的主题活动。以“偏见”为例。先让孩子认识不同类型的偏见，认识社会中不公平的偏见行为；再采用“四阶段”方式深入讨论，即出示主题、案例讨论、找出偏见以及分组讨论；最后由教师总结，让大家都能从这样的活动中体会到，偏见会对孩子造成极大的伤害。

（6）运用 TDS 结构学和平。对 5 岁以上的儿童，仍以“偏见”主题为例，运用“分组—讨论—分享”（Team–Discussion–Share）的学习方式，进一步加大学习难度。首先，让幼儿用自己的方式将偏见行为记录在和平手册里，并解释偏见的危害。然后，教师提问题，诸如，什么时候容易产生偏见？偏见有哪些表现形式？当你遇到偏见时，你有怎样的感觉？接下来，把班级分成4组，让幼儿讨论哪些美德可以减少或消除偏见。最后，教师把各组的不同答案，如爱、慈善、公平和公正等写在黑板上，大家共同分享。

（7）运用游戏的方式认识和平。随着学生年级的升高，教师设置适合其年龄变化和理解能力的和平教育内容，由合作游戏的体会逐渐上升为情感、态度和价值观的引导，让他们形成积极和平的基本理念，坚决反对侵略性的和不合理的行为，如偏见、取笑、诽谤等，以扫除建设和平、建构和谐环境的障碍。在此基础上，拓宽和平教育课程内容，介绍一些世界范围内的共性问题，如贫富不均、男女不平等、人权缺失、种族矛盾等宏大、深奥的思考课题，以拓展学生的知识视野。

（8）多种形式争和平。评选以"和平"为主题的荣誉：①和平新星：为每一名大班毕业生颁发一枚"和平新星"勋章，让孩子在授勋仪式中感受"自我和平、传递和平"的快乐。②和平向导：每年教师节，在教师中推选"和平向导"，激励教师做出表率，持之以恒地开展积极和平教育。③和平家庭：在鼓励家长积极参加"相约、共学"家长发展中心课程学习的基础上，评选年度"和平家庭"，展示夫妻关系和睦、亲子关系和谐的幸福。

（二）专题的和平教育活动课

案例二：南京市金陵汇文学校小学部专题项目蕴含和平教育内容

项目行动：探索儿童和平成长的校本化教学路径

1. 和平读本

（1）儿童交往指导手册——《100个怎么办》。在平时的学习生活中，学生经常会出现各种各样的问题。对此，该校以"学校里的烦恼"为主题展开问卷调查，汇总了来自学生的7135个"问题"，并从中筛选出100个典型问题，分成"纠纷的解决""生活的烦恼""相处的学问""学习的困扰""和平地成长"五个方面，汇集为《100个怎么办》。这是面向金陵汇文学校全体学生的学习生活指导手册，用于帮助学生在日常生活中消除困惑和烦恼，解决矛盾，以切实解决校园中的问题，从而营造和谐与和平的学习生活环境。

（2）儿童伙伴成长案例集——《我们都是 CEO》。在金陵汇文学校小学部，人人都是 CEO，每个孩子都有“工作”岗位，人人都是自己岗位的最高执行人。这本案例集记录了孩子们在伙伴管理工作岗位中成长的故事，反映了他们真实的和平发展心路历程。通过相关案例的分享，孩子们渐渐形成了积极进取的幸福观、乐观向上的人生观，激发了自身的正能量，这使他们在平时能预防和避免不良情绪和行为，并向身边的同学、老师和家人传播幸福生活的和平理念。

2. 和平组织

红领巾和平站。这是由红领巾和平员组成的自我管理组织。每个班级设有 3 位红领巾和平 CEO，他们不仅融入班级，还参与学校“和平管理”工作，发挥着学生自我的积极作用。在日常的学校生活中，伙伴之间难免发生争吵与矛盾，每当需要协调矛盾、构建和平时，红领巾和平员就会及时来到他们身边，进行沟通、调解。红领巾和平员是小伙伴和平共处的润滑剂，使得小伙伴们在红领巾和平站的实践体验中形成了更融洽的伙伴关系，学习生活更愉快、相处更和谐。心育促进和平，和平链接心育。2022 年，该校被联合国教科文组织和平学教席授予“和平教育基地学校”称号。

3. 和平课程

小学教育的六年，时间跨度很大，对少年儿童而言，这是身心快速发展的阶段。因此，小学的低、中、高年级接受教育的主题侧重有所差异，呈梯度结构。在伙伴学习的理念下，金陵汇文学校小学部通过和平主题班会、专家讲座、芽芽课程（初始年级的身心和平适应）、成长课程，将以往和平健康教育实践中一个个散碎知识点的教学进行贯通，从而更有效地落实教学目标。举例如下：

（1）芽芽课程：初始年级身心适应的和平教育。开设该课程的目的是做好幼小衔接，帮助学生尽快完成从幼儿园到小学的转变，满足孩子们正在迅速扩大的交友和被同伴接纳的社会需求。对一年级新生来说，他们刚入学，对学校环境十分陌生。开学前，学校学生中心让一年级学生牵着家长的手，提前走进校园，熟悉新的学习环境。开学后，邀请高年级的大伙伴，来帮助一年级新生认识新的校园、新的伙伴，了解校规。此外，对这些一年级小芽芽伙伴，该校不但设计了感统训练拓展、注意力提升课程，而且举办亲子运动会、开设家长课堂，助力儿童形成良好的感知运动能力，帮助家长建立和谐的亲子关系。

金陵汇文学校小学部芽芽课程入学第一周课表

时间		主题				
		第一天：您好，小伙伴	第二天：手拉手，找朋友	第三天：好习惯伴我行	第四天：我是校园小主人	第五天：我的成长与收获
上午	8：30—9：30	开学典礼	绘本阅读：《小阿力的大学校》	游戏，唱歌：《好习惯》	绘本阅读：《一口袋的吻》	做中学：了解课程，认识并制作课表
上午	9：50—10：20	参观校园	唱歌：《找朋友》，做游戏	学握笔，正坐姿，收拾文具我能行	做中学：设计班 logo	绘本阅读：《我是小学生啦》
上午	大课间	校园生活我能行，队列练习	快乐课间，安全记心间	我的天地我做主	学习眼保健操	做游戏
上午	11：00—11：30	绘本阅读：《大卫上学去》	做中学：手指操，手指画	绘本阅读：《自己的事情自己做》	竞选班级 CEO	练习并变化简单的队列
下午		午餐、午休	午餐、午休	午餐、午休	午餐、午休	午餐、午休
下午	2：00—2：40	做中学：我的身份证（画一画，说一说）	数学绘本：《圆圆和方方》	数学绘本：《数字玩花样》	数学绘本：《粪金龟的故事》	说一说，画一画：我的新老师，我的新同学
下午	2：50—3：30	阳光体育				

（2）跨学科课程。在金陵汇文学校小学部，每一门学科都融合了和平教育课程，每一节课堂都渗透了和平元素。和平与美术相遇，老师指导学生绘制和平漫画，用绘画的形式表达自己的感受与想法；和平与语文牵手，开展“听，伙伴的故事”活动，学生进行伙伴故事

分享，“伙伴能量站”四人讨论伙伴榜样的特点；在日常课堂中，学生的沟通表达能力得到充分发展。在学科融合过程中，和平这门学科在汇文孩子的眼中也更加具象。

4. 和平活动

（1）“彩虹桥”和平节。为了更好地在校园开展和平教育，更广泛地普及和平与健康知识，营造和谐、健康的校园育人环境，金陵汇文学校小学部每年都会借助“彩虹桥”和平节，开展“和平”主题的心理健康教育活动。在“烦恼大声说出来”活动中，以前期问卷筛查为基础，老师引导孩子们主动走上“勇气台”，向父母大声喊出自己的烦恼，以这种家长在场对话的形式构筑和谐的亲子关系。在“伙伴携手、共育成长”活动中，通过签订《家庭公约》、制定《成长约定》，让智慧的陪伴、积极的解释和彼此尊重这些庄重的承诺，使爱在“亲子伙伴”关系中得到延伸。

（2）“彩虹糖”儿童阅读。开展“彩虹糖”儿童阅读活动，旨在传递一个理念，就是书本是甜的、阅读是快乐的。金陵汇文学校小学部彩虹糖儿童阅读中心自成立以来，陆续开展了“原创书签设计大赛”“四月·朗读”“戏剧盛典”等文化活动，2000 多名学生及其身后的 2000 多个家庭，还有 100 多位老师，以及被师生的朋友圈带动起来的更多家庭，都投身到活动中，从而在校园内外掀起了一股“彩虹风暴”。

5. 和平剧场

汇文儿童剧团以儿童情绪、伙伴交往、社会适应和自我成长为关注的重点，创编了一些形式活泼、内容贴近儿童生活的剧目，为孩子们的身心健康发展、素质提升营造了良好的环境。校园和平剧是该校的常规伙伴式活动之一，其大部分剧目的素材都源于孩子的日常生活。和平剧紧紧围绕着学生的伙伴关系，从同伴关系到师生关系，再到亲子关系进行编排。学生在剧目编排与演出过程中，体验了和平的细微变化，正确地认识了自我，因而收获满满。同时，作为观众，学生“一边欣赏，一边自我疗伤”，非常有利于促进他们的和平成长和自我完善。

该校从和平视角出发自编、自演的情景剧《汇文小兵“和”成长》，反映了校园对构建积极和平环境的努力。该剧贴近学生生活，关注了学生的交往和友谊，产生了良好的反响，获得了南京市“悦心杯”优秀心理剧一等奖。其他一些剧目，如《章鱼老师和孩子们》的主题是师生关系，小演员们在一遍一遍的排练中，学会了如何和老师们和谐相处；《小名片大梦想》从学校 CEO 工作说起，关注自我成长话题，参演的四年级学生也收获颇丰，培养了“我能行”的意识；《阿蓝和阿巫》讲述的是伙伴们相处的故事，学生们通过演剧、观剧，懂得了主动表达情绪的意义。以上这些自编、自演的情景剧，都在不同程度上反映出，积极和平观念为构建和平校园与促进儿童健康、快乐成长做出了贡献。

五 和平教育活动课教学设计（案例）

（一）课例 1：感受老师的爱

在“我喜欢老师”这堂和平教育活动课中，幼儿园中班的小朋友穿越到了一个充满平等、共情和一致表达的世界。本节课的教学目标是，通过情境故事和活动，让幼儿认知不同学科的老师及其工作的辛劳，激发幼儿了解自己喜欢的老师。其中，情感态度目标是通过活动营造温馨的氛围，让幼儿感受到老师们的爱，同时也学会表达他们对老师的喜爱之情。

教师采取情境故事法和活动法，以保障幼儿的积极参与。课前，教师做了充分的准备工作，包括情境故事排练和多媒体课件制作。幼儿被分为若干采访小组，每组分工明确，并有一个幼儿负责采访。

课堂一开始，教师通过播放音乐和幼儿互动，引入话题，鼓励孩子们积极参与讨论。请个别幼儿上台模仿一位老师，引导其他幼儿纷纷猜测台上幼儿扮演的老师是谁。此时，将课题“我喜欢老师”呈现给幼儿。

体验活动是本课的重要环节，孩子们被鼓励画出自己喜欢的老师，并通过口头表达，分享他们喜欢的原因。小组内的交流也在这里展开，孩子们兴高采烈地分享自己的感受，这加深了他们对老师的理解和热爱。

通过采访老师，孩子们深入地了解了老师的工作，也进一步懂得老师为他们的成长所付出的辛劳。这些采访记录被用来交流，孩子们表达了自己的感受，认识到老师们的工作虽然各不相同，但都是为了孩子的美好未来。

在课堂总结回顾中，老师以共情的方式，质朴地让孩子们懂得，爱老师不仅仅是口头的问候，还包括具体的行动，如认真学习、倾听老师的教导、遵守纪律等，从而培养了积极和平的意识。

最后，教师鼓励幼儿在课外继续收集类似的故事素材，并和家长一起分享。这不仅拓宽了和平教育领域，也加强了学校与家庭之间的互动。

这堂以“我喜欢老师”为主题的和平教育活动课，以平等、共情的方式进行呈现，不仅让幼儿认识到老师们的辛劳，更培养了他们在师幼结构中的和平之情。总之，这堂和平教育活动课，注重内在情感与外在行为的一致，让老师和幼儿从实际体验中产生共情，不仅使幼儿更加了解老师、体谅老师，还让老师在培养未来公民的道路上迈出了重要的一步。

（二）课例 2：探寻自我优点与不足

“我的自画像”是一节和平教育活动课程，采用演示、游戏、讨论等多种教学方法，引导五年级学生走进自我认知的探索之旅，旨在帮助学生正确地认识自我，客观地评价自己的优点和缺点，培养他们积极面对自身优缺点的坦然态度。

课堂一开始，教师通过一个人物故事介绍了明明这个学生，简明扼要地呈现了明明的多才多艺，也说明了他体育成绩不佳等情况。教师利用这个故事引导学生们思考自己的特点，以及能否正确地面对自己的不足，并强调“认识自己”的重要性。

体验活动是本节课的重要环节。学生以自画像的方式描述自己的特点，随后通过小组内的交流，每个人获得了来自同学们的评价。这样，大家更深入地了解了自己，意识到自己的优缺点，并学会了接纳一个完整的、全面的自己。这就是自我或直接和平教育的收获。

在主题探究环节，学生根据自画像和组员的反馈信息，写下“认识自我”，客观描述了自己的特点以及对这个“自我”的态度。

总结回顾时，教师强调了正确看待自己的难度，鼓励同学们不但要看到自己的优点，还要正视自己的不足，以积极的心态前行。教师还分享了一些弥补不足的方法，如积极肯定自己，保持自信与乐观，并在成人的帮助下进行改善。

这种体验活动，也是和平教育活动的一种形式。它不仅仅传递知识，更培养学生的自我认知能力，帮助学生学会正视自己的长处和不足，学会正确地接纳一个完整的自我，并以积极和平的心态面向未来。

（三）课例3：“懂得拒绝”教学设计（九年级）

1. 学情分析

本课授课对象为九年级学生。根据课前班级调查的数据显示，学生们都不同程度地遇到过需要拒绝的情况：一方面，33%的学生能得体地、合理地拒绝别人；另一方面，67%的学生不擅长拒绝，主要原因是他们担心拒绝会破坏同学关系。同时，他们也内心冲突不断，感觉很苦恼。虽然在现实生活中，拒绝别人和遭人拒绝都是很普通的事情，但是，合理地、恰当地拒绝，可以保持良好的人际关系，促进中学生人格的完善。

2. 教学目标

（1）通过体验活动，学生觉察、表达对拒绝他人感到困难的内因。

（2）调整对拒绝的合理认知，理解拒绝同伴要求与同伴交往的关系，获得敢于拒绝他人的勇气。

（3）通过“非暴力拒绝法”的练习，学会拒绝他人的智慧和技巧。

3. 教学重难点

重点：学会拒绝他人的智慧和技巧。

难点：找出对拒绝他人感到困难的内因。

4. 教学思路

春风化雨（暖身活动）—想说拒绝不容易（戏剧定格）—拒绝百味（对话体验）—拒绝百宝箱（提升技能）。

5. 教学过程

	教师活动	学生活动	设计意图
春风化雨	讲解热身游戏（春风化雨）：小雨滴滴答（轻点后背），中雨淅沥沥（捏揉肩颈），大雨哗啦啦（捶背放松）（3 分钟）	根据活动要求，完成游戏，体验自己不太愿意，或对方有些要求不太合理时，自己是否可以拒绝	帮助学生热身，放松自己的身体和心情，增进联结，引入主题
想说拒绝不容易	1. 请同学们按信封提示内容讨论、表演抽到的生活片段 2. 请小组以一个定格动作表达事件的结果，提示学生可以用表情、肢体语言等传递角色的情感 3. 同学们根据定格画面猜测故事结局。请其他同学用一句话或一个动作对台上同学表达你的关心和支持（7 分钟）	1. 生活片段： （1）强行借作业抄 （2）要求帮忙值日 （3）一个人完成小组 PPT 汇报 2. 根据讨论结局定格画面	学生通过表演和分享，体察和表达对拒绝他人感到困难的心理感受，并通过同伴赋能，获得心理安慰和支持，也为后面的活动做铺垫
拒绝百味	1. 按抽中的提示语练习对话，获得过程中双方不同的情绪体验（5 分钟） 2. 体验后交流分享（10 分钟） 3. 通过观察对方回应，表达对拒绝的不同看法	1. 练习以下三种情境对话： （1）不顾后果地迁就 （2）粗暴无解释地拒绝 （3）委婉得体地拒绝 2. 从三个维度回应体验： （1）我感到……（情绪） （2）我认为……（观点） （3）我希望……（期待或渴望）	通过对话体验活动，调整对拒绝的合理认知，获得敢于拒绝他人的勇气
拒绝百宝箱	1. 练习“非暴力拒绝法” 2. 制作自己的专属红包“拒绝百宝箱”	1. 在拒绝困难情境下，练习“我知道你希望和我一起（观察），拒绝你我感到（感受），是因为（需要），也许可以（建议），好吗？”（5 分钟） 2. 利用 A4 纸制作“拒绝他人小秘诀”小书	学生通过“非暴力拒绝法”，以及生活中拒绝经验与方法的分享，提升拒绝的技能

6. 教学反思

（1）戏剧表演敞心扉。戏剧表演是学生很感兴趣的学习形式，通过动作、表情、互动等表达方式，将学生拒绝他人感到困难时的内心感受形象化、具体化，较好地达成了本课调整学生认识和提升学生信心的教学目标。

（2）小组赋能力量大。在表演定格环节，当听到班级很多同学都有过拒绝他人感到困难的经历，以及小组其他同学对自己的分享予以回应时，学生们普遍从内心上获得了安慰和支持。有的学生还主动问老师“您有没有遇到类似情况”。此时，老师适当地自我“暴露”，也可以增加师生间的共情，从而体现出小组的动力和能量。

（3）暖身活动扣主题。这个设计除了让学生放松外，如果与后面的主题联系得紧密些，比如，围绕主题展开或者从中体验到拒绝的是学习生活中的不合理要求，可能会更好地切入主题，为后面的内容做好铺垫。所以，暖身活动设计还是有遗憾的，这也提醒老师，平时要多积累、多学习，做有心人。

（四）课例4：“亲子关系巧构建”教学设计

1. 设计背景及意义

（1）高中的和平教育内容部分，要求学生能正确认识自己的人际关系状况，培养恰当的人际沟通能力，促进人际的积极情感反应和体验，建立和谐的人际关系，而亲子关系和谐是建立和谐人际关系的重要方面。

（2）高中阶段，学生的生理发展迅速走向成熟，而心理发展却相对滞后，主要表现为：由于独立意识与自我意识日渐增强，他们在试图摆脱对家长依赖的同时，也渴望得到家长的理解和支持，渴望被接纳、被欣赏，在这种状况下，亲子之间极易出现矛盾和冲突。实际上，冲突化解的过程就是学生与父母沟通的过程，如果处理得好，也就成为构建良好亲子关系的过程。因此，学生掌握一些化解矛盾与冲突的技巧，可以增进对父母的理解，有利于建立良好的亲子关系。这也是促进中学生健康成长的需要，能为建立和谐的人际关系奠定基础。

2. 教学目标

（1）知识目标：让学生了解青春期与父母产生冲突是难免的，知道冲突背后的原因及避免冲突与化解冲突的基本方法。

（2）能力目标：引导学生学会避免与化解冲突的方法与技能，

并运用于实践，以提升与父母沟通的能力，进而锻炼自己适应社会的能力。

（3）情感态度价值观目标：帮助学生加深对父母的理解，正确看待与父母的冲突，懂得化解冲突的实际意义。

3. 教学重点、难点

（1）教学重点：①让学生理解青春期与父母发生冲突是难免的，但又不能放任冲突的发生，甚至激化冲突；②引导学生学会和掌握化解冲突的方法与技巧，并运用于实践。

（2） 教学难点：认识化解冲突的过程，加深对父母的理解，是与父母进行良性沟通的过程，也是构建良好亲子关系的过程。

4. 教学准备

（1）提前让3名学生排练“‘破冰’——亲子冲突探原因”中的情景剧。

（2）准备音乐短片《我想更懂你》，教学演示文稿。

（3）将座位重新编排，6—8人为一组，同组坐在一起。落座时，要让每个学生能看到其他组同学。组与组之间呈倒U字形，这种安排是为了降低学生的防备心理，便于形成开放、民主、安全、温暖的课堂氛围，有利于学生积极参与小组合作活动，并在小组讨论中大胆表现自己。

5. 教学思路

（1）通过“活动热身环节”提出问题（亲子关系中的冲突）。

（2）通过“活动展开环节”探究问题（亲子冲突的原因）。

（3）通过“活动提升环节”和“活动巩固环节”解决问题（找寻解决亲子冲突的对策，并将解决问题的办法在真实情境中加以运用）。

6. 教学过程

（1）活动热身环节：“遇冰”——亲子关系知多少？

看一看：播放音乐短片《我想更懂你》。

忆一忆：最近哪些事引发了你和父母之间的冲突？

小组共同回忆、讨论亲子冲突的导火索。

设计意图：通过播放音乐短片暖场，创设氛围，激发兴趣，实现共情，并通过小组讨论，引导学生知道在青春期与父母发生冲突是难免的，身边的同学无论他们的性格特征如何、学业水平高低，大多都和父母发生过冲突。这些冲突可能会发生在生活中的方方面面。

（2）活动展开环节："破冰"——亲子冲突探原因。

情景模拟：表演情景剧《我有不说话的权利》。

李榕背着书包放学回到家，父母立刻迎过来。爸爸边帮他提过鞋子，边打招呼："回来啦！今天在学校学得怎么样啊？"

李榕："嗯……"

妈妈："先喝点水，降降温，外面天气热，饿不饿？"

李榕不耐烦地答应："嗯……"

爸爸："是因为什么事不高兴啊？说出来让我们听听。"

李榕："没什么啦，你们到底烦不烦！"

妈妈："是哪里不舒服吗？跟妈妈讲讲！"

李榕："没有！"

爸爸脾气上来了："你对爸妈怎么这种态度？""什么德性！……""这么辛苦供你念书却还要受你的气、看你的脸色吗？"爸爸卷起袖子，破口大骂，手指着李榕，眼珠圆瞪。

李榕在逃避，便使劲地踢桌子，拍桌子，并开始咆哮，情绪直露："一天到晚地，烦不烦！没听见我用'嗯'在回答吗？整天唠唠叨叨，不嫌烦吗？""砰"的一声，李榕将书包狠狠地一摔，生气地走到窗边，背对着爸妈。李榕妈妈边抱怨边怒气冲冲，将李榕强拉转身。显然，冲突开始升级。

想一想：他们为何愤怒？分别从李榕和李榕父母的角度进行分析。

引起对方愤怒的原因	李榕父母	李榕
语　言		
动　作		
处理问题方式		

议一议：分组讨论，为何会常与父母发生冲突？最后由小组代表总结发言，大家共同归纳出产生亲子冲突的主要原因。

设计意图：学生自己排练情景剧，通过表演，让观众和演员都在真实的情境中体验矛盾冲突，并展开反思；通过想一想和议一议，小组成员开展合作，学生分享观点，找到冲突背后的原因。

（3）活动提升环节："融冰"——化解冲突寻对策。

学一学：这些方法要牢记（教师展示教学演示文稿，并进行讲解）。

A. 真诚沟通有妙招。

B. 青少年亲子冲突的应对策略。

改一改：化解矛盾我看行。日常生活中，与父母有分歧、产生矛盾时，你曾经采用什么方法应对？问题解决了没有？能否用我们总结的沟通技巧来有效化解你们的矛盾呢？

冲突情景	曾经	改一改
（命令式冲突）父母："快把电视关掉，立刻去睡觉！" 孩子："哼！关就关！"		
（斥责式冲突）父母："这么简单的题目都不会，笨死了！" 孩子："你才笨！"		
（不了解式冲突）父母："你怎么每天都把抽屉翻得乱七八糟？"		
（厌烦式冲突）父母："自己去弄，这么大的人了，我也要做事情，没时间陪你！"		
（无知式冲突）父母："你这整天都听的什么歌啊，一句都听不懂！"		

帮一帮：我给李榕想办法。请学生集思广益，为情景剧中的李榕化解与父母矛盾找寻办法，给出合理化建议。

设计意图：通过"学一学"环节，教师展示教学演示文稿并进行讲解，使学生对化解冲突、改善亲子关系的方式有初步认知。以此为基础，在“改一改”环节鼓励学生自我反思、主动探究，对以往化解矛盾的方式做出改进，内化所学，学以致用。在“帮一帮”环节，进一步巩固所学，并为下一阶段续演情景剧做好铺垫。

（4）活动巩固环节：“除冰”——落实行为解困境。

演一演：情景剧《我有不说话的权利之“续”》。请学生自由分组，每三人一小组，把情景剧《我有不说话的权利》继续演绎下去，给故事一个结尾。

设计意图：实现课堂教学“提出问题—探究问题—解决问题”的完美闭环。让学生把化解冲突的方法与技能运用于实践，达到知行合一，提升与父母的交往能力，从而构建良好的亲子关系。

课堂总结：

设计意图：巩固所学，对重难点进一步强化梳理，达成教学目标。

板书设计：

亲子关系巧构建

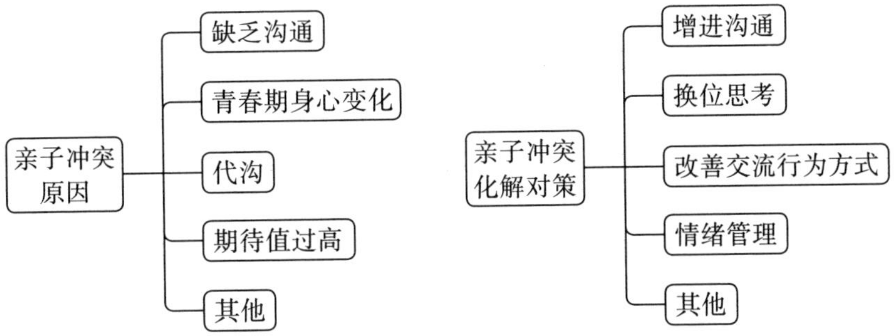

参考文献

大卫·巴拉什、查尔斯·韦伯，2007，《积极和平：和平与冲突研究》，刘成等译，南京出版社。

理查德·格里格、菲利普·津巴多，2003，《心理学与生活》，王垒等译，人民邮电出版社。

林崇德，2018，《发展心理学》，人民教育出版社。

蒙台梭利，2001，《蒙台梭利幼儿教育科学方法》，任代文译，人民教育出版社。

沈曙虹、李建军，2012，《中小学心理健康教育》，江苏科学技术出版社。

作者简介

肖鹃，注册心理咨询师，江苏爱聆心理健康研究院执行院长。

陆天洋，国家高级家庭教育指导师，南京丰尚幼儿园和平教育项目主持人。

教育与治理的艺术：人与国家的和平

[多米尼加] 弗雷德里克·伊夫安尼·奥巴尼亚

摘　要　在许多教育哲学家看来，教育与实现社会和平之间存在着必然的联系。本文以柏拉图和托马斯·阿奎那为例，探讨了教育与实现人的统一的关系以及治理与实现社会统一的关系。这项研究的根本在于，教育和治理的艺术是消除国家实现和平的障碍的决定性因素。治理的艺术既不是暴力的艺术，也不是暴政的艺术，因此不会将和平强加给国家，而是帮助公民致力于实现和平。考虑到治理是一门艺术，而不是一门暴力的艺术，本文最后提出了一项分两个阶段完成的和平研究计划，在真正的非洲人类学范围内，回顾过去的有效成就，并解释当前的最佳成就。

关键词　艺术　教育　治理　和平　秩序

导　言

把学者和战士分开的社会将会让懦夫去思考，让傻瓜去战斗。

——修昔底德

国家经常需要帮助来实现和平。教育艺术的存在，是为了帮助国家实现自然期望的和平，但并不总是自然地获得的和平。教育通过实现个人的秩序，进而实现国家的秩序，从而实现和平。这是可能的，因为一个国家是由一群人组成的。教育与治理同属一种艺术——伦理艺术。教育的伦理目的是实现人的统一 / 秩序，而治理的伦理目的是实现国家的统一 / 秩序。

尽管教育和治理应对的是不同的主题（人与国家），但它们却有着相同的客观目标——秩序 / 和平。艺术以某种方式与自然相联系，以实现其目标。许多哲学家把医学与健康的关系看作艺术与自然关系的范例。（Engelland，2017：159）教育的艺术和治理的艺术在与和平的关系中遵循这一范式。

在《理想国》（*Republic*）第一卷中，柏拉图笔下的苏格拉底向他的对话者特拉西马库斯（Thrasymachus）解释为什么他说的是错的：

> 正义不过是强者的利益……通过这样的立法，每个国家都宣称，对其臣民来说是正义的就是对自己——统治者——有利的，它惩罚任何偏离这一点的人，认为他是无法无天和不公正的。（《理想国》）

与特拉西马库斯对政治权力的认同相反，柏拉图笔下的苏格拉底把政治权力比作医术。因为，治理是一种艺术，而就像高超的医学艺术一样，服务于特定的利益，而不是它自己。（Engelland，2017：166—167）

> 当然，没有一个医生，就他作为医生而言，会只考虑或命令什么对他自己有利，而非对他的病人有益。因为，我们一致认为，确切地说，医生是身体的统治者，而不是赚钱的人。我们不是这么说的吗？…… 因此，特拉西马库斯，任何处于统治地位的人，只要他是统治者，就不会考虑或命令对他自己有利的事情，而会考虑对他的臣民有利的事情，即他所运用的技巧。他所关注的是他的臣民，是对臣民有利和合适的，他所说和所做的一切都是为了臣民。（《理想国》）

艺术与自然的关系

在《物理学》(*Physics*)第二卷中，亚里士多德将自然定义为“运动和静止的根源或原因，它首先属于它自己，而不是伴随的属性”。亚里士多德用“而不是伴随的属性”这句话来说明：①自然的运动或静止的原则是事物内在的；②而且由于它是内在的，它就排除了一切外在的原则——无论是单独的原则还是与事物相伴随的原则。

形容词“内在的”（intrinsic）将自然的原则与外在的艺术原则区分开来。简单地说：“自然是一种事物固有的运动力量；艺术是一种外在的运动力量。”（Engelland，2017：160）因此，自然和艺术都是运动或静止的原因——一个是内在的，一个是外在的。既然它们是原因，那么必然有一个目的——“为了这个目的”而做某事：

> 自然意味着两种东西，即质料和形式，而形式是目的，因为其余的一切都是为了目的，所以形式必然是“为了目的”意义上的原因。…… 很明显，自然是一个原因，一个为某种目的而起作用的原因。（《物理学》）

艺术，就像自然一样，也有目的。因为，每一门技艺都有它的目的。但是艺术可以通过两种方式来达到它的目的：①辅助自然（特别是当它与一件事物结合在一起时）；②模仿自然（主要是在自然是独立的时候）。这就好比亚里士多德对艺术的区分，分别是使用产品的艺术和指导产品生产的艺术：

> 因此，有两种支配物质和具有知识的艺术，即使用产品的艺术和指导产品生产的艺术。这就是为什么使用艺术在某种意义上是指导性的；但它们的不同之处在于，使用艺术知道形式，而与生产有关的指导艺术则知道内容。因为舵手知道并规定一个舵应该有什么样的形状，另一个则应该用什么木头、用什么方法做。

> 然而，在艺术产品中，我们制作材料时要考虑到它的功能，而在自然产品中，物质是一直存在的。（《物理学》）

艺术实现其目的的两种方式可以简化为一种。因为一个自我治疗的医生，在他自己身上（他既是病人又是医生）使用医学艺术的意义，包含了医生将其医学艺术用于病人身上的一般意义。虽然前者的艺术是伴随的，后者的艺术是分离的，但在这两种情况下，都是对自然的辅助。这是因为艺术有助于使形式的本质得以实现，达到其目的，而不取代其自然的活力。恩格尔兰（Engelland）引用亚里士多德和托马斯·阿奎那的观点，正确地指出艺术是作为一种决定性有效的因果关系，而不是作为一种完美有效的因果关系来实现其目的的：

> 决定性有效的因果关系使形式的本质成为可能，而不取代它的自然动力；完美有效的因果关系是对形式本质的运用。机体本身就是健康形式的原因；它是完美有效的原因；医学艺术消除了机体完美因果关系的障碍；这就是阿奎那所说的决定性有效的因果关系。（Engelland，2017：160）

教育艺术和治理艺术分别遵循艺术与人类和国家如何与自然联系的范式。因此，教育和治理的艺术消除了人类和国家完美因果关系的障碍。这是因为艺术通过消除阻碍自然实现其目的的障碍，而不是取代自然，而且与自然联系在一起。

教育艺术的因果关系

教育的艺术是什么？雅克·马里坦（Jacques Maritain）指出，“教育的目的是帮助和引导人实现自己的人文成就……它是引导人在不断发展的动力中，通过这种动力，把自己塑造成一个人——用知识、判断力和道德、美德武装起来的人”（Maritain，1943：4，10）教育的作用是致力于消除阻碍人类实现其物质和精神需求的物质障碍。

教育的艺术涉及两件事：学生的心灵和教师的艺术。正如医生不是病人健康的原因而只是帮助排除健康的障碍一样，教师也不是学生受教育（学知识）的原因。教学是一门艺术，老师要消除阻碍学生发现真理的障碍。教学不能以暴力的方式进行，以免学生对所教的内容永远感到陌生。（Engelland，2017：167）相反，它通过决定性因果关系的方式传授。这涉及消除障碍并帮助人类在不断发展的动力中塑造自己，使其成为一个人。教育至少有四项基本任务：

- 渴望真理：理智趋向于真理
- 向往美好：意志趋向于做理智所理解的善
- 渴望工作：对工作的行动 / 态度
- 向往完美：灵魂趋向于完美

我将讨论每一种趋向的必要性。

（1）渴望真理：每一个读过《形而上学》（*Metaphysics*）的人都记得，亚里士多德在书的开头是这样说的："所有人天生都渴望知识。"这是因为寻求真理是人天然的基本欲望，真理是理智的目标。亚里士多德解释道，这种欲望很明显，因为我们从感官中获得快乐。这将人类与低等动物区分开来，他说，"有些动物的记忆来自感官，但有些动物不是；由于这个原因，前者比那些不能记忆的人更谨慎，更能被教导"（《形而上学》）。

托马斯·阿奎那为这种对真理的自然渴求给出了以下三个理由：①因为每一事物都渴望自身的完美；②因为每件事都有一种自然倾向来执行其适当的操作；③每件事都应该与其根源联系起来。然而，有些人因快乐、现世生活的需要或懒惰而无法追求真理。(Aquinas，1961）但教师的任务是帮助学生排除障碍、调整自己。

（2）向往美好：正如理智被命令以真理为目标一样，意志也被命令以向善为目标。理智和意志之间存在着一种相互关系。因为，意志应当趋向于做理智所理解的善。托马斯·阿奎那说得对："真与善是相互包含的；因为真理是美好的，否则它就不可取；而善是真实的，否则它就无法被理解。”（Aquinas，1920）因此，教师的艺术帮助学生获得这种气质——这样，在对理智的训练与对意志的安排之间就会出现一种协调，以实现理智所理解的善。

（3）渴望工作：这包括为了个人利益和共同利益而追求创造力和生产力的趋向：“人们必须通过劳动来赚取日常的生计，为科学和技术的不断进步做出贡献，最重要的是，为不断提高他们与家庭成员共同生活的社会的文化和道德水平做出贡献。”（Paul Ⅱ，1987）我们需要对这种趋向有一个良好的态度，因为“工作带有人类和人性的特殊标记，是一个人在一个团体中工作的标记”（Paul Ⅱ，1987）。因此，必须小心谨慎，确保个人利益导致共同利益，共同利益导致个人利益。

（4）向往完美：我之前提过，根据阿奎那的观点，个人自然地渴望真理和美好的东西，因为一切事物都渴望自己的完美。这种欲望在人类永无止境的欲望中是显而易见的。阿金瓦尔说得对：

> 其中……隐含着这样一种理解，即人比他所生产、购买、拥有和消费的东西更伟大。对于一个只被描述为生产、占有和消费的人来说，他只不过是一堆流动的感觉，他的生活完全被他自己和他人的感官欲望和厌恶所支配。（Akinwale，2015：45）

人类永无止境的欲望，证明了人类对无限的无限渴望。“这种对无限的无限渴望，使人充满活力，反过来又证明了对上帝的渴望。”（Akinwale，2015：41—42）

因此，教育的艺术有助于灵魂走向完美，其中，人类对无限的追求和渴望只能（在上帝那里）得到完成和安息。

治理艺术的因果关系

基于（民主和）社会正义的原则，保护公民的生命和财产是政府的首要义务。提供安全和颁布法律是为了对社会进行明智的监管，以实现共同利益，创造秩序 / 和平。但是，如果正义没有得到伸张，或者即使伸张的正义没有被视为令人信服、明显和毫无疑问的真实，这种期望的秩序 / 和平也不会得到实现。

治理的艺术涉及两件事：公民和技术官僚的艺术。正如教师不是学生获得知识的原因而只是帮助消除获得知识的障碍一样，政府也不是公民（国家）和平的原因。治理是一门艺术，统治者要消除阻碍公民发现真正发展所需的秩序 / 和平的障碍。治理的艺术是通过决定性的因果关系来实现的，因为统治者寻求对公民有利的东西。然而，“政治，就像医学一样，是一门艺术，它服务于实现公民的人性，使获得善的自由成为可能”（Engelland，2017：167）。

政治权力 / 治理至少有四项基本任务。这些都与柏拉图在《理想国》中同苏格拉底所讨论的国家分层有关。

- 趋向于谨慎
- 趋向于坚韧
- 趋向于节制
- 趋向于正义（完美）

我将讨论每一种趋向的必要性。

（1）关于谨慎：考虑到谨慎是最需要的，因为治理的艺术是确保生命和财产安全的一种积极艺术。因为它是一种积极主动的“技术”（techne），所以它在方法上是“远见卓识”（pro-videre）的。但是，它通过适当的审议做出决定。如果一项决定未经适当审议而做出，公民将不愿意服从这样的决定，因为这是一种暴政行为。治理的艺术是确保政治权力与公民协商，但不是通过“被动地被别人的观点轰炸的方式，而是通过征求、考虑和讨论他们的观点的问题，一种既适应他人又符合真理的完善性的活动”（Engelland，2017：167）。

（2）关于坚韧：既然对谨慎的关注是一种积极主动的“技术”，经过深思熟虑后会得出真相，因此对坚韧的尊重有助于：①军队保护生命和财产；②公民走向爱国主义精神的复兴 / 创造。因为，公民应该倾向于通过审议程序决定的善行。

（3）关于节制：这包括控制个人野心的趋向，但要为公民服务：实现公民的人性，使获得善的自由成为可能。这种善是一种既能实现个人善又能实现公共善的善。

（4）关于正义：这包括通过民主程序颁布法律，以便为共同利益对社会进行明智的监管。这些法律有助于使公民注意谨慎、坚韧和节制。因此，法律成为社会的良心——正义的表达，走向完美。

这四种渴望是技术官僚艺术必须在公民中培养的基本趋向。这四种趋向，也与教师的艺术必须处理学生的思想以促进个人的团结 / 和平的四项基本任务有关。这是因为，教育的艺术和治理的艺术在和平方面遵循着相同的范式。教育的伦理目的是实现人的统一 / 秩序，而治理的伦理目的是实现国家的统一 / 秩序。虽然国家经常需要帮助以实现和平，但教育的艺术的存在是为了帮助国家实现自然渴望的东西，但并不总是自然地获得和平。教育通过实现个人的秩序，进而实现国家的秩序，从而实现和平。

作为恢复和平的教育和治理的艺术

教育和治理的艺术是解放的行为。通过教育，学生的思想得到解放，走向正确的道路——成为真正的人；真正理解的治理也会带来真正的发展。但目前的教育和治理有时不能培养这些趋向，这是无可争议的。非洲肆虐的不安全和暴力证明了这一事实。

有必要恢复艺术（教育和政府）作为一种辅助手段，不是在强加的意义上，而是在“释放一种内在的本性以达到其应有的形式”的意义上，从而活跃起来，达到其目的。（Engelland，2017：160）启蒙哲学虽然寻求这种解放，但在完全否认对自然的外在援助的需要时却偏离了它。在德国人康德的信条“敢于求知”（Sapere Aude）中，他试图将人类和社会从没有他人指导的情况下无法使用自己的智慧中解放出来。这样，康德就否定了事物需要外在的帮助，从而使人成为道德的尺度和绝对的决定因素。（Kant，1984）

但永恒的法则（上帝的）、人的理性（自然法）和人的法律并不相互矛盾。对于人类理性的真正理解，不允许在自由和自然之间有任何区分。这是因为，正如约翰·保罗二世所说，人在自己身上拥有一种法则，它是由造物主赋予并支配自己的。虽然这条法律揭示了道德善的客观和普遍要求，但良心是法律在特定情况下的应用；而在社会中，人类的法律则在具体的案件中发挥着良心的作用。（Paull Ⅱ，1993）

因此必须说，教育和治理的艺术正是在解放中恢复和平的。但是，这种解放不能被理解为没有限制的解放。因为，尽管教育和治理都可以自由地达到完美，但它们都受到法律的指导：一方面是自然法则，另一方面是源于永恒法则的人类法。只有在遵守自然法则的过程中——人参与永恒的法则中——人才能找到真正的自由。他的和平就在那里。在人类社会中，自然法则被编纂成人类法，以帮助公民趋向于正义，从而实现真正的发展。简单地说，人的和平是在他忠于自己的本性中实现的；社会的和平则在于正义的实现，而正义必须是令人信服的、明显的和毋庸置疑的。

总之，这四个渴望是教师艺术的基本任务，必须改变学生的思想，以促进他们的对国家有影响的团结与和平。因为，社会的秩序是通过作为社会成员的人实现的。一个社会的秩序，取决于组成这个社会的人；这些人身上有他们所受教育对他们影响程度的印记。然而，技术官僚的艺术必须在公民中培养谨慎、坚韧、节制和正义的趋向。

记住，教育无法摆脱哲学人类学的纠缠，正如马里坦所假定的那样，在起草非洲和平研究计划时，非洲人类学不被排除在外是很有必要的。非洲和平研究的本土化，将培养知识分子对真理的趋向、意志趋向于做理智所理解的善、对工作的行动态度以及灵魂趋向于完美。

为了做进一步的研究，我提议分两个阶段进行一项和平研究方案，回顾过去的有效成就，诠释当前的最佳成就，所有这些都在真正的非洲人类学中进行。这种方法不仅可以消除障碍，而且有助于实现人的秩序，从而实现社会的和平，因为它使人们能够自由地获得善。

在第一阶段，在非洲进行和平研究将需要采用一种教育方法，在非洲传统价值观氛围下，回顾过去的有效成就，诠释当前的最佳成就。这是因为，如果仔细研究一下古老的非洲社会，就会为和平研究方案提供一些美好的内容。但是，这必须与当前的最佳成就一起加以诠释。

在第二阶段，从过去和现在获取和解释的东西，将被用于应对非洲的挑战和有关非洲和平的问题，因为它是在非洲传统价值观的氛围中完成的。这样做时，很有必要避免简单地将在非洲传统价值观氛围中获取和诠释的东西描述为二等品，但也不能因此而不接受批评。因此，在彻底消除不利于和平研究与和平建设平台的同时，应特别关注非洲取得巨大成功并历经时间考验的做法，尤其是与西方文化中的类似做法相比。

非洲能够在多大程度上克服其阻碍和平的障碍，取决于她在与其他大陆目前取得的最佳成就交流时，能够在多大程度上创造性地向内寻找解决办法。任何和平研究项目，如果不能在非洲传统价值观的氛围中回顾过去的有效成果并诠释当前的最佳成就，就不可能在非洲未来的和平研究课程中占有一席之地。

参考文献

Akinwale, Anthony. 2015. “Integral Humanism and the Integrity of Education”, Ibadan Dominican Studies: A Dialogue of Faith, Reason and Science, Vol.1, No.1.

Aquinas, Thomas. 1920. Summa Theologiae I., q. 79. a. 11., rep. 2.

Aquinas, Thomas. 1961. Commentary on the Metaphysics of Aristotle. John P.

Rowan trans. Chicago: Henry Regnery Company.

Engelland, Chad. 2017. “Dispositive Causality and the Art of Medicine”, In: Mirela Oliva and Stephen Striby ed. Proceedings of the American Catholic Philosophical Association: Philosophy Faith and Modernity. Vol.91, Charlottesville: Philosophy Documentation Centre.

Kant, Immanuel. 1784. “What is Enlightenment?” https://resources.saylor.org/wwwresources/archived/site/wp-content/uploads/2011/02/What-is-Enlightenment.pdf.

Maritain, Jacques. 1943. Education at the Crossroads London: Yale University Press.

Paul Ⅱ, John. 1987. On Human Work. Nairobi: Paulines Printing Press.

Paul Ⅱ, John. 1993. Veritatis Splendor.

（姜守明　译）

作者简介

弗雷德里克·伊夫安尼·奥巴尼亚（Frederick Ifeanyi Obananya），非洲地区正义与和平促进者，尼日利亚和加纳多米尼加正义与和平组织负责人。

和平活动 | Peace Activities

从联塞特派团到联塞观察团

——联合国在塞拉利昂维和行动的评估

庆学先

摘　要　联合国塞拉利昂观察团（联塞观察团）和联合国塞拉利昂特派团（联塞特派团）是根据联合国安全理事会的决议在塞拉利昂开展维和行动的维和使团，组成人员是联合国成员国派遣的军人、警察和联合国雇佣的文职人员。联合国在塞拉利昂的维和行动始于1998年7月13日，终于2005年12月31日，持续了将近7年半的时间，大约花费28亿美元。根据安理会1346号决议，授权的最大兵力为17500名军事人员，包括260名军事观察员和最多170名警察人员。作为联合国在塞拉利昂维和行动的参与者和见证者，笔者认为联合国在塞拉利昂的维和行动确实是一次有始有终的成功范例，这次维和行动的过程也恰恰说明，联合国维和行动取得成功的前提是国际社会的齐心协力，世界大国和地区大国既要有决心，也要有行动。

关键词　联塞特派团　联塞观察团　维和　塞拉利昂

一　塞拉利昂内战

塞拉利昂位于西非，全称是塞拉利昂共和国，北面和东面与几内亚为邻，西与西南濒临大西洋，东南与利比里亚接壤，面积7万多平方千米。1462年，葡萄牙航海家佩德拉·辛德拉抵达现今弗里敦所在的港湾，因其沿岸山峦形如雄狮而命名此地为“塞拉利昂”（葡萄牙语“狮子山”之意）。18世纪末，欧美殖民主义者从北美和加勒比海地区送来“自由”黑人，在沿海地区建立了一个名叫“自由城”的定居点，即塞拉利昂未来的首都弗里敦。英国议会在1807年宣布贩卖黑奴非法，英国政府接管了弗里敦，将其作为打击贩卖黑奴的海军基地，截获的黑奴在此被释放。1807—1864年，英国海军在此安置了5万多名“重获自由者”或“被解放的非洲人”。1808年，英国建立了“塞拉利昂殖民地与保护地”，确定了殖民统治的范围。二战结束后，英国开始了非殖民化运动，塞拉利昂最终在1961年4月27日独立。

在一定程度上，西亚卡·史蒂文斯是塞拉利昂经历内乱和内战长达20多年的起因。根据1951年的宪法，塞拉利昂实行英国模式的议会制度，米尔顿·马盖领导的塞拉利昂人民党执政，史蒂文斯所在的人民国家党成为反对党。在1967年3月的大选中，史蒂文斯领导的全国人民大会党击败了阿尔伯特·马盖（米尔顿·马盖的弟弟）领导的塞拉利昂人民党，史蒂文斯成为新一届政府的总理。宣誓就职仪式未过几天，塞拉利昂就发生了第一次军事政变。戴维·兰萨纳准将以“保护宪法，维护法律和秩序”的名义软禁了史蒂文斯，并且宣布全国戒严。（Harris，2014）形势在48小时内反转，塞拉利昂第二次军事政变爆发，安德鲁·朱克逊·史密斯中校领导的国家改革委员会掌权。13个月以后，塞拉利昂爆发了第三次军事政变，一批军士和士兵举行了军士起义，推翻了国家改革委员会，恢复了史蒂文斯的文官政府。

史蒂文斯曾经反对阿尔伯特·马盖建立一党专政政权，致使单一制政府议案和共和制议案在议会中未能通过，可是他上台后坚决推行一党制。（Asangna，2021）1971年4月19日，塞拉利昂成为一个共和国，史蒂文斯担任执行总统。1971—1973年，史蒂文斯邀请几内亚军队进驻塞拉利昂，旨在加强和巩固政权，同时防范军队可能发动的政变。（Dorman，2016：35）在1976年举行的大选中，暴力事件不断发生，反对党塞拉利昂人民党被迫退出，史蒂文斯如愿赢得了第二个总统任期。由于全国人民大会党在1977年5月举行的议会选举中赢得绝对多数席位，史蒂文斯在1978年颁布了一党制宪法，全国人民大

会党成为塞拉利昂唯一合法的政党。（Dorman，2016：35）

1968—1985年，史蒂文斯的腐败政治“逐步并持续破坏国家机器，从而摧毁了公众对国家保护人民能力的信心”。（Rasid，2012）塞拉利昂执政党以利益交换来争取政治支持和影响（Asangna，2021），尽管这种庇护主义的利益交换是非法的，违背了民主政治的原则（Robinson and Verdier，2016）。实际情况可能更为严重，因为庇护人和被庇护人并不完全依赖于利益的相互交换，他们之间形成了“一种相互依存的关系”（Turner and Young，1985）。在某种程度上，史蒂文斯和全国人民大会党创建了“一种新的间接统治模式”，一种高度等级化的制度，依赖于在英国人和克里奥人统治下发展起来的家长制模式之上的“传统”权威。（Harris，2014）

1985年，史蒂文斯宣布退休，政权交给他亲自挑选的继任者约瑟夫·赛杜·莫莫。莫莫在1971年任塞拉利昂军队最高指挥官，1983年晋升为少将。他以唯一候选人的身份参加了总统选举并且赢得了胜利。莫莫表示他“最大的愿望是为大多数人民谋取最大利益”，为此号召全国人民团结一致，努力“建设一个新社会”（杨双等，2003：1437—1440）。政府出台了多项改革措施，以解决国家面临的各种问题，尤其是经济形势的恶化。这些举措可能导致史蒂文斯及其支持者的利益受损，史蒂文斯与莫莫的矛盾逐渐公开化。1987年3月23日，莫莫遭到武装分子的袭击，侥幸逃脱。政府随即软禁了前总统西亚卡·史蒂文斯，并且处决了第一副总统兼司法部长和总检察长弗朗西斯·米纳及其他15人。（Zack-Williams，1999）

在莫莫执政后期，塞拉利昂政治局势动荡，经济形势恶化。不仅如此，受利比里亚持续多年的内战造成的外溢影响，塞拉利昂开始了一场漫长而残酷的内战。1991年3月，前塞拉利昂军队的下士福迪·桑科领导的革命联合阵线从利比里亚的东南部攻入塞拉利昂，开始了反政府的武装斗争。在国内外的双重压力下，莫莫政府于1991年9月24日颁布了新宪法，推行政治多元化和民主化，以结束史蒂文斯执政时期确立的一党制。莫莫的改革努力可能是为时太晚了，根本无法在短时间内稳定国家的政局。在前线作战的政府军一度挫败了叛军进攻的势头，政府却不能提供充足的军需物资，连微薄的军饷都拿不出来。1992 年 4 月 29 日，瓦伦丁·斯特拉瑟上尉率领一群不满的前线官兵攻入首都弗里敦，莫莫总统逃往几内亚避难。

斯特拉瑟上尉成立了全国临时执政委员会，自任国家元首。在查尔斯·泰勒领导的利比里亚全国爱国阵线支持下，革命联合阵线（联阵）乘乱扩张，控制了东部利润丰厚的钻石矿，与军政府形成了武装割据的格局。1996 年 1 月，塞拉利昂再次发生军事政变，斯特拉瑟军政府遭到推翻，朱利叶斯·马达·比奥准将执掌政权。在国际社会的努力下，军政府组织了选举，尽管联阵要求推迟选举。1996 年 3 月，塞拉利昂人民党的艾哈迈德·泰詹·卡巴赢得了总统选举。

1996 年 12 月 11 日，国际社会促成卡巴政府与联阵领导人福迪·桑科签署了《阿比让和平协定》（《阿比让协定》），双方宣布“彻底停止敌对行动”，共同努力“在塞拉利昂建立公正持久和平”，“在塞拉利昂实现真正的民族团结与和解，结束骨肉相残的战争”，“促进民众参与治理和充分尊重人权及人道主义法”。[1] 1997 年 5 月 25 日，约翰尼·保罗·科罗马少校发动了政变，武装部队革命委员会（武革委）取代了卡巴政府。国际社会随即迫使塞拉利昂军政府派代表前往几内亚首都科纳克里，与西非国家经济共同体（西非经共体）的塞拉利昂问题五国委员会进行谈判。1997 年 10 月 23 日，在非洲统一组织和联合国代表的见证下，科罗马军政府的代表与塞拉利昂问题五国委员会的代表签署了《科纳克里协定》，明确了“在塞拉利昂早日恢复宪政”的六点和平计划。由于军政府拒不推进和平进程，西非国家经济共同体命令自己的维和部队——西非监测组[2]直接与叛军开战，1998 年 2 月把武革委和联阵结成的执政联盟赶出了首都弗里敦，卡巴总统得以重新执政。

尽管先后签署了《阿比让协定》和《科纳克

1 联合国秘书长报告，S/1996/1034。

2 “西非监测组”（ECOMOG）是西非经共体进行区域维和行动的军事组织，在联合国的文件中又译为“西非观察组”。

里协定》，西非经共体的维和部队西非监测组仍然驻扎在塞拉利昂，联合国驻塞拉利昂观察团的人员已经就位，但是推进和平进程的工作一直难以开展，安全形势仍然十分严峻。（Bangura and Mustapha，2010）武革委与联阵的执政联盟退守东部省，利用其控制的矿产资源加强武装。1998 年 12 月，重新集结的叛军重挫西非监测组，进而攻克了北部省的省会马克尼；1999 年 1 月 6 日，又占领了弗里敦。（Audu，2017）西非经共体立即增援西非监测组，使其兵力迅速达到 13000 人，其中尼日利亚军人约占 80%。英国政府还在塞拉利昂部署了皇家海军诺福克号巡洋舰和威斯敏斯特号护卫舰，帮助西非监测组迅速运送部队和后勤物资。（Audu，2017）经过 4 天的顽强战斗，西非监测组重新控制了弗里敦。5 月 18 日，在国际社会的努力下，塞拉利昂政府和联阵达成停火协定，双方自 5 月 24 日起保持各自阵地，不再采取敌对或攻击性行动。其时，塞拉利昂政府和西非监测组基本上控制了弗里敦所在的西部地区和南部省，而叛军（联阵和武革委）则继续占据北部省和东部省，以及西部地区和南部省的部分区域。

1999 年 7 月 7 日，在多哥总统纳辛贝·埃亚德马（西非经共体当值主席），联合国秘书长特别代表弗朗西斯·奥凯洛，非洲统一组织代表、美国总统特使杰西·杰克逊牧师的见证下，卡巴总统和联阵领导人桑科在多哥首都洛美签署了《洛美和平协定》。塞拉利昂政府和联阵同意“立即终止塞拉利昂政府和联阵的武装冲突”，“确保立即遵守完全和永久的停止敌对行动”。双方承诺通过“内阁任命”而组成“基础广泛的民族团结政府”，联阵转变为政党，其成员可以担任公职。[1]

《洛美和平协定》签订以后，塞拉利昂终于迎来了一个脆弱的和平时期。联合国成立了塞拉利昂特派团，同时撤编塞拉利昂观察团。虽然 2000 年 5 月突发危机，数百名维和人员遭到叛军的扣押，但是有组织、成规模的武装冲突未曾出现。2000 年 11 月 10 日，塞拉利昂政府代表和革命联合阵线残余势力的代表在尼日利亚首都阿布贾签订了《停火和停止敌对

1 联合国秘书长报告，S/1999/777。

行动协定》（《阿布贾停火协议》），双方“申明决心在塞拉利昂建立持久的和平、稳定和安全”，自协议签订的当夜12点开始“停火及停止敌对行动”。联阵承诺立即归还夺取的所有武器、弹药和一切其他物资，双方同意立即重新开始实施所有战斗人员的解除武装、复员和重新融入社会方案。[1] 2002年1月18日，塞拉利昂总统卡巴宣告持续多年的内战正式结束。

二 联合国维持和平行动

安理会初定决心

在联合国创立之初，《联合国宪章》的创建者确定了国际争端的两种解决方式：一是和平解决，一是强制解决。《联合国宪章》第六章“争端之和平解决”规定：“任何争端之当事国，于争端之继续存在足以危及国际和平与安全之维持时，应尽先以谈判、调查、调停、和解、公断、司法解决、区域机关或区域办法之利用，或各该国自行选择之其他和平方法，求得解决。”《联合国宪章》第七章“对于和平之威胁、和平之破坏及侵略行为之应付办法”规定：“安全理事会得决定所应采武力以外之办法，以实施其决议……”，这样的措施“不足或已经证明为不足时，得采取必要之空海陆军行动，以维持或恢复国际和平及安全”。

联合国维和行动的前提是争端当事国向联合国提出请求，将争端提交联合国安全理事会。对于塞拉利昂政局的变化，联合国起初只是表明原则性的立场。例如，联合国安理会1996年2月15日的主席声明表示：塞拉利昂应该按期在1996年2月举行选举，“自由公正的选举对塞拉利昂向民主宪政过渡至关紧要”，塞拉利昂所有集团和个人不要试图通过暴力或恐吓手段破坏选举程序。安理会敦促当事各方结束塞拉利昂境内的暴力，呼吁革命联合阵线重新实施停火并全面参加和平对话，不附任何条件。[2] 选举结束以

1 联合国秘书长报告，S/2000/1091。

2 联合国安理会主席声明，S/PRST/1996/7。

后，安理会祝贺塞拉利昂成功组织了选举，欢迎国家临时统治委员会主席承诺在 1996 年 3 月 31 日前交出权力，并吁请有关各方同新选出的总统和议会充分合作。[1]

《阿比让协定》确定塞拉利昂政府和联阵一致希望国际社会介入塞拉利昂的和平进程。协定第 8 条规定："双方将请国际社会帮助监督和监测入营、解除武装、复员和重返社会进程。联合监督组将派观察员观察所有这些进程。"[2] 第 11 条规定："国际社会一个中立监测组将负责监测违反和平协定所规定的停火的事件双方在签署本协定后应要求国际社会派遣中立监测员。"第 28 条明确要求"科特迪瓦政府、联合国、非统组织和英联邦应为道义担保人，保证双方信实和诚意地执行本和平协定"[3]。塞拉利昂总统和联阵领导人分别于 1996 年 11 月 30 日和 12 月 9 日去信联合国秘书长，双方一致请求联合国出面介入塞拉利昂的和平进程。[4]

联合国对《阿比让协定》的态度是非常积极的。1996 年 12 月 4 日，安理会主席声明肯定了科特迪瓦政府所起的作用，并说明非洲统一组织、英联邦、西非国家经济共同体及其他组织和各邻国紧密合作向谈判提供了支助。"安理会密切关注着塞拉利昂的事态发展。和平协定是走向民族和解与国家重建的必要的第一步。安理会将继续支持塞拉利昂发展和平与民主。安理会特别注意到，必须有一个使前战斗人员复员和重新融入社会的成功进程，并随时准备协助这一进程。"[5] 联合国秘书长通知安理会，他打算派遣一个评估团前往塞拉利昂，就联合国协助监测塞拉利昂境内和平的方法拟订建议。[6]

1996 年 12 月 22 日至 1997 年 1 月 6 日，联合国安理会秘书长的塞拉利昂特使带领一个评估小组前往西非，在塞拉利昂会见了政府官员和联合国各机构的代表、外交界人士和非政府代表，在科特迪瓦首都阿比让会见

1 联合国安理会主席声明，S/PRST/1996/12。

2 联合国秘书长报告，S/1996/1034。

3 联合国秘书长报告，S/1996/1034。

4 联合国秘书长报告，S/1996/1049。

5 联合国安理会主席声明，S/PRST/1996/46。

6 联合国秘书长报告，S/1996/1049。

了联阵领导人福迪·桑科。塞拉利昂政府全面承诺确保及时执行《阿比让协定》，桑科欢迎联合国与非统组织和英联邦合作，并承诺联阵会执行《阿比让协定》，以推进塞拉利昂的和平进程。评估小组根据调查结果，就联合国如何协助各方执行《阿比让协定》提出了建议。[1]

对于1997年5月的军事政变，安理会在第一时间表示痛惜，“尤其是在联合国致力于协助该国和解进程之际”，安理会反对推翻民主选举产生的政府，要求立即恢复宪政秩序，强调《阿比让协定》仍然是“塞拉利昂和平、稳定与和解的可行构架”。[2]1997年7月11日，安理会再次发表主席声明，重申推翻卡巴政府的行径是不能接受的，应该立即无条件地恢复国家的宪政秩序。安理会将继续密切关注为和平解决危机所做的努力。如果塞拉利昂的宪政秩序没有立即恢复，安理会准备考虑采取适当措施。[3]8月6日，安理会称赞西非经共体四国外交部长委员会同军政府代表谈判危机的和平解决方案，对会谈破裂深感遗憾。安理会认为，军政府企图对恢复民选政府提出条件是“令人无法接受的”；军政府应当放弃继续掌权的意图，立即恢复与四国委员会外交部长的谈判；“军政府如果没有提出令人满意的答复，安全理事会将准备采取适当措施，以期解决危机并恢复民主选出的卡巴总统的政府”。[4]

1997年10月8日，联合国安理会通过了第1132号决议，明确了联合国对塞拉利昂问题的立场和将要采取的行动。安理会“重申《阿比让协定》仍然是塞拉利昂和平、稳定与和解的可靠框架，痛惜军政府未采取步骤恢复民选政府、回到宪政秩序，严重关切塞拉利昂1997年5月25日军事政变后暴力行为持续不断、人民生命受到损失，人道主义状况不断恶化，并对邻国带来影响”。安理会“认定塞拉利昂局势对该区域的国际和平与安全构成威胁”，因而准备根据《联合国宪章》第七章采取行动。军政府必须立即采取步骤，在塞拉利昂放弃权力，为恢复民选政府、回到宪

1 联合国秘书长报告，S/1997/80。

2 联合国安理会主席声明，S/PRST/1997/29。

3 联合国安理会主席声明，S/PRST/1997/36。

4 联合国安理会主席声明，S/PRST/1997/42。

政秩序让路。军政府必须终止一切暴力行为，对运送人道主义援助给塞拉利昂人民停止一切干涉。此外，联合国将在塞拉利昂对“石油和石油产品以及军火和各种有关物资”实施严厉的禁运政策。[1]

部署军事联络员

1997年10月23日，西非经共体塞拉利昂问题五国委员会[2]与塞拉利昂军政府（武装部队革命委员会）签订了《科纳克里协定》，实际上是国际社会给科罗马军政府画下红线。“西非经共体塞拉利昂和平计划规定如下：（a）在6个月内恢复泰詹·卡巴总统的合法政府；（b）立即停止敌对行动；（c）军政府应与西非经共体合作，以便和平实施制裁；（d）战斗人员解除武装，复员并重新融入社会；（e）提供人道主义援助；（f）难民和流离失所者返回；（g）给予1997年5月25日政变领导人豁免和保障；（h）订立在塞拉利昂扩大权力基础的方式。”[3]《科纳克里协定》还宣布“建立监测和核查机制”，成员由西非监测组和联合国军事观察员组成，负责监测塞拉利昂全境的敌对行动。[4]11月5日，卡巴总统发表声明，表示接受《科纳克里协定》。[5]联合国安理会在11月14日发表主席声明，支持和赞赏西非经共体塞拉利昂问题五国委员会谋求和平解决危机以恢复民选政府和宪政秩序的努力，并且表示准备考虑如何支持和平计划的执行。[6]

在西非监测组结束了军政府统治以后，联合国安理会强调亟须按照安理会第1132（1997）号决议恢复泰詹·卡巴总统的民选政府，希望他尽早返回弗里敦，重建一个有效的自治政府。[7]1998年3月16日，安理会通过了第1156（1998）号决议，强调根据《联合国宪章》欢迎塞拉利昂民主选出的总统于1998年3月10日回到塞拉利昂，终止第1132（1997）号决议规定的不准向塞拉利

1 联合国安理会决议，S/RES/1132 (1997)。

2 又称“西非经共体塞拉利昂问题五国部长级委员会”，由尼日利亚、利比里亚、加纳、几内亚和科特迪瓦五国的外交部长组成。

3 联合国秘书长报告，S/1997/824。

4 联合国秘书长报告，S/1997/824。

5 联合国安理会主席声明，S/PRST/1997/52。

6 联合国安理会主席声明，S/PRST/1997/52。

7 联合国安理会主席声明，S/PRST/1998/5。

昂出售或供应石油和石油产品的禁令，欢迎秘书长就联合国在塞拉利昂的作用和今后的驻留提出建议。[1]这是联合国第一次暗示可能以某种形式向塞拉利昂派驻人员，且很可能是联合国的维和人员。

联合国秘书长在3月18日向安理会提交的关于塞拉利昂的第四次报告中，肯定西非监测组驱逐军政府的行动是一个积极进展，“为重建合法政府和民事秩序创造了条件”。他提议部署军事联络人员，作为联合国实地工作人员的组成部分。秘书长的特使预计3月底在弗里敦设立一个办事处，为联合国所有机构返回塞拉利昂铺平道路。[2]安理会根据秘书长报告，在4月17日通过了第1162（1998）号决议，宣示联合国介入塞拉利昂的和平进程。联合国将在塞拉利昂部署至多10名军事联络和安全顾问人员，为期至多90天，其主要的职能包括：①同西非监测组紧密联络，并就该国的军事形势提出报告；②查明西非监测组确定日后任务的规划情况并给予协助；③日后任务包括查明待解除武装的前战斗人员和制订解除武装的计划。[3]1998年5月4日，联合国在塞拉利昂的弗里敦部署了8名军事联络人员，他们直接听命于联合国秘书长的特使。他们在全国各地巡视，目的是评估局势，以确定他们的部署计划，以及解除前战斗人员武装的计划。[4]

联塞观察团受挫

联合国解决塞拉利昂问题的决心显然越来越坚决。在1998年6月5日通过的第1171（1998）号决议中，安理会再次强调运用《联合国宪章》第七章解决塞拉利昂问题，据此禁止对塞拉利昂境内的非政府部队出售和供应军火及有关物资。[5]对于塞拉利昂国内的形势，安理会持乐观积极的态度。联合国秘书长在关于塞拉利昂局势的第五次报告中指出，“弗里敦的安全局势依然很好”，西非监测组将军政府反叛者赶回了国家

1 安理会第1156号决议中文版中“今后的驻留”对应的英文是“its future presence”。在通常的情况下，presence可能会指代“军事存在”(military presence）。

2 联合国秘书长报告，S/1998/249。

3 联合国秘书长报告，S/1998/249；联合国安理会决议，S/RES/1162(1998)。

4 联合国秘书长报告，S/1998/486。

5 联合国安理会决议，S/RES/1171(1998)。

的东部，尽管“若干反叛小组似乎已突破凯拉洪地区，向北部和西部移动”。西非监测组在塞拉利昂一共部署了3个旅和1个独立营，总军力约为12000人，而且还要增加6000人。[1]

在这种情况下，秘书长认为“联合国可以通过部署人数有限的不带武器的军事观察员协助完成迫在眉睫的任务”，即建立一个联合国维持和平观察团。他相信“联合国更加引人注目地派驻人员可以提高塞拉利昂政府和人民对国际社会对他们的事业的承诺的信心，并鼓励捐助者为解除武装、遣散和长期恢复与发展提供更多的支助”。[2] 联合国塞拉利昂观察团（联塞观察团）的任务是：①监测全国的军事和安全局势，以协助政府和西非监测组解除前战斗人员武装和遣散这些人员的工作；②监测已经由西非监测组解除武装并集中在塞拉利昂安全地区的前战斗人员的遣散工作；③协助监测在解除武装和遣散地点遵守国际人道主义法的情况；④监测民防部队成员自愿解除武装和遣散的情况，监测创立新的国家军队的进展；⑤在安全条件许可的情况下，观察塞拉利昂北部和东部的局势，以协助解除投降的前军政府部队的武装并将其遣散；⑥继续定期向联合国秘书长的塞拉利昂问题特使提供有关塞拉利昂全国的军事和安全局势的情报。[3]

根据联合国秘书长的报告，安理会在1998年7月13日通过了第1181（1998）号决议，授权成立塞拉利昂观察团，“应由至多70名军事观察员和一个小型医疗单位组成，配置必要装备和文职支助人员”。在第一阶段将大约40名军事观察员部署到西非监测组保障地区，接续的部署应于安全条件许可时立即进行，但是应该考虑解除武装、遣散和重返社会计划的执行进度，以及必要装备与资源的供应情况。观察团的任务是：在安全条件许可时，监测全国军事和安全局势；监测集中在安全地区的前战斗人员解除武装和遣散的情况，包括监测西非观察组在这些安全地区提供安全及收缴和销毁武器的作用；在安全条件许可的地方，包括在解除武装和遣散地点，协助监测国际人道主义法的遵

1 联合国秘书长报告，S/1998/486。

2 联合国秘书长报告，S/1998/486。

3 联合国秘书长报告，S/1998/486。

守情况；在安全条件许可时，监测民防部队成员自愿解除武装和遣散的情况。[1]

联塞观察团成立以后，部署工作推进缓慢。到了 1998 年 12 月底，联塞观察团仅仅部署了 40 名军事观察员，原因是塞拉利昂的安全局势没有改善，解除武装、复员和重返社会方案停滞不前。虽然塞拉利昂政府继续巩固政治权力，但是前军政府分子负隅顽抗，在塞拉利昂的东部和北部尤其活跃。反叛分子甚至在弗里敦附近发起了一场袭击，导致人道主义机构难以开展援助贫困人口的工作。[2] 从实际情况看，塞拉利昂的安全局势非但没有改善，而且一度急剧恶化。前军政府和革命联合阵线武装叛乱分子于 1998 年 12 月底在全国多处发生动乱，甚至在 1997 年 1 月初悍然攻打塞拉利昂首都弗里敦。

安理会对人民遭受的苦难表示严重关切，叛乱分子“对塞拉利昂人民大肆进行恐怖活动，特别是对妇女和儿童施加暴行”是不可接受的。安理会谴责叛乱分子企图以暴力推翻塞拉利昂民选政府，要求他们立即放下武器，停止一切暴力行为，同时重申坚决支持卡巴总统的合法民选政府。[3] 除此以外，联合国没有采取可能更加有力的措施，甚至强调必须通过对话与民族和解在塞拉利昂恢复持久和平与稳定。[4] 联塞观察团在 1998 年 12 月 23 日把部署在北部省省会马克尼的 7 名军事观察员撤到隆吉（机场所在地），将派往东部省的 3 名军事观察员撤到省会凯内马。12 月 24 日，联塞观察团从弗里敦撤走了非必要的文职人员，并将部署在南部省和东部省的军事观察员撤到隆吉。12 月 28 日，联塞观察团的大部分人员撤到几内亚首都科纳克里，只留联合国秘书长的塞拉利昂问题特别代表弗朗西斯·奥凯洛及其高级助理，以及苏巴什·乔希准将等几名军事观察员。[5] 联合国在塞拉利昂的维和行动几乎面临夭折的危险，连联合国秘书长都承认，“塞拉利昂局势遭到严重挫折。我对最近

1 联合国安理会决议，S/RES/1181(1998)。

2 联合国安理会会议记录，S/PV. 3957。

3 联合国安理会主席声明，S/PRST/1999/1。

4 联合国安理会主席声明，S/PRST/1999/1。

5 联合国秘书长报告，S/1999/20。

敌对行动的加剧以及叛军对弗里敦的攻击感到痛惜”。但是，他强调“国际社会未抛弃也不应抛弃塞拉利昂”，尽管“联塞观察团的前景看起来比几个星期前要黯淡得多”。[1]秘书长在危机爆发前曾声称，在塞拉利昂政府和人民努力恢复军政府非法篡夺的政权和消除随之产生的一切邪恶后果之时，联塞观察团已经证明了自身的价值，在农村部署联合国军事观察员，更是“向塞拉利昂政府和人民表明了更广泛的国际社会对恢复该国在合法政府领导下的秩序与和平的承诺”。[2]尽管现在遇到了困难，但是他仍然“相信联塞观察团能做的事很多”，比如可以根据需要促进政府和叛军之间的讨论，协助重新执行解除前塞拉利昂战斗员的武装，使其复员并重返社会，继续支持改组国家军队和改革国家警察的倡议，继续监测人权状况。联塞观察团的任务基本不变，在科纳克里保留少量人员，一旦条件允许，将会在塞拉利昂重新部署军事观察员。[3]

联塞观察团重新部署

西非经共体的立场当时应该更重要，因为西非监测组部署在塞拉利昂的部队有1万多人。西非经共体塞拉利昂问题六国委员会[4]也呼吁叛军立即停止战斗，放下武器，承认卡巴总统领导的政府为塞拉利昂合法政府。叛军的出路是对话，接受政府提出的大赦。六国委员会要求西非经共体主席主动采取行动，促使塞拉利昂和利比里亚两国领导人和解，然后根据《阿比让协定》和《科纳克里协定》采取一切必要措施，使卡巴政府与叛军重新对话。1999年1月7日，多哥总统纳辛贝·埃亚德巴作为西非经共体现任主席，紧急呼吁塞拉利昂总统卡巴和叛军领导人下令停火，然后进行政治对话。他强调西非监测组在塞拉利昂的任务是帮助塞拉利昂人民，为他们之间的兄弟残杀找到一个政治解决方案。[5]在1998年12月中旬开始的危机期间，尼日利亚、加纳、几内亚和马里都派出增援部队

1 联合国秘书长报告，S/1999/20。

2 联合国秘书长报告，S/1998/1176。

3 联合国秘书长报告，S/1999/20。

4 1998年12月28日至1999年1月6日期间，西非经共体塞拉利昂问题五国委员会重组，增加了多哥。

5 联合国秘书长报告，S/1999/20。

以加强西非监测组队伍。[1] 正是由于西非经共体立场坚定，敢于投入部队与联阵—武革委联盟的部队进行对抗，塞拉利昂的局势才没有发生逆转，避免了查尔斯·泰勒领导的全国爱国阵线夺取利比里亚政权的情形在塞拉利昂重现。

值得肯定的是，联合国在塞拉利昂问题上的原则立场从未动摇，在1998年12月中旬开始的危机期间是如此，在这场危机结束之后更是如此。联合国仍然希望卡巴政府与反叛分子通过对话和平解决冲突。1999年3月11日，安理会通过了第1231（1999）号决议，“表示继续关注塞拉利昂的脆弱局势，申明所有国家承诺尊重塞拉利昂的主权、政治独立和领土完整”。联合国会尽快在弗里敦重新建立联塞观察团，并会增加军事观察员的数量。联合国支持“旨在和平解决冲突、使塞拉利昂恢复持久和平与稳定的一切努力，特别是西非经共体国家所做的努力”，欢迎“塞拉利昂政府愿意继续努力同反叛分子进行对话，并呼吁有关各方，特别是反叛分子，认真参与这些努力”。[2]

1999年5月初，在国际社会的努力下，塞拉利昂政府和联阵打算在多哥首都洛美谈判。安理会对此表示支持，“全面政治解决和民族和解对于塞拉利昂冲突实现和平解决至关重要”，塞拉利昂政府和反叛分子代表在洛美会谈期间不应设置障碍。双方应该停止敌对行动，积极努力达成停火协定。在安全情况许可时，安理会考虑在目前核定的兵力范围内加强联塞观察团驻在当地的人数。安理会打算派遣一个评估团前往塞拉利昂，研究如果塞拉利昂政府与反叛分子谈判成功，联塞观察团怎样才能对执行停火与和平协定有所帮助。[3]

1999年7月30日，联合国秘书长向安全理事会提交了关于联合国塞拉利昂观察团的第七次报告。塞拉利昂全境的军事和安全局势已有很大改观，“公开的敌对行动已大大减少。西非监测组、民防部队和联阵及前武装部队革命委员会的部队基本上留在其控制地区范围内”[4]。

1 联合国秘书长报告，S/1999/237。

2 联合国安理会决议，S/RES/1231(1999)。

3 联合国安理会主席声明，S/PRST/1999/13。

4 联合国秘书长报告，S/1999/836。

塞拉利昂政府与革命联合阵线签署《洛美和平协定》，对塞拉利昂而言是迈进了一大步，双方的灵活变通促成了这一协定，西非经共体更是功不可没。由于“今后的挑战是艰巨的”，比如前战斗人员解除武装、复员和重返社会，以及恢复国家权力和响应人道主义需要，因而安理会“当前第一项措施”是“核准暂时扩大联合国塞拉利昂观察团”。[1]安理会通过的第1260（1999）号决议，“核准暂时扩大联塞观察团到至多210名军事观察员，加上必要的设备和行政及医疗支助”。[2]

对于联塞观察团应该执行的任务，联合国秘书长在关于联合国塞拉利昂观察团的第七次报告中有明确说明，主要包括：（a）加强和扩大停火协定生效以来联塞观察团在农村与革命联合阵线部队已经建立的联系；（b）在安全条件许可的情况下，将联塞观察团的停火监测活动扩大到更广的地区；（c）加强和协助停火监测委员会以及根据和平协定设立的中央联合监测委员会，以便帮助维持停火；（d）监测国内军事和安全局势，并将情况报告秘书长特别代表；（e）在足够安全的地区协助和监测战斗人员解除武装和复员。[3]第1260（1999）号决议虽然说明联塞观察团应该执行联合国秘书长布置的任务，但是非常重视军事观察员的安全问题。决议强调，“新增的军事观察员应在安全条件许可时部署，并且暂时在西非观察组提供安全的情况下行动”[4]。需要补充的是，安理会显然在思考联合国今后如何在塞拉利昂开展维和行动。“（安理会）鼓励有关各方就塞拉利昂维和行动的今后安排，包括西非观察组和联合国各自的工作、编制和任务规定等问题进行磋商，并欢迎秘书长再向安理会提出关于联塞观察团新的任务规定和行动概念的全盘建议。”[5]

1 联合国秘书长报告，S/1999/836。

2 联合国安理会决议，S/RES/1260(1999)。

3 联合国秘书长报告，S/1999/836。

4 联合国安理会决议，S/RES/1260 (1999)。

5 联合国安理会决议，S/RES/1260(1999)。

联塞特派团的成立

1999年9月23日，联合国秘书长在提交给安理会的报告中指出，随着《洛美和平协定》的签署，塞拉利昂有机会重新踏上通向和平与繁荣之路，但是国家“治安局势动荡不安，和平进程还很脆弱”。他建议建立一支强有力的联合国部队，与西非监测组密切合作。“联合国部队应拥有较大规模和能力，应按照强有力的行动规则行动。”[1]根据秘书长的建议，安全理事会在1999年10月22日通过了第1270（1999）号决议，设立联合国塞拉利昂特派团（联塞特派团），联塞观察团的任务随即终止。联塞特派团的任务包括：（a）与塞拉利昂政府和相关各方执行《洛美和平协定》；（b）协助塞拉利昂政府执行解除武装、复员和重返社会计划；（c）把守塞拉利昂全境的关键地点，包括解除武装/接待中心和复员中心；（d）保障联合国人员的安全和行动自由；（e）根据1999年5月18日停火协议，通过其中所规定的结构监测停火遵守情况；（f）鼓励当事各方设立建立信任机制并支持这些机制运作；（g）协助运送人道主义援助物品；（h）支持联合国文职人员开展工作，包括秘书长的特别代表及其工作人员、人权干事和民事干事；（i）应要求为即将根据塞拉利昂现行宪法举行的选举提供支持。[2]

联塞观察团与联塞特派团的区别在于人员构成和任务两个方面，前者只是由不持枪的军事观察员（military observers）组成，后者的主要成员是持枪的维和部队（peace keepers）。安理会第1270号决议显然授予联塞特派团更多的任务，尤其是“保障联合国人员的安全和行动自由”，以及“应要求为即将根据塞拉利昂现行宪法举行的选举提供支持”。决议强调：“根据《联合国宪章》第七章采取行动，决定联塞特派团在执行任务时可采取必要行动，确保其人员的安全和行动自由，并考虑到塞拉利昂政府和西非监测组的责任，在部署地区于力所能及的范围内向面临人身暴力的急迫威胁的平民提供保护。”[3]

联塞特派团的最终目的是恢复塞拉利昂的宪政，为此已经获得安理会的授权，在执行任务时可以采取武力。由此看来，联塞特派团不再是一个执行观察任

1 联合国秘书长报告，S/1999/1003。

2 联合国安理会决议，S/RES/1270(1999)。

3 联合国安理会决议，S/RES/1270(1999)。

务的联合国维和使团，而是一个全面武装的正规部队，具有全面压倒叛乱分子的军事实力。

2000 年 1 月，鉴于西非监测组的部队即将撤出塞拉利昂，联合国秘书长建议联塞特派团增至 11100 名军事人员，授权他们执行更多的任务，能够承担原先由西非监测组承担的职能。塞拉利昂和平进程的优先事项是执行《洛美和平协定》，特别是维持必要的安全条件，从而实施前战斗人员解除武装、复员和重返社会的方案，在适当的时候在塞拉利昂举行选举。如要实现上述目标，秘书长认为，“建立和维持安全是塞拉利昂和平进程的必要条件”[1]。

2 月 7 日，安理会通过了第 1289（2000）号决议，联塞特派团根据秘书长的建议扩编，实力达到 11100 人，以接管之前由西非监测组履行的安全职责。联塞特派团承担的这些增加的任务又称“规定的额外任务”，比如：在弗里敦的关键地点提供安全保障，诸如政府大楼、重要的十字路口和主要的机场；保障人员、货物和人道主义援助在交通要道畅通无阻；在解除武装、复员和重返社会的方案的所有地点和场地内提供安全保障；在共同部署地区协调和协助塞拉利昂执法当局行使职能；看守从前战斗人员收缴的武器、弹药和其他军事装备，并随后协助其处置或销毁。安理会再次强调授权联塞特派团“根据《联合国宪章》第七章采取行动”，并且授权联塞特派团采取必要行动完成“规定的额外任务”，“申明联塞特派团在执行任务时可采取必要行动确保其人员的安全和行动自由”。[2]

实际上，安理会和联塞特派团可能都没有意识到第 1289（2000）号决议规定的“额外任务”可能会导致联塞特派团与前战斗人员发生武装冲突。在塞拉利昂任务区，随着人员和装备越来越多，联塞特派团开始在全国各地部署维和部队和军事观察员。根据联合国秘书长关于联合国塞拉利昂特派团的第三份报告，截至 3 月 1 日，联塞特派团的兵力已达 7391 人，包括 260 名军事观察员。“联塞特派团已克服重重困难取得令人瞩目的进展，

1 联合国秘书长报告，S/2000/13。

2 联合国安理会决议，S/RES/1289(2000)。

在塞拉利昂的许多地区，包括以往未曾部署西非监测组维和人员的地区进行部署。”[1]联塞特派团已经在全国大多数地区部署了维和部队和军事观察员，3月16日甚至在东部省的联阵根据地凯拉洪进行部署，只是联阵仍然阻挠联塞特派团进入东部省的矿区。[2]

五月人质危机[3]

2000年5月1日，在塞拉利昂北部省省会马克尼，联阵部分人员进入解除武装复员接待中心，要求联塞特派团交出5名已经解除武装的前战斗人员及其携带的武器。冲突随后发生，联阵武装分子扣押了2名军事观察员，以及维和部队肯尼亚营的1名连长和2名士兵。5月2日起，联阵与联塞特派团在多处发生冲突，甚至动用小型武器、火箭筒和迫击炮。截至5月15日，联塞特派团估计共有352名人员被联阵扣押。[4]

危机发生以后，利比里亚、利比亚、马里和尼日利亚等国的元首在5月3日至7日期间派出私人特使与联阵领导人桑科会晤，要求联阵释放扣押的维和军人。5月4日，安理会主席代表安理会发表了一份简短的声明：安全理事会对近日来塞拉利昂的暴力事件表示严重关注。安理会最强烈地谴责革命联合阵线武装袭击联合国塞拉利昂特派团部队并持续扣留大批联合国人员和其他国际人员。安理会对联合国肯尼亚营的若干维持和平人员遭杀害表示愤慨，并对联塞特派团部队人员受伤或下落不明深表关切。安全理事会要求联阵结束其敌对行动，立即不加伤害地释放所有被扣留的联合国人员和其他国际人员，合作查明下落不明者的下落，并全面遵守《洛美和平协定》的规定。[5]

安理会认为桑科应为联阵明显违反《洛美和平协定》的行为负责，联合国和联塞特派团都积极联系桑科。[6]

1 联合国秘书长报告，S/2000/186。

2 联合国秘书长报告，S/2000/455。

3 2000年5月人质危机爆发时，笔者已经从东部省联阵根据地凯拉洪调到联塞特派团司令部；从2000年4月到2000年10月，担任首席军事观察员的作战参谋，主要负责收取联塞特派团下属单位上报的军情动态，汇总并起草《联塞特派团每日军情通报》（*UNAMSIL Daily Military Situation Report*）和《联塞特派团每周军情综述》（*UNAMSIL Weekly Sitrep Summary*）。

4 联合国秘书长报告，S/2000/455。

5 联合国安理会主席声明，S/PRST/2000/14。

6 联合国安理会主席声明，S/PRST/2000/14。

5月5日和6日，联合国秘书长的特别代表阿德尼吉在弗里敦会见了桑科。桑科指责联塞特派团强迫联阵战斗人员解除武装而引发危机，阿德尼吉申明联塞特派团部队从未试图以武力解除联阵战斗人员的武装。5月6日晚，阿德尼吉和利比亚特使阿里·特赖基一道会晤桑科。当天晚上，阿德尼吉在塞拉利昂国家电视台宣读了桑科的声明，表示联阵同意立即释放被拘留人员，以缓解紧张局势。[1]

1 联合国秘书长报告，S/2000/455。

当时联合国在塞拉利昂的维和行动已经陷入瘫痪。根据联塞特派团截获的联阵情报，联阵武装分子正在全国各地结集，甚至准备攻打首都弗里敦。5月7日傍晚，在弗里敦及周边地区的军事观察员全部接到通知，赶紧向联塞特派团总部所在的妈咪约克酒店（Mammy Yoko Hotel）集结，部署在外地的军事观察员也陆续由直升机接回。所有的军事观察员可能随时撤出塞拉利昂，前往冈比亚。随后几天，联塞特派团组织“非必要人员”撤往加纳，但是军事观察员此后一直滞留在妈咪约克酒店，直到人质危机结束。部分国家准备撤走自己的维和部队和装备，甚至派来了大型运输船只。

5月8日上午，由于传言联阵即将攻打弗里敦，联塞特派团全面撤出塞拉利昂，成千上万的弗里敦平民涌上街头，高呼“联塞特派团不好！”（UNAMSIL NO GOOD!）。他们开始质疑联合国的维和行动，或者说在他们的心目中，联塞特派团的信誉实际上濒临破产。在游行队伍经过威尔金森路拐入马刺路不久，突然传出了枪声，时不时夹杂着迫击炮或火箭筒的爆炸声。据中国大使馆告知，其中一发炮弹落在使馆院内，所幸没有人受伤。激烈的交火将近两小时，快到中午时才结束。官方的说法是：“当人群试图靠近桑科的住宅时，联阵的武装成员从桑科的住所向人群开枪，几个人中弹死亡，数十人受伤。部署在桑科先生住宅的联塞特派团部队面对数量如此之多的人不知所措。在一片恐慌和混乱中，福迪·桑科与几个保镖不知去向。有几名联阵成员被人群中的武装分子开枪打死，桑科的住宅被洗劫一空。在17日前，福迪·桑科下落不明。他在17日返回住宅时，被武革委/前塞军逮捕，送交政府拘禁。”[1]

根据笔者了解的情况，游行活动可能受卡巴政府操纵。塞拉利昂政府军在英国特种部队的指挥下，利用弗里敦市民的游行活动，清剿了弗里敦的全部联阵武装分子，抓走了联阵领导人福迪·桑科。联合国秘书长关于联合国塞拉利昂特派团的第四次报告透露：“（5 月 6 日晚）阿德尼吉先生和（利比亚特使）特赖基先生还与卡巴进行了会谈，敦促卡巴总统缓解紧张局势，特别呼吁定于 5 月 8 日举行示威游行的主办者避免接近桑科的住宅。”[2] 当天上午，笔者准备前往中国大使馆。从联塞特派团总部所在的妈咪约克酒店出来，途经卢姆利海滩路，快要接近威尔金森路和马刺路的路口时，看到前面的游行队伍四散跑开。笔者赶紧驾车拐进中国援助塞拉利昂农业专家组所在的大院，在大铁门关闭的一刹那，笔者听到枪响声。此外，交火的时间较长，肯定有正规的部队参与，不像是桑科手下的几名保镖射杀游行平民。再者，如果桑科能够从自己的住宅成功逃脱，他完全可以逃向北部省，绝无可能在躲藏 11 天以后返回其在弗里敦的临时住宅，最终被交给了英国军队。

在 5 月 8 日的枪战发生以后，塞拉利昂全境似乎一下子静下来。虽然在相当长的时间里，《联塞特派团每日军情通报》的第一句照例都是“全国各地的总体安全形势继续维持紧张的态势”，但是联阵一直没有值得关注的动静，更不要说组织有效的攻击行动，武革委的残余势力更是销声匿迹。联阵的军事领导人萨姆·鲍卡里（绰号“蚊子”）逃往了利比里亚，后来死于非命。[3] 8 月 21 日，伊萨·塞萨伊接替福迪·桑科成为联阵领导人。[4] 局势的稳定在很大程度上应该归功于英国。5 月 8 日，英国政府宣布：“……鉴于塞拉利昂混乱和不断恶化的安全局势，国防大臣决定部署英国部队，作为一项预防

1 联合国秘书长报告，S/2000/455。

2 联合国秘书长报告，S/2000/455。

3 萨姆·鲍卡里大约在 2000 年夏天逃离塞拉利昂，他先加入了利比里亚的反恐组织 ATU，后来迁居科特迪瓦，在 2003 年 4 月返回利比里亚，5 月 5 日遇刺。

4 联合国秘书长报告，S/2000/832。

措施。皇家海军的两栖作战大队已经派往该地区。如果安全局势需要，英国国民和其他符合条件的人员没有其他方法离开塞拉利昂，两栖作战大队将协助这些人撤离。”（Dobbs，2015）实际上，英国政府在5月7日就开始向弗里敦派遣了一个先遣营，约600人的部队在5月7日到达，随后又增援了200名士兵。除了陆军，英国还派出了海军和空军。这次代号“帕利瑟”的军事行动，据说是英国自马岛征战以后最大的军事行动。（Dobbs，2015）

人质危机迅速平静下来，这掩盖了联塞特派团的内部矛盾，尤其是领导层的矛盾。联塞特派团维和部队司令、印度少将维杰·杰特利在一份秘密备忘录中指责联塞特派团的最高行动领导、联合国秘书长特别代表奥卢耶米·阿德尼吉（尼日利亚人）和同是尼日利亚人的联塞特派团副司令M. A. 嘎巴（M. A. Garba）听命于尼日利亚政府，一心“维护尼日利亚的利益”，“即使这样做意味着破坏和平进程”。不仅如此，他声称，“众所周知，尼日利亚的公众舆论反对尼日利亚军队作为西非监测组的一部分继续驻扎在塞拉利昂，然而尼日利亚军队却对驻扎在塞拉利昂感兴趣，因为他们从非法钻石开采中获得了大量利益。（西非监测组司令）马克斯韦尔·科贝准将[1]是众所周知的‘千万富翁’，据说他为联阵的活动提供了高达1000万美元的资助。西非监测组部队司令克潘伯[2]也与联阵领导人福迪·桑科一起参与了非法钻石开采活动”[3]。备忘录泄露以后，尼日利亚人怒不可遏，坚决要求安理会撤销维杰·杰特利少将维和部队司令一职。在神秘离岗一个月左右后，维杰·杰特利少将被迫辞职，印度政府也在9月20日突然宣布撤走参与维和行动的3000多名印度军人。9月29日，联合国秘书长宣布肯尼亚中将丹尼

1 马克斯韦尔·科贝（Maxwell Khobe）准将作为西非维和部队（西非监测组）的司令，率领以尼日利亚军队为主的西非监测组推翻了科罗马军政府并恢复了卡巴政府，后来应邀担任塞拉利昂国防参谋长（Chief of Defence Staff of Sierra Leone），2000年4月18日因病去世。

2 加布里埃尔·克潘伯（Gabriel Kpamber）是西非监测组部队的司令，2000年4月带领西非监测组的尼日利亚部队从塞拉利昂回国。

3 摘自联塞特派团维和部队司令、印度少将维杰·杰特利（Vijay Jetley）的秘密备忘录。

尔·奥潘德接任联塞特派团维和部队司令。

联塞观察团的扩编

丹尼尔·奥潘德中将接替维和部队司令，不仅意味着联塞特派团领导层的调整，也意味着联塞特派团结构和任务的变化。2000年5月11日，在安理会第4139次会议上，大多数发言者认为联合国的信誉受到了威胁，当务之急应该是迅速加强联塞特派团，以确保释放人质，从而稳定塞拉利昂全境的安全局势。[1]在5月17日给安理会主席的信中，联合国秘书长请求安理会核可联塞特派团的任务，授权联塞特派团扩编到至多11100名军事人员，其中包括260名军事观察员。“由于最近革命联合阵线对联塞特派团人员发动攻击及敌对行动重新燃起，因此必须加速部署会员国已经承诺为联塞特派团提供的军事单位，并且进一步加强特派团的军事组成部分。加强编制的行动目前正在进行，这将使联塞特派团的兵力扩大到至多13000名军事人员。”[2]5月19日，安理会通过第1299（2000）号决议，批准了联合国秘书长关于联塞特派团扩编的建议，联塞特派团增至最多13000名军事人员，包括已经部署的260名军事观察员。[3]

安理会第1299（2000）号决议不仅核准了联塞特派团扩编的建议，实际上也改变了联塞特派团执行任务的性质，尽管决议对此没有明确的表述。在5月11日的安理会第4139次会议上，中国代表发言：“同其他代表团一样，我们认为安理会应对塞拉利昂局势采取适当的应对措施，包括审议联塞特派团的授权，采取措施保障授权能得到切实执行，我们期待秘书处能及早在此方面提出建议供安理会考虑。”[4]有些发言者考虑到实地的严重局势和联塞特派团部队人数少的情况，因此呼吁审查特派团的任务，通过一项新决议，把联塞特派团置于《联合国宪章》第七章的范畴内，使之成为一个执行和平特派团。至于为什么没有改变联塞特派团的授权，联合国秘书长在发言中进行了说

1 联合国安理会会议记录，S/PV.4139。

2 联合国秘书长报告，S/2000/446。

3 联合国安理会决议，S/RES/1299(2000)。

4 联合国安理会会议记录，S/PV.4139。

明："我们特派团的构架是一支维持和平的部队。其结构的设想以及对它的配备都不是要使它成为一种强制执行行动。在它适当部署以前，它受到了已承诺与它合作的当事方之一的攻击。鉴于这种新情况，我们必须巩固和加强我们的部队，以便他们能够有效进行自卫，并且有效维护其任务，从而稳定局势。"[1]英国代表在会上的发言可以视为秘书长发言的注解："目前，联塞特派团的任务规定足以使它履行其各项任务。……秘书长已正确地指出，改变联塞特派团的任务规定，本身并不会使它成为有效的强制和平使团，但改成强调和平将使办法发生根本变化。我们应该认真想一想这样做是否正确或实际。"[2]

联合国秘书长在关于联合国塞拉利昂特派团的第四次报告中强调，"必须以包括联合国的强大军事态势辅助政治压力，以阻止联阵走军事道路"。为了达到这一目标，联塞特派团的兵力应该从目前的9250人增至最多13000人，其中包括260名军事观察员。即使得到正在进行的增援，他仍然认为联塞特派团"不具备在塞拉利昂当前敌对环境中执行任务的必要资源"，"必须有新的增援部队以及必要增强战斗力的手段，才能执行任务"。他坦言，他打算把联塞特派团的兵力增至16500名军事人员，特派团的文职行政和后勤支助人员也相应增加。[3]在这一份报告中，联合国秘书长实际上以报告的形式扩大了联塞特派团的授权。"目前，我认为第1289（2000）号决议所载的联塞特派团任务规定，使该部队有足够的授权为实现上述目标开展必要的行动。安全理事会在这项决议中根据《联合国宪章》第七章采取行动，核可联塞特派团在部署地区于力所能及的范围内，并根据实地情况采取必要行动。"[4]联塞特派团拥有充足的裁量权，可以根据"实地情况"而采取自己认为是必要的行动，即使这样做可能会超越安理会决议的授权。

部分原因可能是联合国秘书长要求联塞特派团扩编的建议未获通过，因而他在7月31日向安理会

1 联合国安理会会议记录，S/PV.4139。

2 联合国安理会会议记录，S/PV.4139。

3 联合国秘书长报告，S/2000/455。

4 联合国秘书长报告，S/2000/455。

提交的关于联合国塞拉利昂特派团的第五次报告中谈到了提高联塞特派团效率的问题，承认联塞特派团“内部严重缺乏协调并有若干其他缺陷”，“我仍然深信，需要进一步加强联塞特派团，使其能完成在塞拉利昂的新任务。所以，我打算在彻底评估塞拉利昂的政治和军事形势后，很快向安全理事会提交建议。然而，我意识到，加强联塞特派团的兵力，最终要视会员国是否愿意向联合国提供必要的训练有素、配备精良的部队，同时也视部队提供国是否继续提供支助。为此，有能力训练和装备目前及未来的联塞特派团部队的会员国所提供的援助将是至关重要的”。[1]

联塞特派团的优先任务

8月24日，安理会通过的第1313（2000）号决议肯定了秘书长的想法，但是没有批准联塞特派团的扩编建议。“（安理会）认为联阵自2000年5月初以来广泛严重违反《洛美和平协定》（S/1999/777）的行为使原先在此协定和各方合作的基础上创造的普遍宽容的环境荡然无存，在确立安全条件、使和平解决塞拉利昂冲突的努力能够取得进展之前，联塞特派团和塞拉利昂国的安全将继续受到威胁，为了对付这一威胁，联塞特派团的结构、能力、资源和任务均须予以适当的加强；确认秘书长2000年7月31日的报告列载2000年5月31日至6月8日视察塞拉利昂的联合国评估团的结论意见所指出的，联阵自2000年5月以来对联塞特派团的进攻表明，特派团的结构、指挥与控制以及资源有着严重的欠缺；欢迎为弥补这些不足而提出的建议和已经采取的行动；并请秘书长进一步采取紧急措施执行这些建议，改进特派团的工作和能力。”[2]

如果说联塞特派团以往执行的任务被统称为“安全任务”，即旨在改善塞拉利昂的安全局势，那么安理会第1313（2000）号决议则给联塞特派团布置了“政治任务”，即所谓“若干优先任务”，如下：（a）维持隆吉和弗里敦半岛以及通往隆吉和弗里敦各干道的安全；（b）对任何敌对行动或立即和直接使用武力的

1 联合国秘书长报告，S/2000/751。

2 联合国安理会决议，S/RES/1313 (2000)。

威胁做出有力反应，制止联阵袭击的威胁，必要时对这种威胁做出坚决反击；（c）统一行动，在关键战略地点和主要城镇充分密集地逐步部署足够人员；（d）通过其进驻，在其任务范围内，与塞拉利昂政府协调，协助塞拉利昂政府努力逐步在全国各地扩展国家权力范围，恢复法制，进一步稳定局势；（e）在力所能及的范围内，在部署地区为受到暴力直接威胁的平民提供保护；（f）在战略交通干线，特别是通往首都的干道进行积极巡逻，以控制地面局势，确保行动自由，便利提供人道主义援助的工作；（g）协助促进政治进程，以便在任何可能之处恢复解除武装、复员和安置方案。[1]

由此看来，安理会打算恢复或重建塞拉利昂的政治体制。关于这一点，联合国秘书长在关于联合国塞拉利昂特派团的第六次报告中表达得很清楚。“联塞特派团的主要目标在于协助塞拉利昂政府努力逐步在全国各地扩展国家权力范围，恢复法制，进一步稳定局势，并协助促进政治进程，以便在任何可能之处恢复解除武装、复员和安置方案。”[2]不仅如此，联塞特派团还要负责在全国境内恢复民政权力，建立和（或）加强国家机构（包括民主负责的武装部队和国家警察部队），促使塞拉利昂能够组织自由和公正的选举，实现民族和解，尊重人权以及提供紧急救济援助。[3]

在这种程度上，联合国秘书长显然纠结于联塞特派团的规模问题，他在关于联合国塞拉利昂特派团的第六次报告中仍然希望联塞特派团在某个阶段的总兵力能够达到20500人，其中包括260名军事观察员。[4]在关于联合国塞拉利昂特派团的第七次报告和第八次报告中，联合国秘书长一再建议将联塞特派团需要核定的总兵力增至20500人。[5]实际上，联塞特派团不仅“无法实现大量增加”总兵力的建议，印度和约旦两国撤走其维和军人的决定还可能“在塞拉利昂造成安全方面的漏洞”。[6]

1 联合国安理会决议，S/RES/1313(2000)。

2 联合国秘书长报告，S/2000/832。

3 联合国秘书长报告，S/2000/832。

4 联合国秘书长报告，S/2000/832。

5 联合国秘书长报告，S/2000/1055。

6 联合国秘书长报告，S/2000/1055。

联塞特派团的缩编和撤离

2000 年 11 月 10 日，联阵残余势力与塞拉利昂政府签订了《阿布贾协定》。在国际社会强大的压力下，联阵最终放下了武器，申明将会致力于在塞拉利昂建立持久的和平、稳定和安全。从 2000 年 11 月 10 日半夜 12 点钟开始，双方停火并停止敌对行动，不再采取任何足以构成或便利破坏停火的行为或活动。[1]《阿布贾协定》的签署更多的是一种形式，其实联阵作为一个非法的军事叛乱组织早已分崩离析，不再具有挑战塞拉利昂或代表国际社会的联塞特派团的实力，但是和平进程困难重重，进展缓慢。基于这样的现实，安理会在 2000 年 12 月 22 日通过了第 1334（2000）号决议，强调“联塞特派团的主要目的仍然是协助塞拉利昂政府在全国努力扩展国家权力、恢复法治和进一步稳定局势，以及协助推动政治进程，从而在可能的地方恢复解除武装、复员和重返社会方案”，为此，“需要适当加强联塞特派团的结构、能力、资源和任务”。[2]

在 2001 年 3 月 14 日提交安理会的关于联合国塞拉利昂特派团的第九次报告中，联合国秘书长谈到了塞拉利昂的和平进程和政治进程，联塞特派团先要推进和平进程，从而促进塞拉利昂的政治进程。关于和平进程，“一项主要目标仍是尽快在塞拉利昂结束联阵叛乱，将合法权利范围扩大到该国全境，解除战斗人员的武装予以遣散和使叛乱分子能够在民主进程中追求政治目标”[3]。至于政治进程，联塞特派团的“主要目标仍然是协助塞拉利昂政府努力扩大其权力，恢复法律和秩序，在全国范围内逐步稳定局势……在适当时候举行自由和公正的选举”[4]。他强调，“联塞特派团以足够的兵力推进部署”是“一项不可或缺的因素”。他建议联塞特派团的兵力增加到 17500 人，使其能够开始执行安理会第 1313（2000）号决议所指明的任务。安理会这一次接受了联合国秘书长的建议，在 2001 年 3 月 30 日通过的第 1346（2001）号决议中，

1 联合国秘书长报告，S/2000/1091。

2 联合国安理会决议，S/RES/1334。

3 联合国秘书长报告，S/2001/228。

4 联合国秘书长报告，S/2001/228。

批准联塞特派团的总兵力增至17500人，其中包括已经部署的260名军事观察员。[1]

2002年5月14日，塞拉利昂举行总统选举和议会选举，共有包括革命联合阵线党在内的9个政党推出了总统竞选人，11个政党参加了议会选举。艾哈迈德·泰詹·卡巴以70.06%的选票再次当选总统。3个政党在议会中赢得了席位。卡巴总统的塞拉利昂人民党在124个席位中占了83个席位，全国人民大会党赢得27个席位，和平与解放党赢得2个席位。剩下的12个席位分配给了最高酋长的代表。选举自4月5日开始至5月11日结束，整个过程大致平静。所有反对派政党，其中包括革命联合阵线党，都接受选举结果，表示其承诺与卡巴总统合作，重建塞拉利昂。[2]

“鉴于塞拉利昂令人鼓舞的事态发展和稳步改善的安全局势”，联合国秘书长建议对特派团组成做出调整，首先通过“修剪”不必要的部队分阶段缩编，分阶段地从政府实际控制地区撤出，同时部署联合国民警来加强塞拉利昂的警察部队，以避免出现安全真空。缩编进程的最终目标是联塞特派团将塞拉利昂的安全责任逐步、分阶段地移交给塞拉利昂政府。2002年底，维和部队裁减600人。第二阶段始于2003年1月，至2003年8月结束，联塞特派团裁撤4000人，在“关键地区和受威胁的地区”保留13000人。第三阶段“大幅度裁减部队”，到2004年底，联塞特派团从13000人减至5000人，“基本完成撤离”。[3] 2002年9月24日，安理会通过了第1436（2002）号决议，要求联塞特派团开始实施分阶段的缩编计划。[4]

2003年3月28日，安理会通过了第1470（2003）号决议，“敦促联塞特派团根据对安全形势以及塞拉利昂安全部门负责国内外安全的力量和能力的评估，按计划完成秘书长计划的第二阶段，随后在切实可行的情况下尽早开始实施第三阶段”[5]。2003年7月18日，安

1 联合国秘书长报告，S/2001/228。

2 联合国秘书长报告，S/2002/679。

3 联合国秘书长报告，S/2002/987。

4 联合国安理会决议，S/RES/1436(2002)。

5 联合国安理会决议，S/RES/1470。

理会通过了第 1492（2003）号决议，批准了联合国秘书长提出的三个备选方案之一，即“修改当前的缩编备选方案”，分四个步骤完成现行缩编计划的第三阶段。2003 年 8 月实施第一步骤，联塞特派团的兵力从 13000 人减至 12300 人。2003 年 11 月，联塞特派团的兵力减至 11500 人。从 2003 年 12 月至 2004 年 6 月实施第三步骤，联塞特派团再减少 1000 人。2004 年 9 月至 10 月，全部撤出有 3800 多人的巴基斯坦特遣队及其支援单位。2004 年 11 月初开始撤兵的第四阶段，即在 2004 年 12 月前撤出联塞特派团剩余 5000 名官兵。[1]

在 2004 年 9 月 9 日关于联塞特派团的报告中，联合国秘书长指出，虽然塞拉利昂的总体局势逐步好转和稳定的政治环境促进了该国巩固和平，但是在实现长期稳定和恢复的道路上，仍然存在许多挑战，特别是在建设安全部门、恢复法治、促进人权和可持续发展等方面。基于这种原因，他建议将特派团的任务期限再延长 9 个月。[2] 安理会第 1562（2004）号决议批准了联合国秘书长的建议，联塞特派团的任务期限延长至 2005 年 6 月 30 日，联塞特派团的余留人员根据 2004 年 3 月 30 日第 1537(2004) 号决议继续留驻塞拉利昂，从 2005 年 1 月 1 日起算的任期为 6 个月。[3] 2005 年 6 月 30 日，安理会根据联合国秘书长的建议，决定对联塞特派团的任务期限做最后一次延长，为期 6 个月，2005 年 12 月 31 日最终结束任期。[4]

2005 年 12 月 31 日，联塞特派团最终完成了缩编撤离的计划，全面结束了联合国塞拉利昂维和行动。安理会在 12 月 20 日发表了一份主席声明，“赞扬联塞特派团过去 6 年为民主和繁荣做出的宝贵贡献”，“满意地注意到该特派团的运作方法，对于提高联合国其他维和行动的效力和效率，可能是十分有效的做法”。[5]

1 联合国秘书长报告，S/2003/663。

2 联合国秘书长报告，S/2004/724。

3 联合国安理会决议，S/RES/1562。

4 联合国安理会决议，S/RES/1610。

5 联合国安理会主席声明，S/PRST/2005/63。

三　联合国在塞拉利昂维和行动的评估

联合国在塞拉利昂的维和行动无疑是一次成功的维和实践，根本原因是泰詹·卡巴总统的民选政府被军事政变推翻以后，不管是国际组织如联合国，还是地区组织或区域组织如非洲统一组织和西非国家经济共同体，也不管是世界大国如联合国五大常任理事国，还是地区大国如尼日利亚，国际社会立场一致，拒不承认军政府，支持通过选举执政的卡巴政府，主张在联合国的框架之下解决塞拉利昂的内部争端，推进这个国家的和平进程。换句话说，联合国在塞拉利昂的维和行动取得成功主要依赖了地区大国（如尼日利亚等）和世界大国（如英国和美国等）的决心和行动，以及国际社会尤其是联合国与地区或区域组织之间的共同合作和相互支持。塞拉利昂的和平进程实际上是从一次区域维和行动（regional peacekeeping operation）转成一次国际维和行动（international peacekeeping operation），以尼日利亚军队为首的西经体维和部队（西非监测组）在联合国介入之后，将其承担的任务逐渐转交给了联塞特派团。

一般认为，联合国维和行动应该遵守哈马舍尔德的“维和三原则”，即征得双方当事国同意、保持中立和除自卫外不使用武力，这三点受到了挑战与突破。中国联合国协会会长、联合国前副秘书长谢启美表示：“事实证明，只有严格遵守长期实践中形成并且受到联合国会员国公认的维和行动三项原则，才能发挥维和行动的积极作用：①维和行动必须取得当事国和当事各方的同意；②维和人员在冲突各方之间严格保持中立；③维和人员除非为了自卫不得使用武力。这些原则也是评价各次维和行动的重要准绳。”（刘恩照，1999：2）

在塞拉利昂开始维和行动之前，联合国与冲突各方都进行了接触。卡巴政府和叛乱组织都同意联合国介入塞拉利昂的和平进程，国际社会促成的《阿比让协定》《科纳克里协定》《洛美协定》更是确定了联合国维和行动的依据。然而，如果对照“维和三原则”的其他两条原则，联合国在塞拉利昂的维和行动肯定有所突破。随着安理会授权的变化，联合国在塞拉利昂开展维和行动的任务也随之变化。根据实际情况来看，联合国在塞拉利昂开展的维和行动是一次彻底而全面的维和实践，结束了塞拉利昂的内战，完成了国家的和平进程，恢复和重建了国家的宪政制度，强化了政府的行政能力。

联合革命阵线（联阵）或武装部队革命委员会（武革委）起初对联合国介入塞拉利昂和平进程的态度是有条件的。《阿比让协定》只是要求国际社会组成一个中立监测组，负责监测违反和平协定所规定的停火事件。中立监测组在此期间应向总部报告任何停火事件，而设在弗里敦的总部由塞拉利昂政府代表和革命联合阵线代表组成。对于中立监测员的部署和工作，《阿比让协定》有非常明确的限制。实际上，联合国同科特迪瓦政府、非统组织和英联邦一样，只是作为道义担保人，保证双方认真执行和平协定。科罗马少校领导的军政府与西非经共体塞拉利昂问题五国委员会签订的《科纳克里协定》接受联合国在塞拉利昂部署军事观察员，其任务是监测任何违反停火协议的行为。1998 年 5 月在塞拉利昂只是部署了军事联络员而不是军事观察员，他们的任务只是评估塞拉利昂的局势。1998 年 7 月 13 日组建的联塞观察团执行的任务主要是监测塞拉利昂全境的军事和安全局势，甚至都不直接参与前战斗人员解除武装的工作。虽然《洛美协定》请求联合国安理会修正联塞观察团的任务，“使其能实施本协定所列的各项规定”，但是作为内战的冲突双方，联阵和塞拉利昂政府似乎享有同样的法律地位，因为“塞拉利昂政府和联阵同意保障联塞观察团军事观察员在全塞拉利昂的安全、保障和行动自由”。[1]

在联塞观察团存在期间，联合国在塞拉利昂的维和行动完全遵守了“维和三原则”。在联塞特派团取代了联塞观察团以后，随着安理会和联合国秘书长授权的变化，联合国在塞拉利昂开展维和行动的任务也随之变化。如果对照“维和三原则”，安理会肯定突破“维和三原则”的第二条和第三条。安理会第 1270（1999）号决议宣布联塞特派团

1 联合国秘书长报告，S/1999/777。

承担部分安全保障任务，“保障联合国人员的安全和行动自由”。[1] 2000年5月的人质危机发生之后，安理会随即通过了第1299（2000）号决议，联塞特派团扩充了实力，而且联合国秘书长明确指示联塞特派团在部署在其能力所及的地区，可以“根据实地情况采取必要行动”[2]。根据安理会第1313（2000）号决议，联塞特派团不仅要负责塞拉利昂全境的安全，而且要重建或恢复塞拉利昂的政治体制。与此同时，联阵作为一个武装叛乱组织逐渐名存实亡。2000年11月10日，塞拉利昂共和国政府和联阵签署了《阿布贾协定》。这份文件无疑是联阵的投降书，在某种程度上确认联塞特派团是超越政府和联阵的权威。联阵承诺立即归还夺取的所有武器、弹药和一切其他物资，双方同意立即重新开始实施所有战斗人员的解除武装、复员和重新融入社会方案。双方同意委任联塞特派团监测和监督停火，联塞特派团应对任何破坏停火的行为进行调查，然后上报一个由西非经共体塞拉利昂问题六国委员会、西非经共体执行秘书处、联合国、塞拉利昂政府和联阵组成的委员会。[3]

为了确保塞拉利昂和平进程走上成功，联合国安理会一再延长其在塞拉利昂的维和时间。联塞观察团在1998年7月成立时最初的授权是6个月，结果过了15个月才结束任务，由联塞特派团取而代之。联塞特派团成立于1999年10月22日，根据安理会第1270（1999）号决议，最初的授权也是6个月，结果联塞特派团直到2005年12月31日才结束任务。不仅如此，联合国还做了两项重要的工作：一是设立塞拉利昂问题特别法庭；二是设立联合国塞拉利昂综合办事处（联塞综合办），以加强和巩固维和行动的成果。

2000年6月12日，塞拉利昂总统泰詹·卡巴代表塞拉利昂共和国政府和人民，致信安理会主席，请求联合国设立塞拉利昂问题特别法庭，“一个能实现伸张正义和确保持久和平这一目标的强有力和可靠的法庭”，“设立这个法庭的目的是审判那些对犯下危

1 联合国安理会决议，S/RES/1270 (1999)。

2 联合国秘书长报告，S/2000/455。

3 联合国秘书长报告，S/2000/1091。

害塞拉利昂人民罪行和把联合国维持和平人员扣押为人质负有责任的革命联合阵线（联阵）成员及其帮凶，并把他们绳之以法”。[1] 2000 年 8 月 14 日，安理会通过了第 1315（2000）号决议，请联合国秘书长与塞拉利昂政府谈判达成一项协议，“以按照本决议的规定设立一个独立特别法庭”，“建议该特别法庭的属事管辖权应明确包括在塞拉利昂境内所犯下的危害人类罪、战争罪和其他严重违反国际人道主义法的行为，以及塞拉利昂有关法律认定为犯罪的行为”，“又建议该特别法庭对那些对第 2 段所述犯罪行为负有最大责任的人，包括那些在犯下这些罪行时危及塞拉利昂和平进程的建立和执行的领导人，拥有属人管辖权”。决议第 2 段所述犯罪行为指“在塞拉利昂境内发生的针对塞拉利昂人民和联合国及相关人员的极其严重犯罪以及普遍存在的有罪不罚情况”[2]。2002 年 1 月 16 日，联合国与塞拉利昂政府达成协议，成立了塞拉利昂问题特别法庭。法庭原定任期仅为 3 年，2013 年 12 月正式关闭。最初预算为 7500 万美元，最终花费约 3 亿美元。

特别法庭在 2003 年 3 月一共起诉了 12 人，他们分别是塞拉利昂国内各派的主要领导人，其中包括联阵领导人福迪・桑科、萨姆・博卡里、伊萨・塞萨伊（Issa Sesay）、莫里斯・卡隆（Morris Kallon）和奥古斯丁・巴奥（Augustine Gbao），武革委领导人约翰尼・保罗・科罗马、亚历克斯・坦巴・布里马（Alex Tamba Brima）、易卜拉欣・巴兹・卡马拉（Ibrahim Bazzy Kamara）和桑蒂吉・博尔博尔・卡努（Santigie Borbor Kanu），以及塞拉利昂民防部队的领导人萨姆・欣加・诺尔曼（Sam Hinga Norman）、阿利厄・孔德瓦（Allieu Kondewa）和莫伊尼纳・福法纳（Moinina Fofana）。萨姆・博卡里和约翰尼・保罗・科罗马未能抓捕归案，前者于 2003 年 5 月在利比里亚被人杀害；后者畏罪潜逃，此后一直生死不明。福迪・桑科在审判开始前死亡，民防部队的萨姆・欣加・诺尔曼酋长在审判结束前死亡，其余 8 人在 2009 年 10 月最终被判 15 至 52 年的有期徒刑。2003 年 6 月，利比里亚总统查尔斯・泰勒也被特别

1 联合国秘书长报告，S/2000/786。

2 联合国安理会决议，S/RES/1315(2000)。

法庭提起公诉。泰勒被迫辞职，一度在尼日利亚流亡，最终没有逃脱受审的命运。2006 年 4 月，泰勒在塞拉利昂第一次出庭受审。出于安全保障方面的考虑，审讯地点转至荷兰海牙。2012 年 4 月，特别法庭裁定泰勒 11 项罪状成立，其中包括策划、协助和教唆犯罪等。5 月 30 日，泰勒被判入狱 50 年。一审判决之后，泰勒提出上诉。2013 年 9 月 26 日，海牙上诉法庭宣布维持原判。（Hollis，2015）

联合国安理会的另外一项重任是设立塞拉利昂综合办事处（The United Nations Integrated Office in Sierra Leone or UNIOSIL）。2005 年 6 月 21 日，即在联塞特派团撤出半年前，塞拉利昂总统致信秘书长，要求联合国在塞拉利昂设立一个综合性的派驻机构，"以保证联合国在塞拉利昂的工作是协调的，特别是在巩固和平与管治、发展、人权和安全等方面"，"支援塞拉利昂的国家能力建设，包括 2007 年总统和国会选举的筹备工作"。[1]

2005 年 8 月 31 日，安理会通过了第 1620（2005）号决议，设立联合国塞拉利昂综合办事处（联塞综合办），其主要任务如下：（a）支助政府建设国家机构的能力；制订一项国家人权行动计划，设立一个国家人权委员会；加强国家选举委员会，筹备 2007 年全国大选；加强善治及公共机构的透明度和问责制；加强法治；加强塞拉利昂安全部门；促进和平、对话和参与的文化；拟定增进青年、妇女和儿童的保护和福祉的举措；（b）与塞拉利昂安全部门保持联系；（c）与西非的联合国特派团和办事处以及区域组织协调，处理各种棘手的跨界问题，例如小型武器的非法流动、贩卖人口及自然资源的走私和非法贸易；（d）与塞拉利昂问题特别法庭进行协调。[2]

根据安理会在 2007 年 12 月 21 日通过的第 1793（2007) 号决议，联塞综合办最迟在 2008 年 9 月 30 日结束工作，其时将会成立一个综合政治办事处，全力推动和平建设进程，协调国际社会的捐助行动，支持和平委员会和和平基金会的工作，完成联塞综合办任务规定所剩余的任何任务，尤其是促进全国和解，

1 联合国秘书长报告，S/2005/419。

2 联合国安理会决议，S/RES/1620 (2005)。

支持宪政改革进程。[1] 2008 年 8 月 4 日，安理会通过了第 1829（2008）号决议，确定在联塞综合办 2008 年 9 月 30 日完成任务后，联合国塞拉利昂建设和平综合办事处（联塞建和办）自 2008 年 10 月 1 日开始运转，其工作重点是向塞拉利昂政府提供支持：（a）对国家和地方两级提供政治支持，以查明并化解任何来源的紧张局势和可能爆发冲突的威胁；（b）监察和促进人权、民主体制和法治，包括努力打击跨国有组织犯罪和毒品贩运；（c）巩固善治改革，并特别注重诸如反腐败委员会等反腐败工具；（d）支持权力下放、对 1991 年《宪法》进行审查并颁布相关立法；（e）与建设和平委员会密切协调并支持其工作，以及实施《建设和平合作框架》和建设和平基金所支持的项目。[2] 联塞建和办最终在 2014 年 3 月 31 日完成了安理会赋予的任务，其职责转交给了根据联合国发展援助框架（联发援框架）而成立的联合国国家工作队。

1 联合国安理会决议，S/RES/1793 (2007)。

2 联合国安理会决议，S/RES/1289 (2008)。

参考文献

刘恩照，1999，《联合国维持和平行动》，法律出版社。

杨双等，2003，《各国事变大史典：世界政变兵变总览》，安徽人民出版社。

Adeboye, F. I. 2020. The Liberian Conflict and the ECOMOG Operation: A Review of Nigeria's Key Contributions. Global Journal of Political Science and Administration, 8(3).

Ajayi, T. 2008. The UN, the AU and ECOWAS: A Triangle for Peace and Security in West Africa? Friedrich-Ebert-Stiftung, Department for Development Policy.

Akonor, K. 2017. UN Peacekeeping in Africa: A Critical Examination and Recommendations for Improvement. Springer International Publishing.

Albrecht, P. and P. Jackson. 2015. Securing Sierra Leone, 1997–2013: Defence, Diplomacy and Development in Action. Routledge.

Asangna, C. 2021. Politics of Decline: Siaka Steven's Patron-Client

Government and How It Failed the Sierra Leonean State Structure, Journal of Humanities and Social Science, 26.

Audu, B. N. 2017. The Nigeria Led ECOMOG Military Intervention and Interest in the Sierra Leone Crisis: An Overview, Social Sciences, 8(4), S1.

Bangura, J. J. and M. Mustapha. 2010. Sierra Leone beyond the Lomé Peace Accord. Palgrave Macmillan.

Bolton, J. R. 2000. United States Policy on United Nations Peacekeeping: Case Studies in the Congo, Sierra Leone, Ethiopia–Eritrea, Kosovo, and East Timor. World Affairs, 163: 129.

Bolarinwa, Joshua et al. 2021. Rethinking Nigeria's Participation in Peacekeeping Operations, 45.

Brattberg, E. 2012. Revisiting UN Peacekeeping in Rwanda and Sierra Leone. Peace Review, 24(2): 156–162.

Brosig, M. 2015. Cooperative Peacekeeping in Africa: Exploring Regime Complexity. Routledge.

Bullion, A. 2001. India in Sierra Leone: A Case of Muscular Peacekeeping? International Peacekeeping, 8(4): 77–91.

Choedon, Y. 2007. India and the Current Concerns of UN Peacekeeping: Issues and Prospects. India Quarterly, 63(2): 150–184.

Cubitt, C. 2012. Local and Global Dynamics of Peacebuilding: Post–conflict Reconstruction in Sierra Leone. Routledge.

Dauda, M. M. Z. B. Ahmad, and M. F. Keling. 2017. Nigeria's Role and Its Peacekeeping Challenges in Africa: An Assessment. European Journal of Social Sciences Studies.

Dauda, Muritala, Mohammad Zaki Ahmad and Mohamad Faisol Keling. 2019. Foreign Policy and Afrocentricism: An Appraisal of Nigeria's Role. Journal of Business and Social Review in Emerging Economies, 5 (1).

Denney, L. 2014. Justice and Security Reform: Development Agencies and Informal Institutions in Sierra Leone. Routledge.

Denov, M. S. 2010. Child Soldiers: Sierra Leone's Revolutionary United Front. Cambridge University Press.

Diehl, P. F. and E. Pharaoh Khan. 2000. Financing UN Peacekeeping: A Review and Assessment of Proposals. Review of Policy Research, 17(1): 71–104.

Dorman, A. M. 2016. Blair's Successful War: British Military Intervention in Sierra Leone. Routledge.

Dobbs, M. 2015. British Intervention in War–torn Sierra Leone, 1997–2015. Princes Risborough: West Africa Study Circle.

Ducasse-Rogier, M. 2004. Resolving Intractable Conflicts in Africa: A Case Study of Sierra Leone. Netherlands Institute of International Relations "Clingendael".

Gberie, L. 2000. First Stages on the Road to Peace: The Abidjan Process (1995-96). Accord: An International Review of Peace Initiatives, (9): 18-27.

Green, D. M., C. Kahl and P. F. Diehl. 1998. The Price of Peace: A Predictive Model of UN Peacekeeping Fiscal Costs. Policy Studies Journal, 26(4): 620-635.

Guéhenno, J. M. 2008. United Nations Peacekeeping Operations: Principles and Guidelines. Department of Peacekeeping Operations United Nations Secretariat One UN Plaza, New York.

Harris, D. 2012. Civil War and Democracy in West Africa: Conflict Resolution, Elections and Justice in Sierra Leone and Liberia. Bloomsbury Publishing.

Harris, D. 2014. Sierra Leone: A Political History. Oxford: Oxford University Press.

Hough, L. 2007. A Study of Peacekeeping, Peace-Enforcement and Private Military Companies in Sierra Leone. African Security Review, 16(4): 8-21.

Hoffman, D. 2011. The War Machines: Young Men and Violence in Sierra Leone and Liberia. Duke University Press.

Hollis, B. J. 2015. Evaluating the Legacy of the Special Court for Sierra Leone. In Evaluating Transitional Justice: Accountability and Peacebuilding in Post-Conflict Sierra Leone. London: Palgrave Macmillan UK.

Khanna, J., T. Sandler and H. Shimizu. 1999. The Demand for UN Peacekeeping, 1975-1996. Kyklos, 52(3): 345-368.

Kilroy, W. 2015. Reintegration of Ex-combatants after Conflict: Participatory Approaches in Sierra Leone and Liberia. Springer.

Kemp, G., and D. P. Fry. 2004. Keeping The Peace: Conflict Resolution and Peaceful Societies around the World (Vol. 8). Psychology Press.

Lawson, A. 2007. DFID Budget Support to Sierra Leone, 2004-2007: Achievements & Lessons for the Future. London: Overseas Development Institute.

Lipson, M. 2010. Performance under Ambiguity: International Organization Performance in Un Peacekeeping. The Review of International Organizations, 5: 249-284.

Lord, D. 2000. Paying the Price: The Sierra Leone Peace Process. Conciliation Resources.

Malan, M., P. Rakate and A. McIntyre. 2002. Peacekeeping in Sierra Leone: UNAMSIL Hits the Home Straight. Pretoria: Institute for Security Studies.

MacQueen, N. 2014. United Nations Peacekeeping in Africa since 1960.

Routledge.

McGregor, A. 1999. Quagmire in West Africa: Nigerian Peacekeeping in Sierra Leone (1997–1998). International Journal, 54(3).

Mitton, K. 2015. Rebels in a Rotten State: Understanding Atrocity in the Sierra Leone Civil War. Oxford University Press.

Olonisakin, F. 2007. Peacekeeping in Sierra Leone: The Story of UNAMSIL. Lynne Rienner Publishers.

Rashid, I. 2000. The Lomé Peace Negotiations. Accord: An International Review of Peace Initiatives, (9): 26–33.

Rasid, Koroma. 2012. Siaka Stevens; The Good, The Bad And The Ugly: How Much Did He Destroy Sierra Leone Politically And Economically. This Is Sierra Leone.

Richards, P. 2003. The Political Economy of Internal Conflict in Sierra Leone. Conflict Research Unit.

Roberts, A. 1994. The Crisis in UN Peacekeeping. Survival, 36(3): 93–120.

Robinson, J. A. , and T. Verdier. 2013. The Political Economy of Clientelism. The Scandinavian Journal of Economics, 115(2): 260–291.

Safiyanu, S., R. A. Rogers, and Amin WSRWA. 2020. Nigeria's Foreign Policy Goals in Peacekeeping Operations in Africa. Intellectual Discourse, 28(1): 215–240.

Schümer T. 2007. New Humanitarianism: Britain and Sierra Leone, 1997–2003. Springer.

Turner, T. and C. Young. 1985. The Rise and Decline of the Zairian State. Madison, WI: University of Wisconsin Press.

Varisco, A. E. 2017. Research in Security Sector Reform Policy: The Case of Sierra Leone. Springer.

Zack-Williams, A. B. 1999. Sierra Leone: The Political Economy of Civil War, 1991–1998. Third World Quarterly, 20(1): 143–162.

作者简介

庆学先，三江学院英语副教授，曾参与联合国在塞拉利昂的维和行动。

武装到绵羊：关于以色列定居者在南希伯伦山区殖民活动的田野笔记

［英］安德鲁·瑞格比

摘　要　当媒体将注意力集中在以色列对杰宁和纳布卢斯的毁灭性军事袭击以及对东耶路撒冷的土地征用时，以色列定居者正在约旦河西岸对巴勒斯坦牧民展开一种慢慢炙烤的暴力活动，寻求对牧民土地和生计的控制。2023 年 6 月在以色列希伯伦山区南部的田野考察表明，在约旦河西岸放羊放牛已逐渐成为以色列撵走巴勒斯坦社区最重要的机制。

关键词　巴以冲突　殖民活动　南希伯伦山区

当媒体将注意力集中在以色列对杰宁（Jenin）和纳布卢斯（Nablus）的毁灭性军事袭击以及对东耶路撒冷的土地征用时，以色列定居者正在约旦河西岸对巴勒斯坦牧民展开一种慢慢炙烤的暴力活动，寻求对牧民土地和生计的控制。2023 年 6 月，我前往以色列希伯伦山区南部，从事田野考察，所见所闻如下。

图 1　马萨法亚塔的巴勒斯坦牧民和他的羊群（安德鲁·瑞格比摄于 2023 年 6 月）

背景：占领、定居与分裂

1995 年 9 月签订的《奥斯陆第二协议》（*Oslo II Accords*）将约旦河西岸地区划分给巴勒斯坦权力机构（PA）和以色列，过渡期为 5 年。整个地区约 39% 的土地移交给巴勒斯坦权力机构（A 区和 B 区）实施有限责任管理，其余 61% 的土地由以色列完全控制（C 区）。

1995 年协议的临时性质，使得抢夺 C 区土地成为所有试图破坏和平进程者的当务之急。

以色列批准的所有 125 个定居点都位于 C 区，还有大片土地被以色列界定为由这些定居点的地方和地区委员会管辖。这些区域占地约 21 万公顷，约占 C 区面积的 63%，包括大部分国有土地。

从 20 世纪 90 年代中期开始，尽管当局未授予正式许可，但在其鼓励和支持下，C 区开始建立起越来越多的非法前哨定居点。

马萨法亚塔（Masafer Yatta）的春天

6 月，我结束了对被占领的约旦河西岸南希伯伦山区的实地考察。我是一个研究小组的成员，该小组在探索非武装平民保护的形式（比如陪伴）如何能增强住在希伯伦以南干旱地区（又称马萨法亚塔）的巴勒斯坦人的安全。这里的大多数巴勒斯坦居民时常生活在恐惧中，担心被强行驱逐，因为马萨法亚塔有一大片地区被指定为封闭的“射击区”，用于军事训练目的。

除了面临房屋遭拆毁的威胁，马萨法亚塔的居民还要面对以色列定居者不断实施的暴力，而后者经常能得到以色列占领军的协助，由此“破坏了当地居民的人身安全，对其精神和社会心理健康施加了负面影响，降低了他们的生活水平，增加了他们对人道主义援助的依赖”[1]。

在这个半沙漠化地区，大多数巴勒斯坦人依赖小规模种植农作物与畜养绵羊和山羊为生。到了春天，山上草木萌发，牧民会来放羊。他们有时为了自保，会

1 《联合国报告》，2022 年 6 月。

成群结队前来，以防受到定居者的攻击。偶尔也会有国际志愿者陪他们前来，起到保护作用。事实证明，这些措施是必要的，因为与以色列定居者的冲突与日俱增，定居者利用牧羊作为一种工具，试图以最小的代价夺取最多的土地。

以色列的牧羊定居者以近年来数量如雨后春笋般增加的前哨农场为基地。根据以色列非政府组织“拿伯的葡萄园”（Kerem Navot）的一份报告，“在约旦河西岸放羊放牛已逐渐成为以色列撵走巴勒斯坦社区最重要的机制”。

牧民的故事

B 的儿子赶着羊群出去了。一些定居者骚扰他，不让他接近位于自家土地上的水井。冲突升级，一名定居者杀死了 B 的一只羊。直到邻居们对叫喊声有了反应，定居者们才撤走。

后来，B 的儿子去以色列警察局（因为这里位于 C 区）报案，并设法指认出杀羊的那个定居者。警方没有采取行动。

随后几天，B 在国际人员和以色列人的陪伴下，试图接近他的水井。戴着面具的定居者每次都阻止他们给羊群喂水，并得到了在场以色列士兵的支持。有一次，对抗升级，用上了催泪瓦斯，B 的一个儿子还遭到逮捕。

B 反复试图向以色列士兵出示文书证据，证明水井位于自留地上：“为什么总会发生这种情况？我们有使用这口井的合法权利，也有土地所有权的证明，但他们一直阻止我们使用这口井。”

有一次，在与定居者的对抗结束后，次日凌晨 3 点，一队士兵突击搜查了 B 的家，逮捕了他 19 岁的儿子，指控他打伤了一名定居者。

此后，定居者开始在他家土地上放羊。而这家人不仅要收集文件、向警方投诉、对付牧羊定居者持续不断的暴力威胁，还要处理起诉他儿子的法庭案件，随之而来的压力对 B 一家人的身心健康造成了重大损害。

“危险的”年轻人

那些前哨基地似乎主要由以色列年轻人组成，据“拿伯的葡萄园”的报告《狂野西部》（*Wild West*）说，其中包括不少被以色列当局视为“危险的”年轻人。

地方当局认为，在这些农场就业具有“改造”潜力，因此，可以招募那些不务正业的青年来为公共事业服务。然而，在这种“改造”理念的背后，还隐藏着一个非常简单和实在的问题：需要一批可用、廉价、暴力的劳动力，能够并愿意参与边境生活所要求的日常“行动”。

未来：进一步撵走

当地一位记者为该地区的未来描绘了一幅悲观景象。他提及一个只有几户人住的小村庄，那里已成为牧羊定居者的攻击对象：

> 几英里外，一个小社区的生活深受其害。社区里的人能做什么？定居者有狗有枪。他们声称是在国有土地上放牧，但他们的羊群却进入了私人土地。……许多其他小社区已受到并将继续受到类似的影响。牧羊定居者擅自闯进来，当地人朝他们扔石头，然后军队来了，将当地人逮捕。
>
> 人们会离开。社区将解散。……巴勒斯坦人如何保护自己？这是以色列国家政策的一部分，也是以色列国家制度的一部分——建立新的农场、新的前哨、创造新的事实。当地的形势变化就是如此之快。（内塔尼亚胡领导的）新联合政府的部长们是这种扩张主义政策的推动者……

农业前哨基地及其拥有的羊群的主要目标，是将当地巴勒斯坦的农牧社区连根拔起，如此一来，这片土地就留给以色列定居者自由进出了。实现这一目标的手段是持续不断的骚扰和一定程度的暴力活动，以此破坏当地巴勒斯坦人一度拥有的安全感。在这些社区中，一旦失去自留地，就失去了一切。正如一位当地领导人解释的：

> 我们的当务之急是保护土地。我们是农民社区，我们依赖土地。所以，这是我们的当务之急。……在我们的社区，要是没了土地，就没了收入来源和保障。无论如何，土地都是我们生存和存在的核心。如果没有土地，就只能去其他地方生活。

（董睿智　译，宋立宏　校）

作者简介

安德鲁·瑞格比（Andrew Rigby），英国考文垂大学和平研究荣誉教授。

书评 | Book Reviews

艾哈迈德·阿布哈特：

《水：和平的促成者——跨境水资源管理与冲突化解》

陈紫竹

Ahmed Abukhater, *Water as a Catalyst for Peace: Transboundary Water Management and Conflict Resolution*, London: Routledge, 2013.

艾哈迈德·阿布哈特是一名巴勒斯坦、美国双重国籍的国际政治问题研究专家，出生于巴勒斯坦加沙地带的南部城市拉法（Rafah）。他在巴勒斯坦大起义（Palestinian Intifada）的动荡中长大，特殊的成长经历使他特别关注水资源在维护和平与安全方面的作用。此外，他在美国得克萨斯大学奥斯汀分校获得社区与地区规划博士学位，其博士课题聚焦跨境水资源管理、冲突化解和水外交（hydro-diplomacy）。《水：和平的促成者——跨境水资源管理与冲突化解》一书，可谓融汇了他独特的生命经验和长期的研究积淀。

本书共分为 7 章。第 1 章为文献综述。第 2 章为研究方法说明。

在第 3 章，他首先回顾了 1948—1999 年的 1735 次与水资源相关的政治事件，发现其中仅有 507 次为政治冲突。这 507 次冲突中，仅有 37 次为武装冲突，而这 37 次武装冲突中的 30 次都是以色列与其邻国之间的冲突。他由此指出，虽然一直以来公众普遍认为由水资源分配而引发的国际冲突会越来越多，但是事实上水资源议题在国际合作中发挥着越来越举足轻重的作用。此外，他还在前两章内容基础上，挑选出苏丹、埃及、伊拉克、土耳其、叙利亚、印度、巴基斯坦、莱索托、南非、纳米比亚、以色列、约旦、孟加拉国、美国和墨西哥在1946—2001年签署的9个双边水资源分配协定，予以一一检视；继而从中遴选出两个最具代表性的协定，予以深入考察、全面比较。这两个协定分别为1994年以色列与约旦签署的水资源分配协定，1986年南非与莱索托签署的水资源分配协定。

在第4章，他深入考察了1994年以色列与约旦签署的水资源分配协定。其主要内容为：（1）以色列每年冬季从雅尔穆克河（Yarmouk）分得1200万立方米的水量，每年夏季分得1300万立方米的水量，而约旦则分得剩余的水量；（2）约旦每年从约旦河分得2000万立方米的水量，而以色列则分得剩余的水量（预计6亿立方米）；（3）约旦每年可额外获得5000万立方米的可饮用水，水源地待定；（4）以色列每年从阿拉巴谷（Wadi Araba）汲取1000万立方米的地下水，而约旦则相应每年获得以色列提供的1000万立方米的淡化的海水，在相关海水淡化设备启用前，约旦从加利利湖提取1000万立方米的淡水。此协定明显倾向以色列的利益，从而引发了约旦民众的不满，可以说并不成功。

在第5章，他深入考察了1986年南非与莱索托签署的水资源分配协定。这一协定即“莱索托高地水利项目”（Lesotho Highlands Water Project），其主要内容为：通过4个阶段的水利设施建设，将莱索托境内的橙河（Orange River）及其支流中的700万立方米的水引入南非境内，而南非则向莱索托政府支付资源使用费。该协定遵循“用资金交换资源”的原则，使莱索托、南非两国各取所需，获得两国民众的拥护，可以说较为成功。

第6章是本书的重点，从协定的形成过程、协定的科学性与协定内容本身三个层面，比较了1994年以色列—约旦水资源分配协定与

1986 年南非—莱索托水资源分配协定。就协定的形成过程而言：首先，以色列与约旦围绕水资源分配进行谈判时，并未考虑其他约旦河沿岸国家的水资源需求；而南非与莱索托进行谈判时，则将所有利益相关方都聚集在一起，共同参与橙河水资源的分配与管理。其次，南非与莱索托商定分阶段实施协定，徐徐推进，有条不紊；而以色列与约旦则未做协定实施的阶段性安排，急功近利，适得其反。再次，以色列与约旦之间的谈判缺少第三方的全程协调，最终酿成以色列以势欺人的局面；而南非与莱索托之间的谈判则得到世界银行的资助与协调，推动了国际社会对南非—莱索托水资源分配协定的支持和参与。最后，以色列与约旦之间的谈判以实用主义为导向，轻视国际法，缺乏明确的规则；而南非与莱索托之间的谈判则以国际法为标杆，谈判中的争端处理有法可依。就协定的科学性而言：以色列与约旦在签署协定前没有共享各自国家的经济、人口数据，也未对两国未来人口数量做准确预测，所签署的协定在两国人口暴涨之后缺乏可操作性；南非与莱索托则早在 1978 年就成立了联合技术委员会（Joint Fact Finding），负责两国经济、人口、水文数据的调查与披露。就协定内容本身而言：以色列—约旦水资源分配协定缺乏灵活性，在极端干旱的年份不具可行性，而南非—莱索托水资源分配协定则反之。以色列—约旦水资源分配协定缔结后，两国设立了联合水资源委员会（Joint Water Committee），负责监督协定的实施，但该委员会开会时间不定，监督能力有限；而南非与莱索托设立的联合常设技术委员会（Joint Permanent Technical Commission）则定期开会，监督能力较强。

在比较的基础上，作者得出以下结论：（1）围绕水资源分配的协商应以国际法为基本遵循，同时注意谈判的灵活性；（2）制定水资源分配方案要实事求是，具体问题具体分析，在灵活性与合规性之间把握平衡；（3）在谈判时，要注意地区历史文化因素，吸收民间智慧，可用传统方式解决争议；（4）以文化与信仰为媒介，在谈判前向谈判对手传达善意；（5）分阶段、多年多轮开展谈判，以前一轮谈判的进展作为后一轮谈判的基础，最终形成一系列协定；（6）在水资源的分配中，确保居民生活用水的优先权；（7）可用经济、政治、战略利益交换水资源；（8）制定水资源分配方案时，不能简单地分割水量，而应结合时间因素，在特定季节为特定国家分配特定比例的水量；（9）以居民生活用水需求而非国家权力，为分配水资源的准绳；（10）确保谈判过程公开透明，以加强公众对分配方案的认同感；（11）加强公众对谈判的参与，听取公众的意见，群策群力；（12）确保所有利益相关方参与谈判；（13）确保有中立、可靠的第三方全程参与谈判。

在第 7 章，作者对相关领域的未来研究趋势做出展望。该书内容十分丰富，上述内容只是其中的枝干部分，限于篇幅，书中许多精妙之处不能一一尽述。总之，这是一本值得政府官员、专家学者借鉴与研读的国际水政治研究与和平学的专著。

约翰·保罗·莱德拉赫：

《建设和平：分裂社会中的可持续和解》

黄牧宇

John Paul Lederach, *Building Peace: Sustainable Reconciliation in Divided Societies*, Washington, DC: United States Institute of Peace Press, 1999.

在大众媒体中浏览全球新闻，总能看到冲突在世界各地无休无止，有些甚至愈演愈烈，似乎看不到化解的希望。为何分裂和暴力始终困扰着世界？为何通向和平之路如此艰难？面对暴力的循环，我们真的束手无策吗？约翰·保罗·莱德拉赫总结了多年一线和平建设实践工作经验，写就了本书，回应了上述疑问，为我们展示了一套经过实践检验的和平建设具体操作框架。

约翰·保罗·莱德拉赫是美国圣母大学国际和平建设荣誉退休教授、社会学博士，因其在冲突转化领域的开创性工作而享誉学界与业界。他在拉丁美洲、非洲和美国有着丰富的和平建设工作经验，曾对索马里、北爱尔兰、尼加拉瓜等地的和平进程做出了贡献，在五大洲的 25 个国家帮助设计和开展培训项目。这些实践经历为其冲突转化理论体系的建立与丰富奠定了基础，正如作者在本书开篇部分所言，实践是他思考的出发点，该理论方法是对其经验的归纳。

本书共分为三个部分：第一部分是对当代冲突特点的概述。第二部分介绍了学界基于实践经验产生的和平建设理论，也包括对核心操作性概念的描述，并提出构建可持续和平具体操作方法的建议。第三部分以当代四个冲突为例，分析了这一方法如何应用于实践。

当代武装冲突究竟有着怎样的性质？基于学者对二战以后全球冲突的统计数据发现，冷战期间的热冲突均发生在边缘地区，这些地区也是脆弱地区，人类的基本需求（如住房、医疗、健康和教育）很难得到满足。后冷战时代，全球冲突格局主要有两大发展趋势：其一，中型武装冲突数量稳定且持久化；其二，小型武装冲突数量急剧增加。多数冲突发生在国家内部，而不是国家间。身份认同问题是多数冲突爆发的缘由，其背后往往有着复杂的国际化背景。在地理分布上，冲突仍然集中在南方发展中国家，东欧和苏联部分地区武装冲突明显增加，拉美武装冲突减少。

上述特征给和平建设工作带来巨大的挑战。第一，身份问题导致的旷日持久的矛盾，很难依靠快速的应对方案与简单的和平进程来加以解决。第二，国内冲突具有普遍性，导致国际干预的机制是有限的，过去国家主义的冲突应对方案很难发挥作用。第三，国内冲突往往受到社会文化和心理因素的驱动，过去意识形态矛盾的解释路径不再具有说服力。上述种种，揭示了一个我们并不愿承认的事实——我们缺乏适应当前全球冲突特征的应对范式。

构建一个新的冲突分析与应对框架是当务之急。莱德拉赫从个人在索马里、尼加拉瓜等地的工作经验出发，提出了和平建设的概念性框架。作者认为，和平建设不应仅仅是和解之后的重建，应该以更全面的视野将其理解为一种动态结构，它囊括了能将冲突转化为更可持续的和平关系所需的全部过程与方法，目的是应对结构性问题，重建关系，发展维系和平的基础设施。在随后的章节中，作者阐述了构成这一框架的各个组成部分，包括结构、进程、关系（整合框架）、资源和协调。

构建和平建设框架的前提是转变我们对和平建设工作的根本预

期，从过去关注如何解决问题，转向关注关系的恢复和重建。后者的实现需要一个社会空间，冲突各方聚集在这里分享看法和感受，探讨共同的未来。创造、维系、发展该空间的进程便是和解，这是和平建设的重中之重。有了目标，就要搭建基本的行动框架结构，这一和平基础设施的建设需要高层（军政、宗教领袖）、中层（机构领袖）和基层行动者（群众领袖）共同协调。其中，中层是兼具影响力和灵活性的关键环节。

冲突也有生命周期，是一个动态的进程。和平建设不仅仅涉及停火或谈判，更要在冲突发展的各个阶段有针对性地采用不同的策略。但仅仅在时间维度设计是不够的，我们要认识到和平建设是一个进程结构，要将纵向的“表象问题与深层系统”的关系结构与横向的“短期问题解决与长期关系重建”的时间进程整合起来，这要求我们同时思考冲突根源、危机应对、关系愿景与变革策略。可持续的和平建设需要资源的支持，资源不仅仅是资金，社会经济的分配策略与社会文化中支持和平建设的传统也是重要资源。冲突中的人不仅是援助的接受者，他们可组建成一个支持和平的团体，基于当地的文化传统发挥中层行为者的作用，也能为和平建设带来源源不断的动力。

让上述所有的要素发挥作用的关键在于协调，这并不需要依靠一个中心化的和平机构，而是要通过建立各行为体间的联系，最大限度地发挥资源的效益。例如，制定“和平清单”，建立中高层沟通渠道，开设和平捐助者会议，成立战略资源小组，等等。和平建设的复杂性与长期性提醒着我们，和平不仅仅是一个理想信念，更是一套具体的技术，需要通过教育和培训才能更好地发挥作用。现有培训模式往往只关注冲突分析技能和谈判技能的传授，而忽视了培训本身也是建立关系的场所，应以过程为导向，促进行动但不规定如何行动。

作者最后还讨论了如何评估和平建设的成效。本书的结尾，通过对苏丹、埃塞俄比亚、卢旺达、索马里等国国内冲突的分析，进一步阐释了书中提及的行动者金字塔模型、嵌套范式、多重时间表、转化式培训如何运用于具体的冲突分析与和平建设。

本书的理论创新是毋庸置疑的。冲突转化，与以往旨在通过仲裁、调解和谈判的方式结束暴力，从而寻求应对方案的冲突解决范式不同；也与旨在控制和缓解冲突，避免暴力升级的冲突管理范式不同，它有着更宏观的整体视角，面向冲突中的人，致力于关系的重建。这套理论已经成为当前国内外冲突化解教育、和平教育中绕不开的话题，并且是世界各地和平行动者实践工作的重要指南，由此足见其影响之深。

有不少批评者认为，莱德拉赫的方案不切实际，关注国际新闻的读者也很容易从现实政治中找到让我们忽视这些理论的依据。例如，在本书写作20余年后的今天，即便经历了系统的和平建设，苏丹、索马里依然陷于深重的暴力循环，这确实无情地提醒了我们和平框架的脆弱性以及冲突转化的艰巨性，但这绝不是否认该理论价值的理由。莱德拉赫理论的终极旨归在于改变冲突中的人，框架的搭建与维系都是为了让这种改变能持续进行。还魂的暴力不会让和平建设的努力归零，因为冲突转化已经在行动者心中种下了和平的种子。任何知识、观念的传播与接受都是不可逆的，非暴力与冲突转化的理论亦如此，一旦冲突环境中的行为者建立了认知，就很难再无视这套哲学、站在过去的角度思考问题了，“知识诅咒”（Curse of Knowledge）发挥了影响。

传播即是价值，和平建设的每一砖、每一瓦都不会石沉大海。那么问题的关键在于，如何更大限度地传播和平的知识，如何让冲突中更多的行动者都有走向和平的意愿，让他们知道冲突转化是一种选择？回望现实，很多和平建设的进程被阻滞在这第一步，在经历了长期激烈的敌对情绪与认同危机后，“和解”的倡议容易被扣上“背叛”“软弱”甚至“犯罪”的帽子，高层行为者面对汹涌的民意，无法后退一步。没有高层的授意，至关重要的中层行动又从何谈起？莱德拉赫告诉了我们，如何从一块砖头、一根木材开始搭建一座和平的小屋，但没有论述如何在冲突的乱局中找到一块造房的空地，实属一大缺憾。这一论题背后定然涉及社会心理、舆论与传播、政治参与等问题的探讨。这也意味着，和平与冲突研究领域还有待更多学科的入场。

郭延军、苗吉：

《亚太地区的预防性外交、和平建设和安全：不断发展的规范、议程和实践》

敬璇琳

Guo Yanjun, and Miao Ji, *Preventive Diplomacy, Peacebuilding and Security in the Asia-Pacific: Evolving Norms, Agenda and Practices*, Singapore: World Scientific, 2022.

《亚太地区的预防性外交、和平建设和安全：不断发展的规范、议程和实践》一书，是“亚洲区域合作研究系列”中的第七卷，由中国外交学院亚洲研究所和世界科学出版社联合推出。中国外交学院亚洲研究所是亚洲三大最具影响力的二轨机制之一，是东亚智库网络（NEAT）、东盟—中国智库网络（NACT）和三边合作智库网络（NTCT）的中国联络点。“亚洲区域合作研究系列”致力于激励更多的专家学者，以及以私人身份加入的政府官员加入亚洲合作的二轨外交，为官方合作提供更充分的智力支持，从而促进亚洲各国的有效合作。

本书作者是北京大学国际关系学院国际关系学教授、中国外交学院亚洲研究所所长郭延军，以及中国外交学院亚洲研究所副研究员、国家领土主权与海洋权益协同创新中心研究员苗吉。

本书分为三个部分，主要探讨了预防性外交的概念、规范和演变及其在亚洲地区的应用。第1—4章为第一部分，追溯了预防性外交在亚洲的兴起和思想根源。该部分将预防性外交的复杂性和独特性娓娓道来，梳理了其作为一种哲学理念的演变历程，并解答了该外交理念为何首先在东盟区域论坛中得到实施和改进。除历史性的单线梳理外，该书就“预防性外交”在联合国、非洲联盟、欧洲安全与合作组织、东盟地区论坛、美国、日本进行了对比研究，通过比较其含义、手段、范围、实践和原则的共性和差异，揭示了其产生原因和一般规律。

第二部分即第5—12章，论述的重点是预防性外交可供使用的方法以及将其付诸实践的具体手段。这一部分研究了影响亚太地区安全的主要问题，比如朝鲜核危机、可持续发展、环境保护、南海争端、阿富汗和平进程，以及更广泛的亚太安全与和平问题。此外，还讨论了预防性外交作为一种天然的治国方式，可以促进亚洲国家之间的交流与合作，帮助彼此分享发展经验、共同应对挑战，推动地区繁荣与稳定，肯定了预防性外交为亚洲国家实现共同发展和繁荣的有益价值。

第三部分即第13—18章，探讨了预防性外交可能遭遇的挑战，以及近期面临的陷阱。作者指出，挑战可能包括复杂性与不确定性、利益冲突、资源限制与政治意愿。预防性外交往往涉及复杂的国际政治和地缘政治问题，而且未来的事件发展往往充满不确定性。因此，为了有效应对挑战和避免陷阱，预防性外交需要基于全面的情报和分析，遵循国际法和道义原则，同时重视对话、合作与共赢。透明沟通、建立信任和共识也是预防性外交取得成功的关键。

总的来说，本书的三个部分均采用了纵向与横向的论述逻辑。横向提供了多视角的对比，有助于读者全面理解问题；而纵向则通过逻辑结构和因果关系展示了事件或观点的发展过程，其逻辑结构大大增强了文章的条理性。

本书内容丰富，优点颇多。首先，该书充分融合了理论框架、经验证据以及案例研究等，在研究方法上别具一格。这种理论框架和经验证据相结合的方法，有力地为国际政治决策提供了基于实证的建议。

比如，就预防性外交在东亚和东南亚的发展议题，第 2 章以东盟和东盟地区论坛为例，考察了预防性外交中“合作 / 共同安全原则”在东盟的过往历史和既有经验，倡导一种政治安全共同体，其基本原则是以规则为基础，拥有共同的价值观和规范。值得注意的是，本书大量使用了案例研究的方法。第 13 章聚焦中亚地区的预防性外交时，以联合国中亚预防外交区域中心（UNRCCA）这一合作机制为案例，剖析了中亚面临的安全问题、该机制的运作过程和实操困境。第 14 章以东盟地区论坛为例，解释了中美间的机构竞争破坏东盟中心地位的四种方式，进而预测东盟中心地位的前景，并为中国的应对之策提供建议。第16章以世界卫生组织及其发布的相关报告为案例，梳理了“知识网络”和健康“安全化”的历史与现实发展，论证了知识权威已成为全球治理的合法源泉，同时也带来了医疗权威霸权的争议。可见，本书能够从多个角度审视不同的国际政治现象，其综合视角能帮助我们更好地理解事件和现象的本质，而不受单一理论的局限。它结合了不同的研究方法和数据来源，从而能够更全面、准确地理解复杂的国际政治现象，并为实践和政策提供更可靠的支持。

其次，作为一本致力于推进二轨外交的政治类书籍，本书具备充足的政策针对性。本书作者是来自中国、美国、俄罗斯、印度、印度尼西亚和巴基斯坦等不同国家国际关系领域的学者和实践者、外交官以及政策制定者，为读者带来了对本国以及整个亚太地区所面临的外交挑战的见解。本书指出，预防性外交必须与干预主义和其他依赖权力而非谈判的外交形式区分开来。它在应对亚洲各地不断恶化的边界争端，以及将各国团结在发展和泛亚主义的努力方面有较强的实用性。军国主义冒险通常不能为亚洲国家带来理想的结果，而只会造成巨大的人类创伤和破坏，但预防性外交以协商和对话为基础。因此，本书力求为读者提供对预防性外交及其各种表现形式的正确和知情的理解，把该地区的各种冲突和问题置于预防性外交的范围内，并提出解决方案。本书还提供了关于预防性外交如何适应当地情况的具体见解，以确保它与亚太地区本身蓬勃发展的文化规范形成一种良性的互动。

最后，该书具有较强的时效性。考虑到国际政治的快速变化，本书选取了东盟地区论坛、东南亚区域主义、自由主义、和平研究、朝鲜核危机、环境保护、南海争端、“一带一路”倡议等近年来热议话题，提供了对该地区独特的挑战和动态的详细探索，展现了本书对于亚太地区安全形势不断变化的最新见解。这种及时性，不仅对寻求最新信息和观点的学者与政策制定者来说颇有价值，也对读者了解外交政策的战略性和长远性非常有益。

总之，这本涉及亚太地区的外交、和平建设和安全议题的书，在内容、观点、方法和实用性上应当被给予较高评价。但同时，本书仍然有一定的优化空间。首先，鉴于本书的主题是“预防性外交”在亚太地区的发展，其观点范围较为有限，无法提供对主题的多样化分析，也无法捕捉到该外交理念在世界其他地区的复杂性和多样性。因此，这可能会限制其作为综合学术资源的用途。其次，本书大量使用案例研究的方法，尽管部分研究也建立在理论框架上，但未能充分运用相关国际关系理论或未能提供足够的理论支持来解释和分析事件和现象。书中大部分内容仍然属于历史经验的梳理和叙述，其具体观点容易因缺乏理论支撑而显得薄弱或不够有说服力。最后，鉴于本书致力于二轨外交的蓬勃发展，传播性是本书的重点，从这一角度来看，本书过于专业的术语将可能不太容易被更广泛的读者群体所理解，从而会限制其在促进更广泛的参与度上的影响力，但事实上内容质量和受众需求也是确保传播性和易读性的关键因素。

总之，本书对关心亚太地区安全和外交议题的读者来说，值得阅读。它可以让读者对亚太地区复杂的安全局势和外交关系有更深入的了解，同时也能为那些相关领域的研究者和决策者提供有益参考。

查尔斯·T. 考尔、塞德里克·德·科宁：

《新兴大国与和平建设：打破常规？》

申向洋

Charles T. Call, and Cedric de Coning, *Rising Powers and Peacebuilding: Breaking the Mold*? Cham, Switzerland: Palgrave Macmillam, 2017.

《新兴大国与和平建设：打破常规？》是“重新思考和平与冲突研究”系列丛书之一。主编为查尔斯·T. 考尔（Charles T. Call）和塞德里克·德·科宁（Cedric de Coning），两人均在和平学研究领域占有重要地位，是当代和平学尤其是和平建设研究领域的领军人物。考尔在斯坦福大学政治学院获得硕士和博士学位，专门研究和平建设、内战和国际干预。科宁在南非的斯泰伦博斯大学哲学系获得博士学位，也是和平与冲突研究领域的著名学者和实践者，专门研究和平建设、冲突解决和全球治理。两位主编丰富的学术经历和政策实践以及对和平研究未来发展趋势和实践形式的精准把控，为该书的组织和书写奠定了扎实的基础。

该书出自一个名为“建设和平的新行为者和创新方法”的跨国研究项目，旨在调查全球南方新兴大国在帮助和支持其他国家实现与维持和平方面的作用。因此，主编有意识地选择了能帮助读者理解这些国家建设和平的方法的撰稿人，最终以论文集的形式呈现。

全书大致可分为三个部分。第一部分介绍了各国在本国国情下建设和平的办法。作者试图以他们自己的方式描述国家建设和平的方法。每一位研究人员都试图具体说明不同国家官员和其他选民对“建设和平”一词含义的理解，并明确在官方文件和话语中使用的其他术语，这些术语指的是在传统圈子中可能被称为“建设和平”的一系列活动。在这些对国家方法的分析中，作者试图描述每一种方法是如何出现，以及它是如何在每个国家受到官僚限制的。本书从阿布德努尔（Adriana Erthal Abdenur）和考尔对巴西的分析开始，巴西在建设和平政策方面一直是最引人注目的国家之一。然后转向亚历山德拉（Lina A. Alexandra）对印度尼西亚的分析，印度尼西亚是区域建设和平的新参与者之一，特别是在东南亚的调解促进方面。下一章中辛格（P. K. Singh）详细介绍了印度作为一个独立国家在和平建设政策与活动方面的历程，解释了它对国家拥有、国家主导的发展的强调。萨扎克和伍兹关于土耳其在和平建设中的作用的章节反映了土耳其在人道主义外交中的扩大作用，以及它作为一个伊斯兰国家寻求在中东发挥更积极作用的身份。最后，介绍了南非领导人寻求支持非洲大陆的和平进程与冲突后的努力，包括和平行动，以及其他国家建设和平的方法。

本书的第二部分提出了三个案例研究，说明了新兴大国在转型国家中的作用。其一，很少有人认识到印度作为21世纪阿富汗第五大援助国的作用，辛哈（Shakti Sinha）的文章将印度的作用与阿富汗这个饱受冲突困扰的国家的传统贡献者的做法进行了对比。其二，当时的土耳其总理对索马里冲突的个人兴趣，帮助土耳其发挥了突出作用。正如萨扎克和伍兹（Onur Sazak and Auveen Elizabeth Woods）在案例研究中所分析的那样，人道主义、调解和制度建设帮助确定了土耳其建设和平的方法。其三，印度尼西亚等国一直是缅甸向民主过渡的重要支持者，并努力解决各种社区武装冲突。亚历山德拉和兰泰涅（Marc Lanteigne）的文章考察了这些建设和平的努力。最后一章对这些经验进行了分析，对所考察的不同新兴大国的共同特征进行了分类。此外，本书还指出了新兴大国在和平建设活动中的一些重要差异。这些内容显示了某种趋势可能以不同的方式演变，并反映了新兴大国作为伙伴国家建设和平努力的各种动机。结论部分还分析了新兴大国的做法对传统机构的影响。

最后，两位主编提出了一些关于新兴或中等大国更广泛的政治和战略作用理论化的启示。随着武装冲突数量的增加和受害者人数达到第二次世界大战以来的历史最高水平，“建设和平”日益成为解决全球暴力及影响人类后果的重要领域。它也是南北关系在全球治理演变中的重要窗口，包括这些国家在世界舞台中的身份。因此，这一分析不仅将有助于有关建设和平的政策辩论，而且将有助于全球治理的理论讨论。

该书对新兴大国在建设和平中的角色和途径的相关研究做出了重要贡献。不同的文化和政治制度为建设和平带来了不同的方法和战略。了解这些差异可以拓宽我们建设可持续和平的工具包，丰富关于建设和平的国际讨论，并为传统的以西方为中心的模式提供替代方案。传统上，西方建设和平模式往往强调自由民主和自由市场资本主义。它寻求建立民主治理、法治和经济自由化，遵循民主和开放经济体不会相互争斗并且内部更加和平的信念。虽然这些方法有其优点，但它们可能并不总是在所有情况下都是最佳解决方案。它们有时甚至会导致强烈反对或“建设和平的怨恨”，尤其是在没有充分考虑当地背景、文化和历史的情况下。这种怨恨可能源于这样一种看法，即这些建设和平的努力是一种新殖民主义形式，或者是在强行推广西方价值观和制度。相比之下，新兴大国可能会根据自己的历史、政治和文化背景带来新的视角。通过理解和学习这些不同的模式，我们可以拓宽建设和平的概念，根据当地具体情况调整战略，并有可能找到更有效的建设可持续和平的方法。这个过程涉及公开对话、相互学习以及对不同观点和经验的真正尊重。毫不夸张地说，该书对各种建设和平模式的审视为发展更加多元化、包容性和因地制宜的建设和平模式提供了机会。这种新的模式更加尊重多样性和多元化，更注重解决冲突的根源，并致力于促进可持续和平。

但我们在肯定该书价值的同时，也必须清醒地认识到该书的局限性。首先，该书系统地考察的六个重要的新兴大国并不能代表所有的新兴国家。其他国家可能有非常不同的建设和平的方法，值得进一步研究。其次，崛起的大国在建设和平的努力中往往优先考虑经济发展，但单靠经济发展不足以建设和平。它需要伴随着解决例如腐败、治理缺陷、侵犯人权和社会不平等政治和社会问题的努力。再次，经济发展带来的利益可能无法平均分配，这可能会加剧社会紧张局势。因此，对建设和平采取平衡、全面的方法至关重要。最后，崛起的大国可能有能力为建设和平做出重大贡献，但有时可能缺乏政治意愿。新兴大国建设和平的政治意愿不是既定的，它由需要在其特定背景下理解的各种复杂因素塑造。认识到这些因素可以帮助国际行为者更有效地与崛起的大国接触，促进合作，并建立一个更具包容性、多样化和有效的全球建设和平架构。尽管这条道路充满挑战，但潜在的好处，尤其是对新兴大国本身、对它们所帮助的国家以及对全球和平与稳定的好处是巨大的。

伊恩·M. 哈里斯：

《和平教育》

求一聪

Ian M. Harris, *Peace Education*, North Carolina: McFarland & Company, 1988.

《和平教育》的作者伊恩·M. 哈里斯 1943 年出生于美国，他的父亲是英国皇家空军的一名退役军官，他的叔叔亚瑟·哈里斯爵士是英国皇家空军轰炸机司令部的负责人，可以说他的家庭具有浓厚的军事背景。哈里斯是在暴力文化中长大的，他的成长史大致就是一部冷战史：人们生活在核战争的恐惧中，国际社会的大环境处于东西方的意识形态对抗中，和哈里斯同一代的年轻人还需要为了美国的全球战略去越南"冒险"，而他因留在马里兰州安纳波利斯的圣约翰学院上学而免于征召入伍。正是越南战争使他第一次质疑暴力在生活中的作用。

《和平教育》一书正如其名所示，讨论的是与和平教育有关的若干问题。前 3 章更偏通识性，主要面向想要了解和平教育的读者；第 4 章开始更偏专业性和应用性，主要面向教育工作者，讨论了许多和平教育开展中会遇到的具体问题，并给出了一些可供参考的解决方法。

总的来说，和平教育是通过教育的方式在人们心中建立起和平的概念，找出并教授以非暴力的形式解决冲突的方式。和平教育从社会的基础构成——每个个体的人——做起，是以文化的、潜移默化的方式来应对暴力的，相比于其他自上而下建立和平的做法（如依靠强大军事力量维持的罗马和平、冷战期间的核威慑），和平教育更具优点。和平教育主张先改变一小部分人，再从这一小部分人扩大至更大范围的人群，从而在社会上形成一种和平的共识。相比于依靠权力以压制手段建立起的自上而下的和平，和平教育建立的和平具有根本性，它是一种自下而上建立的产物，其基础更为稳固。但由于和平教育覆盖的议题范围相当广泛，加之教育对文化的影响非常缓慢，和平教育注定会是一个长期的过程。

哈里斯在讨论和平教育时引入了赋权（empower）这一概念，他认为，和平教育是一个赋权过程。赋权是指通过鼓励人们掌握自己的命运，让他们发现自己有能力带来改变。和平教育之所以教授和平，是因为许多公民对军国主义和暴力相关的问题一无所知。而这正是需要赋权的地方。和平教育试图让人们持续地从与世隔绝与绝望的状态变为积极参与的状态，通过激发人的主动性来做到增强和平的力量，这也是和平教育所反对的传统教育和解放教育的区别。纵观全书，哈里斯在讨论和平教育是什么与和平教育应该怎么做时，都始终坚持保障和平教育参与者的自主性，反对依靠权力的暴力课堂。他认为，传统教育使学生学会顺从，在事实上助长了结构性暴力；相反，和平教育应该且必须是非暴力的。在具体的表现中，哈里斯认为课堂中应该强调民主原则，学习者应该更多地被肯定而非遭到贬低和压制；教师的身份应该更像助产士，帮助学生产生自己的想法和倾向；教师和学生的关系应该是一种平等的对话关系，教师应该让学生参与到教学方案的制定中来；学校行政部门也不应该自上而下地指挥、规定和平教育的内容和方式，教师的自主性和积极性也应该得到观照。

和平教育在受众和内容上都非常广泛，因此也不应局限于学校或者某一些专业，哈里斯在书中讨论了正式的教育环境和非正式的教育环境（如成人教育、社区、教会）这两种不同情况下，和平教育应该如何开展的问题。他特别强调了渗透教育的重要性。和平教育应该渗透到现有的课程中，还是应该作为一门学科被单独引入？这是一个非常现实的问题。对此，哈里斯认为，在现实中，学校内原有的课程安排已非常紧凑，实际上缺少可以分配给和平教育的空间，因此将和平教育渗透到现有课程中去的渗透教育的做法可以使教师不用单独开发新的课程；此外，由于暴力研究的主题非常广泛，几乎每一个学科的教师都可以提供与和平、冲突主题有关的例子，这也有助于解决开展和平教育的教师缺乏统一教材且专业背景有很大差异的问题。

从实际效果来看，和平教育依旧存在着一些局限性。和平教育建立在这样一个假设之上：如果公民对使用武力的替代方案有了更多了解，他们就会放弃暴力。换言之，人们将接受和平的、非暴力的手段作为一种相较于暴力的手段而言更好的解决冲突的办法。而书中也引用相关的研究指出，由于一个新想法被 20% 的民众接受后就会势不可挡，因此，和平教育的一个重要目标就是让任何一个国家 20% 的人口放弃使用武力解决分歧。但在这里需要指出的是，无论是人们对暴力手段和非暴力手段的取舍的假设，还是“20% 关键少数”的假设，它们在本质上都还只是假设，作者在本书的后半部分讨论和平教育的推进与评估相关问题时也承认，和平教育的效果事实上还具有局限性：和平教育者能做的事情就是影响上课学生的想法，但人的价值观在人离开课堂后依然会因为他的经历和周围环境的变化而继续变化，和平教育难以确保长期有效；接受和平教育的学生不一定有意愿、能力、知识、技能或权力采取行动，创造一个更加和平的世界；即使人们采取了行动，这些行动可能在很多年内都不会产生效果。作者指出，虽然和平教育在 19 世纪末兴起，但是世界并没有因此而变得更加和平，相对地，人类在此后还经历了两次世界大战，而在作者撰写本书的年代，人们又被笼罩在核战争的恐惧之下。

当然，哈里斯对和平教育效果的坦诚反思并非在唱衰和平教育，相反，他承认和平教育具有局限性，他也并不认为和平教育的职责是改变政治结构，和平教育更多的是从小做起，以积少成多的方式创造一种信仰体系和一种拥抱和平的生活方式。

贝蒂·A. 里尔登:

《全面和平教育：致力于全球责任的教育》

吕行果

Betty A. Reardon, *Comprehensive Peace Education:Educating for Global Responsibility*, New York: Teachers College Press, 1988.

《全面和平教育：致力于全球责任的教育》是由美国和平教育领域的领军人贝蒂·A. 里尔登（Betty A. Reardon）撰写的一部指南性著作，致力于论述和平教育这一新兴领域。贝蒂·A. 里尔登是一位重要的和平教育家、学者和社会活动家，她因对和平教育、全球公民教育的研究以及参与全球事务合作的经历而备受尊敬。她多年来致力于广泛的教育工作，是将和平教育理论应用于从小学到高等教育阶段的不同年龄段学生的先驱者。里尔登是哥伦比亚大学国际和平教育研究所（IIPE）的主要创始人之一，在和平教育的方法上影响了来自不同国家、地区和文化的成千上万的教师和学生。在她漫长的职业生涯中，里尔登博士通过综合关注人类安全、可持续发展、人权、生态和性别，推动了和平与全球公民教育。里尔登曾荣获日内瓦国际和平局颁发的2010年肖恩·麦克布莱德和平奖等荣誉，并曾于2013

年获得诺贝尔和平奖提名，被世界公认为和平教育理论和教育学的先驱。

在序言部分，作者表示本书包含了“我自己的、必然是主观的对和平教育的演变和对其未来的希望的思考”，以及她从身为和平教育家的经历中获得的经验和反思。作者界定了和平教育的概念和范畴，并且回顾了和平教育的历史。她以对战争原因的认识与建设和平的手段为准绳，将这一历史分为三个阶段：自第一次世界大战结束以来的改革阶段、20世纪60年代发展起来的重建阶段和目前正在经历的变革阶段。作者指出，和平教育是一个新锐和关键的领域，为建立一种全新的教育体系提供了良好的契机。在这一领域的探索，将有助于满足人类社会当前最紧迫的需求——实践全球责任。要做到这一点，就需要建立一个公正、和平与可行的全球政治机制。她希望号召其他教育工作者加入发展全面和平教育的队伍中来，将这一概念作为小学与中学教育的重要核心。

本书的余下内容被分为六个章节：个人视角和一般方法、致力于消极和平的教育、致力于积极和平的教育、和平知识与背景、和平教育学的宗旨和通向全面和平教育之路。

第一章中，作者通过回顾自己作为一名和平教育家的历程，归纳出四个主要影响她对和平教育看法和理念的因素：世界秩序研究、跨国合作、国家网络工作和女性主义研究。1963年起，作者参与到世界秩序研究所（The Institute for World Order）的高中项目指导工作中来。世界秩序研究所致力于在全球性、跨学科的视角下研究维和与裁军问题。她认为，尽管这一框架并不全面，但仍为和平教育工作提供了实质性基础。此外，作者在国际和平研究学会（IPRA）以及美国的和平教育网络（PEN）的实践经验，使得她从国际、国内两个维度参与和平教育的实验工作，并与其他和平教育工作者交流经验。最后，作者提到，她对女性主义的看法深刻影响了自身的和平教育观。

作者指出，在和平教育中存在消极和平与积极和平这一关键的分野，她在第二章和第三章中分别予以论述。作者认为，基于消极和平的教育，其特征在于强调军备竞赛、战争和暴力冲突。在作者写作时，大多数美国的和平教育者并没有将战争作为一种制度性问题对待，也没有将新近的女性主义和平研究方法所指出的战争的社会心理和政治根源纳入考量。相反，当时的和平教育主要处理孤立的问题和特定案例，和平被视为独立的战争或冲突之间的缺席或中场时间。作者认为，和平教育应当遵循甘地的箴言："没有通向和平之路，和平就是道路本身。"（There is no way to peace. Peace is the way.）有必要重新定义和平，彻底从制度层面废除战争，建立作为一种社会秩序的积极和平。在积极和平中，诉诸武力是不可能的选择。这需要人们对和平教育采取变革性的方法，并对该领域进行全面革新。作者提出，积极和平的教育所弘扬的核心概念是全球正义，也就是说，全球社会和经济制度的变革被视为实现真正的世界和平的先决条件。她呼吁吸收区域研究和跨文化教育领域的经验，建立旨在培养国际理解力的教育，通过发展教育（包括环境教育、人权教育等），培养学生的全球视野，鼓励他们思考世界经济体系的不平等、不均衡的问题，从而实现从消极和平的教育到积极和平的教育的进步。

在第四章中，作者介绍了为和平教育提供知识内容的来源。她认为，和平研究仍是最主要的知识来源，应当被视为和平教育的基础。此外，联合国理应在和平教育中占据更加突出的地位。作者将联合国赞为"通过实践缔造和平技艺的关键机构"。作为在全球层面行使公民责任的主要平台，联合国为追求和保护各国人民的基本权利提供了规范和标准，使得不同制度和文化求同存异，为建立一个可行的、公平与和平的政治结构提供了出路。作者还指出，人类自身的经验也是重要的来源。作者在该章通过列举由联合国在哥斯达黎加建立的和平大学（University for Peace）的例子向读者阐述了和平教育的实践框架。

在第五章中，作者阐述了在她的观念中和平教育的宗旨。她指出，当代教育存在追求卓越和竞争，痴迷于数据和测量的问题，这与和平教育的理念是不相适应的。教育应该致力于培养发展性的能力，并且应该探索和扩展人类积极的潜能。因此，作者认为和平教育有必要关注发展人的七种基本素养：反思、责任、承担风险、和解、修复、重建和尊重。

在第六章中，作者畅想了全面和平教育的未来。她从四个重要维度阐释了理想中的全面的和平教育。第一个维度是一种综合的、整体的教育，旨在强调人与我们所处在的星球的一切密切联系，所有要素都处在一个可以相互联系与影响的系统中；第二个维度是人类社会的联系性，强调使得人们构成一个全球系统的经济、社会和人际关系网络的强大力量；第三个维度是地球生态，强调作为我们唯一家园的地球及其生态系统的整体性，传达生态友好、相互依存的理念，强调尊重和保持自然平衡，尊重地球家园的自然秩序的观念；第四个维度是有机的和发展的，强调将学习纳入发展过程的一部分，将各种联系视为生命的、有机的、相互依存的系统，从而培养一种全面的广阔视野。

综上，本书立足于作者丰富的教育实践，以积极和平理论为纲，强调有必要对和平教育这一领域进行深刻变革，建立符合时代需要的全面的和平教育。本书为教育者、研究者和政策制定者提供了宝贵的参考和指导，为他们在教育实践中培养下一代人的和平、公正和可持续发展的能力素养提供了帮助。

通讯 | Newsletter

来自德国的诚挚祝贺

[德] 埃贡·施皮格尔

祝贺亚洲对全球和平研究、和平教育以及和平行动所做出的独特贡献，这体现在出版这样的学术作品上。我再次强调，本书收录了重要的讨论，反思和平与和平建设究竟是什么以及出版这类学术内容所带来的挑战。

前几天，在一次探讨俄乌冲突解决方案的会议上，我遇见了一位三星将军。他在发言中提到，过去我们一直在讨论如何应对战争或战争威胁的具体问题，却没有制定一个全面的解决方案。我完全同意他的观点。如果你一定要通过数学公式来解题，就不应该讨论一加一等于二这种算术题。大家知道，超越传统和平研究范式的学者提出的实现和平的基本知识与非暴力之独特手段，在千禧年之际就被写入联合国的“世界儿童和平与非暴力文化”这份开创性的十年计划中。这不仅是一项联合国的十年计划，也是我们日来月往需要面对的挑战。

学术图书和报纸的区别在于，前者反映了一般性的问题和困扰，不会从一起事件跳到另一起事件，且不会每次都以肤浅的方式反复提出相同的问题。无论战争发生在哪里，人们不断地提出非暴力策略作为和平的公式来讨论战争及其解决方案，这就像一加一等于二一样简单。

和平研究者与普通人一样受到战争的影响，但他们不会被新的战争所震惊和激怒。他们不需要每次都考虑采用目标导向的战略和方法来应对特定的冲突。他们会持续反思战争，其条件和原因，以及结果，而不仅仅是在最近事件的压力下。他们会不断检验他们的非暴力和平主义信仰的客观性，即只有通过和平以及和平手段才能实现和平。他们习惯于在文章和书籍、演讲和讲座、研讨会和工作坊、座谈会和大会中阐释他们的研究结果。因此，图书馆中充斥着有关冲突与和平的一般性与特殊性的研究。在这些积极的情况下，他们邀请人们从各种可能的角度讨论他们的观点。因此，他们为处理一般性和特殊性的冲突做好了充足的准备。面对新的冲突，他们不会变得紧张,也不必在每个情况下改变他们的主要立场。他们通常会“打破常规思维”，并结合过去大量的多个学科的研究，持续研究冲突以及非暴力冲突转化的可能性。他们的研究是在像现在这种不可或缺的学术图书框架下开展的，而不是在报纸表面报道的那种框架下进行的。

本书不会收录那些未经深思熟虑的权宜之策，而是提供针对特殊挑战的方案。这是一本符合学术水准的出版物，阅读它，并运用其中所蕴含的智慧与洞见去塑造生活和世界。

感谢编辑和出版社，以及愿意与读者分享他们的专业知识的所有作者。

（范海祥　译）

作者简介

埃贡·施皮格尔（Egon Spiegel），德国费希塔大学教授，研究领域为实用神学、宗教教育、和平学等。

Abstracts of Articles

Genuine Dialogue and the Possibilities of Peace

Martin Buber

Martin Buber delivered the speech "Genuine Dialogue and the Possibilities of Peace" in 1953 after World War II, which is the period of "healing" for Jews from the trauma of the Holocaust and a sensitive time of how to achieve "reconciliation" between Germans and Jews. It is also a time of Cold War between the two blocs after World War II. Buber believes that just the absence of war is not the true and great peace because people are still against each other during the period. The right way to resolve hostilities is mutual understanding and sincere dialogue whose prerequisite is trust. The lack of trust in human beings and the inability to converse with others without reservation are the symptom of deepest disease of man in existence. Thus, it is the crisis of man himself that brings about total war and the false peace that follows.

Keywords:

Peace; Dialogue; Trust; War

Sustainable Peace, Peace Ecology and Ecological Peace Policy for Sub–Saharan Africa

Hans Günter Brauch

This brief essay develops the theme in ten parts. In sec.1 the author distinguished between two phases of the Anthropocene since 1945 to 2020 and for the next 80 years with a projected major demographic transition and major changes due to anthropogenic climate change. Sec.2 contrasts a longer–term trend of violent conflicts in Sub–Saharan Africa from 1946 to 2019 with a snapshot on 2020. Sec.3 reviews the impacts of global climate change and the human–induced disasters in Africa while sec.4 mentions five sub–Saharan African peacemakers: Nelson Mandela, Wangari Maathai, Kofi Annan, Laymah Gbowee and Denis Mukwege who worked to contain violence and to cope with the environmental crisis. In sect.5 the author introduces three conceptual pillars of a peace studies programme for Sub–Saharan Africa by briefly sketching a "sustainable peace concept" (sec.6), a "peace ecology approach" (sec.7) and proposing an "ecological peace policy" for Africa (sec.8) emphasising why these concepts matter for Sub–Saharan Africa in the second phase of the Anthropocene (sec.9) and in conclusion it offers an outlook for a closer scientific cooperation between EU and AU countries that should not only address technological innovation but also peace and ecology issues and concerns.

Keywords:

African Peacemakers; Anthropocene; Climate Change Conflicts; Ecological Peace Policy; Peace Ecology; Sustainable Peace; Sub–Saharan Africa

From the Unity of Heaven and Man to the Interaction Between Heaven and Man: The Development of the Confucian Concept of Peace in the Qin and Han Dynasties

Hu Chuansheng

The Qin–Han dynasties was the period of China' s first great unified empire, and the concept of peace in this period is the foundation for the concept of peace in all of China thereafter. Continuing the main ideological trend of the pre Qin period, serving the ruling needs of the unified empire, understanding and maintaining the harmonious state between humans and nature, humans and society, and humans and their inner selves, and developing this state into a state of unity between heaven and humanity and a state of interaction between heaven and humanity, is the fundamental characteristic of Chinese concept of peace. This article discusses the development of the Confucian concept of peace from the Great Learning to Dong Zhongshu in the Qin and Han dynasties. From the perspective of human moral consciousness ("learning") and moral agency ("sincerity"), *The Great Learning* and *The Doctrine of the Mean* establish a metaphysical theory of nature–human moral harmony from the heart to the universe. During the early days of the Han Empire, Lu Jia and Jia Yi advised their emperors to prove that the rapid decline of the Qin Dynasty was due to the rulers' excessive use of violence and failure to transform the country from state of war to state of peace. They developed a negative concept of peace. Dong combined these two clues in his famous Three Strategies for Heaven and Man, examining practical and educational issues in a larger cosmological system, thus establishing a harmonious system of metaphysics–morality–history–politics. Dong transformed the concept of "unity between heaven and man" proposed from the perspective of moral experience development in *The*

Doctrine of the Mean into the concept of "interaction between heaven and man", thus laying the foundation for the thinking of the Han Dynasty.
Keywords:

Unity of Heaven and Man; interaction between Heaven and Man; *The Great Learning*; *The Doctrine of the Mean*; Lu Jia; Jia Yi; Dong Zhongshu

Nonviolence as a Decolonial Principle: Limits and Possibilities of Mainstreaming Peace Studies in Africa

George Mutalemwa and Sarah Trochemowitz

In recent years, peace studies has gained increased significance with new programs and courses emerging worldwide. An example of this trend is the project of the Association of Catholic Universities and Higher Institutes of Africa and Madagascar (ACUHIAM). The ACUHIAM's project aimed at mainstreaming peace studies within Africa, offers not only unique insights into this current trend, but also the chance to explore the intersection of peace studies, epistemic violence and decolonial theory. The concept of epistemic violence often remains marginalized within the discourse about violence, and thus to achieve non–violent peace studies, a decolonial theory approach can help to address this. There is still a gap in the literature using decolonial theory approaches to analyse empirical data in peace studies. Therefore, a coding system based on Grosfoguel's concept of coloniality of power, knowledge, and being is developed to create an empirical bridge. The data conducted through semi–structured expert interviews is then analysed using this system. Eventually, these empirical outcomes might assist the implementation of the project by outlining the principles that are essential for non–violent and sustainable peace studies.

Keywords:

Peace Studies; ACUHIAM; Decolonial Theory; Epistemic Violence

The Compatibility and Balance of Interests: MacDonald's Colonial Policy

Han Lu

At the end of the 19th century and the beginning of the 20th century, it was a period of decline for the British Empire. At such a historical juncture, the population and territory under the jurisdiction of the British Empire were unprecedented, but at the same time, an unprecedented crisis of governance emerged. In order to consolidate the rule of the empire, the traditional solution of the British government was to strengthen control over the colonies through military threats, but the result was counterproductive, accelerating the centrifugal force of each colony towards the British government. In order to reverse the continuous decline of the British Empire, British politician MacDonald took a different approach and began to incorporate the interests of each colony into the overall interests of the British Empire, ultimately proposing a solution that was different from the traditional one. This plan was to maintain the formal unity and integrity of the British Empire to the greatest extent possible, while ensuring that their respective territories and colonial territories enjoyed a certain degree of autonomy. More importantly, in practice, MacDonald's colonial policy was able to adapt to local conditions, this policy was flexibly applied according to the actual situation of different colonies. Policies have gradually shifted the relationship between colonies and their home countries from hostility, competition, control, and counter control to a direction of mutual benefit and common development. To a certain extent, these policies eased the relationship between the British government and various colonies, consolidating the rule of the British Empire.

Keywords:

Compatibility; Balance; MacDonald; Colonial Policy

Dance & Peacebuilding: Developing Nonviolence Practices in an Interdisciplinary Course

Mariah Steele

This paper explores the methods and impact of "Dance & Peacebuilding," an interdisciplinary course that asks undergraduates to study Peacebuilding research while also strengthening their nonviolence skills through embodied dance practices. Taught at the University of Rochester in New York, USA, the course attracts students from all over the world who build their capacities for self–reflection, empathy, listening and tolerance by making and sharing dances within the multi–cultural classroom community.

Students learn to analyze conflicts, to design dance–based interventions for specific community needs, and to recognize their own biases in interpreting others' movement – a perennial cause of conflict. Through witnessing their peers' "Dances of Identity," students come to understand the complexity of identity – how what is perceived outside differs from what is felt inside – expanding their ability to approach "the other" with curiosity rather than prejudice.

This paper provides peace educators with pedagogical ideas for enhancing students' nonviolence skills through embodied dance activities and highlights the art–form's strengths and limitations for peacebuilding. African dance traditions are a particularly rich, yet underutilized, resource for peacebuilding as they often carry important spiritual significance and local community knowledge. Thus, this chapter also proposes future possibilities for peace work using dance within African contexts.

Keywords:

Dance; Embodiment; Identity; Empathy; Peacebuilding

Challenges in Teaching Nonviolence in Schools

Timothy Gachanga

The increasing levels of violence and conflicts in society and the general lack of relevant research on nonviolence provide a challenging backdrop to efforts by teachers to teach nonviolence in schools. This paper reviews the literature on some of the challenges confronting teachers in teaching nonviolence in schools. The paper shows that there is little research done on nonviolence suitable for peacebuilding in schools. The reason for this is that we are still involved in the study of violence. Violence is the orientation for peace. We appear to know little about peace. We think of peace as something it is not, instead of what it is. Cases of successful peacebuilding experiences are rare. In addition, learning institutions continue to churn out values that could promote violence. Nonviolence receives little to no coverage in school curriculum. When war is discussed, it is done with a sense of passion and excitement, while peace when it is included, is portrayed as boring. In conclusion, the paper behooves us to imagine a non–violent world. Only then can we look around us and begin to understand what was necessary for us to arrive in a world full of violence in the first place.

Keywords:

Teaching; Nonviolence; Peacebuilding; Schools; Teachers

Exploration of "Positive Peace" Education in Schools

Xiao Juan and Lu Tianyang

Guided by the theory of "positive peace" and based on Nanjing Ninghai Middle School, Nanjing No. 29 Middle School (Junior Middle School), Jinling Huiwen School (Primary School), Nanjing Fengshang Kindergarten and other relevant schools, this paper focuses on students (including children and teenagers) and focuses on psychological characteristics of students of different ages. Through peace curriculum teaching and practical activities, it explores the importance and necessity of implementing positive peace education in schools, and combines specific cases of peace education activity classes in above relevant schools, which try to educate children and adolescents with positive peace theory, objectively demonstrates innovative practices in promoting positive peace education in schools.

Keywords:

School Peace Education; Positive Peace Education.

The Arts of Education and Governance: Peace in the Person and in the State

Frederick Ifeanyi Obananya

For many philosophers of education, there occurs a necessary connection between education and the realization of peace in society. Drawing on Plato and Thomas Aquinas, this paper examines the relation of, on the one hand, education to the realization of unity in the person; and, on the other hand, governance to the realization of unity in the society. Fundamental to this examination is that the arts of education and governance operate as a dispositive agent towards the removal of the hindrances to the achievement of peace in a state. The art of governance, because it is neither an art of violence nor tyranny, does not impose peace on the state; rather it aids the citizens towards disposing themselves to the achievement of peace. Bearing in mind that governance is an art, and not a violent one for that matter, this paper concludes by proposing a peace studies programme that is done in two phases – a peace studies programme that retrieves valid achievements of the past, and interprets best achievements of the present, all within an authentic African anthropology.

Keywords:

Art; Education; Governance; Peace; Order

From UNAMSIL to UNOMSIL:United Nations Peacekeeping Operations in Sierra Leone

Qing Xuexian

The United Nations Observer Mission in Sierra Leone (UNOMSIL) and the United Nations Mission in Sierra Leone (UNAMSIL) are peacekeeping missions operating in Sierra Leone in accordance with the resolutions of the United Nations Security Council, and are composed of military and police personnel provided by member States of the United Nations and civilian personnel employed by the United Nations. The United Nations peacekeeping operation in Sierra Leone began on July 13, 1998, and ended on December 31, 2005, lasting nearly seven and a half years. The United Nations Security Council has given a high evaluation to this peacekeeping operation. As a participant in and witness to the United Nations peacekeeping operation in Sierra Leone, the author believes that the United Nations peacekeeping operation in Sierra Leone is indeed a successful example of a successful operation with a beginning and an end. However, the process of

this peacekeeping operation has precisely demonstrated that the prerequisite for the success of a United Nations peacekeeping operation is the concerted efforts of the international community, and that the world's major countries and regional powers must have both determination and action.
Keywords:

UNOMSIL; UNAMSIL; United Nations Peacekeeping Operations; Sierra Leone

Weaponising Sheep: Field Notes on Israeli Settler Colonialism in the South Hebron Hills

Andrew Rigby

While media attention has focused on devastating Israeli military raids on Jenin and Nablus and land expropriations in East Jerusalem, a slower burning form of violence is being perpetrated by settlers against Palestinian herders in the West Bank, seeking to gain control of their land and livelihoods. Andrew Rigby's fieldwork from the South Hebron Hills indicates that Israeli sheep and cattle grazing in the West Bank has gradually become Israel's most significant mechanism for dispossessing Palestinian communities.
Keywords:

Israeli–Palestinian Conflict; Colonial Activities; South Hebron Hills